责任编辑：薛　治
责任校对：阎祯圆
责任印制：李未圻

图书在版编目（CIP）数据

老龄事业发展指标体系研究/国家应对人口老龄化战略研究老龄事业发展指标体系研究课题组著．—北京：华龄出版社，2014.1

（老龄问题研究与对策：国家应对人口老龄化战略研究）

ISBN 978-7-5169-0364-3

Ⅰ.①老…　Ⅱ.①国…　Ⅲ.①老龄产业—研究—中国　Ⅳ.①D669.6

中国版本图书馆 CIP 数据核字（2013）第 287678 号

书　　名：老龄事业发展指标体系研究
作　　者：国家应对人口老龄化战略研究·老龄事业发展指标体系研究课题组　著
出版发行：华龄出版社
印　　刷：科伦克·三莱印务（北京）有限公司
版　　次：2014 年 3 月第 1 版　　2014 年 3 月第 1 次印刷
开　　本：889×1194　1/16　　印　　张：13.75
字　　数：240 千字
定　　价：42.00 元

地　　址：北京西城区鼓楼西大街 41 号　　邮编：100009
电　　话：84044445（发行部）　　传真：84039173
网　　址：http：//www.hualingpress.com

总课题组

组　长　李立国　李学举

副组长　陈传书　卢向东　傅绍林　朱　勇　曹炳良　由明春

成　员　（按姓氏笔画为序）

于学军　王素英　尹志远　李　宏　苏　国　杨瑾峰
吴玉韶　张　立　陆　颖　郝福庆　阎青春　符金陵
鲍学全

总课题组秘书组

组　长　朱　勇　曹炳良

副组长　肖才伟　吕晓莉　党俊武

成　员　（按姓氏笔画为序）

孔　伟　孙娟娟　孙慧峰　李　霞　李志宏　肖文印
张　宝　张一鸣　张民巍　周　宏　庞　涛　钟长征
骆开定　徐　平　陶　红　龚仁伟　彭　捷

子课题组负责人（按姓氏笔画为序）

于　宁　王小章　王天夫　邓文奎　米勇生　李　军
李　爽　杨立雄　杨菊华　何　平　陈文辉　张肖敏
张建军　张恺悌　林　义　周尚意　郑秉文　陆杰华
饶克勤　莫　荣　贾旭东　郭志刚　崔卓兰　谭　琳

总报告撰稿人

原　新　朱　勇　党俊武　吕晓莉　李志宏　李　军
姚　远　朱俊生　张一鸣

专家委员会

编辑委员会

总　　序

回良玉

“十二五”国家重点出版规划之《老龄问题研究与对策·国家应对人口老龄化战略研究》丛书出版在即。这是我国社会科学领域一项重大系统工程的成果，凝聚着众多部门专家学者、工作人员的智慧和汗水，是我国老龄问题研究道路上的一座丰碑，对构建中国特色的老龄问题理论研究体系具有重大促进意义，对制定实施积极应对人口老龄化国家战略具有重大决策参考价值。在此，我向所有为此次战略研究作出贡献的专家学者、工作人员表示衷心的祝贺！

人口老龄化是经济社会发展进步的产物，也是21世纪人类社会共同面临的重大课题。人口老龄化作为一种不可逆转的客观发展趋势，同全球化、城镇化、工业化一道成为重塑世界发展格局的基础性力量。本世纪上半叶，是我国建成富强、民主、文明、和谐的社会主义现代化国家，实现中华民族伟大复兴的重要时期，也是我国人口老龄化快速发展、老龄问题日益凸显的时期。快速发展的人口老龄化与经济体制转轨、社会结构转型、文化观念转变、利益结构调整相叠加，给我国发展带来的影响全面、持久而深刻，已经成为影响国计民生、民族兴衰和国家长治久安的重大战略性问题。

我国是发展中人口大国，老龄问题具有自身的特殊性，在应对人口老龄化的道路上没有哪个国家能够为我们提供现成的经验，我们必须在前进中不断摸索，探寻规律，探索出一条具有中国特色的积极应对人口老龄化之路。这是一项关系社会主义现代化建设全局的重大课题，也是我国一项长期性战略任务。在此背景下，必须树立战略思维、加强战略研究，谋划出符合我国基本国情、切实可行的积极应对人口老龄化的战略。正是基于这个初衷，全国老龄工作委员会于2009年起组织实施了国家应对人口老龄化战略研究。

此次战略研究，是摸清我国人口老龄化的基本态势、存在的突出问题、面临的严峻挑战、应对的现实基础等问题的一项重大国情研究，是探索我国人口老龄化发展规律及其与经济社会发展的相互关系、建构具有中国特色的老龄问题理论体系的一项重要基础研究，是找准我国老龄问题的矛盾症结、理清我国应对人口老龄化战略思路、明确我国老龄事业发展道路的一项重大决策研究。党中央、国务院对此高度重视，胡锦涛总书记、温家宝总理都提出了明确要求。这次战略研究，也是首次从国家层面、战略高度全面审视中国的人口老龄化问题。20 多个省（区、市）、30 多个国家部委、40 多个科研单位、400 多名专家学者参与其中，历时三载，形成囊括 8 个重点领域、24 个子课题、520 多万字的研究成果。这次研究的突出成果可以概括为三“有”：

一是研究上有更大突破。此次战略研究在人口老龄化与人口长期均衡发展，与经济可持续发展，与社会和谐稳定，与养老、医疗、服务等民生保障建设等问题，以及人口老龄化条件下的城乡统筹发展、老年人问题及解决途径、老年人社会管理等领域，取得了崭新的研究成果。其中，人口老龄化态势发展预测模型、影响经济发展的途径和机制、整个社会的养老成本测算方法、老龄事业发展指标体系等研究成果，填补了当前老龄问题研究领域的空白。

二是认识上有更深发展。实现了“四个提升”。即把解决老年群体的问题提升到解决全体公民老年期的问题上来，确保全体公民进入老年期后能够享有更有尊严、更加体面的幸福生活。把解决单纯的养老问题提升到全面应对人口老龄化问题上来，从经济、政治、文化、社会发展各个领域全面作出安排。把被动解决人口老龄化带来的问题提升到积极应对人口老龄化的导向上来，主动适应人口老龄化的客观要求，提前作好全局规划和战略准备。把应对人口老龄化挑战提升到全面激发经济社会发展活力上来，从调整经济结构、转变增长方式、培育人力资本、扩大社会参与、创新社会管理、加强公共服务等方面，最大限度地保持和激发各方面的积极性、主动性和创造性，实现经济社会长期发展、繁荣稳定。

三是对策上有更多创新。此次战略研究系统提出了有中国特色的积极应对人口老龄化的战略框架，进一步完善和发展了“六个体系”。在老龄战略管理体系方面，提出要更加注重对老龄化态势的动态监测、对老龄问题的风险预警、对规划实施的监测评估与监督管理；在养老保障体系方面，提出要更加注重合理界定政府、社会、企业、家庭、个人的责任界限，建立完善多主体、多层次、可持续的制度架构；在健康支持体系方面，提出要更加注重面向全民的健康管理、健康促进和健康保障，面向老年人的预防保健、疾病治疗和康复护理。在养老服务体系方面，提出要更加注重巩固发展家庭养老功能，建立完善长期护理保障制度，充分发挥市场在资源配置中的基础作用。在宜居环境体系方面，提出要更加注重城乡规划、住房建设、公共环境建设的前瞻性和预见性，营造更加安全、便捷和舒适的老年生活环境。在老龄工作体系方面，提出要更加注重老龄工作体制的完善和政府主导作用的发挥、社会力量的参与、老年群众组织的建设和老年人社会管理体制的创新。

总的看，这次战略研究领导有力、组织周密、参与广泛、配合默契，注重理论研究与实践发展相结合、战略研究与成果转化相结合、定性判断和定量测算相结合、系统研究与结构分析相结合，带动了地方和部门、学术机构和社会团体对老龄问题的深入研究，取得了一批高质量、高水平的研究成果，达到了“摸清底数、探索规律、理清思路”的预期目的，引发了社会各界对老龄问题的普遍关注，营造了积极应对人口老龄化的良好氛围。为推动我国老龄事业进入视野更开阔、思想更深刻、认识更全面、工作更务实的新阶段奠定了坚实基础，为中央立足长远、谋划全局、科学决策、积极应对人口老龄化提供了重要依据。

此次战略研究成果显示，我国人口老龄化比原来估计的形势更加严峻、影响更加深远、任务更加紧迫。

形势更加严峻，突出表现在“三个超出预期”。一是老年人口规模超出预期。到2050年，我国老年人口将上升到4.83亿，比此前国家人口发展战略预测的多出5200万。二是老龄化程度超出预期。到2050年，我国人口老龄化水平将上升到34.1%，比之前的预测高出4个百分点，比同期全球老龄化平均速度快一倍多。三是社会抚养负担超出预期。到2050年，我国社会抚养比将上升到98.8%，比之前的预测高出13.6个百分点，社会抚养负担愈发沉重。

影响更加深远，突出表现在“六个持续”。一是经济运行下行压力持续增大。人口老龄化改变劳动力供给结构、提高经济运行成本、降低国民储蓄率和资本积累，对经济发展方式转变、国家税源结构、金融市场稳定、实体经济发展产生重要影响。二是养老保障压力持续增加。随着人口老龄化程度不断加深，我国老年抚养比将由目前的近5个劳动力抚养1个老年人发展到2050年前后的1.5个劳动力抚养1个老年人。社会养老保险潜在缴费者不断减少，领取者不断增加，养老保障体系压力日益沉重。三是医疗卫生服务负担持续增重。伴随着疾病谱向慢性病转型，社会医疗卫生服务需求和疾病经济负担大幅增加，老年人口疾病经济负担占国内生产总值（GDP）的比重将由现在的2%上升到2050年的5%，医疗卫生资源供需矛盾日益突出。四是社会养老服务需求持续增长。据研究，2050年我国80岁及以上的高龄老年人将超过1亿，临终无子女的老年人将达到7900万左右，均比现在增长近4倍，失能、半失能老年人将达到1亿左右，比现在增长近2倍。社会养老服务需求日益增长，健全养老服务体系任重而道远。五是统筹城乡协调发展难度持续增强。在工业化、城镇化的发展进程中，农村人口老龄化程度将长期高于城市，这将对解决“三农”问题、统筹城乡发展构成巨大挑战。六是社会管理服务要求持续增高。到2050年，我国老年人口将占到总人口的三分之一，逐渐成为重要的社会利益群体，对社会管理、公共服务、意识形态、社会稳定、代际关系、文化教育等诸多领域将带来广泛而深刻的影响。

任务更加紧迫，突出表现在“三个不足”。一是思想认识不足。2020年后，我国将迎来第二次老年人口增长高峰，人口老龄化对经济社会发展各方面的压力将急剧放大，可能出现老龄问题集中爆发、同步呈现的严峻形势，但从整个社会来看，对此问题的认识仍然不够。二是制度建设不足。我国现行的养老、医疗、服务等制度体系的设计和运行下了很大功夫，取得了很大成效，但仍滞后于应对人口老龄化的客观需要。三是工作准备不足。当前，我国老龄工作的组织架构、管理体制、运行机制、监督机制还不健全，基层老龄工作基础仍很薄弱，难以适应统筹应对人口老龄化复杂形势的客观要求。

人口老龄化将贯穿21世纪我国社会主义现代化建设全过程，特别是21世纪前半叶。我们必须深刻认识我国经济社会发展的人口基础将要发生的重要变化，将其作为想问题、作决策、办事情始终应当把握的基本国情，增强发展老龄事业的责任感、紧迫感和使命感，树立“积极老龄观”，实施有中国特色的积极应对人口老龄化战略。

树立“积极老龄观”，就是要做到“三个积极看待”。一要积极看待老年人。老年人曾为国家建设作出重要贡献，在经验、知识、技能方面具有独特优势，是经济社会发展可以依靠的重要力量。全社会都要尊重和接纳老年人，形成敬老、爱老、助老的良好氛围，同时要继续发挥老年人的作用。二要积极看待老年生活。老年期是人生发展的重要阶段，人人都要积极面对老年生活，提前规划老年生活，乐于安享老年生活。三要积极看待人口老龄化。我国的人口老龄化是经济社会发展进步的产物。我们既要看到人口老龄化带来的不利影响和各种挑战，又要看到应对人口老龄化的有利条件和发展机遇，既发挥老年人作用，又努力满足广大老年人不断增长的物质文化精神需求。

实施积极应对人口老龄化战略，就是要以科学发展观为指导，立足我国改革开放和现代化建设大局，贯彻“积极老龄观”，主动适应人口老龄化发展的客观规律，抓住“发展、保障、健康、参与、和谐”五个关键。

一是把握发展重点。人口老龄化将是长期影响我国经济社会发展的基础性因素，对经济可持续发展、城乡统筹发展和人口长期均衡发展的影响尤其深远。要推进经济结构战略性调整，把经济增长转变到依靠科技进步和体制创新上来，实现经济持续、稳定发展，为积极应对人口老龄化提供坚实物质基础；要统筹城乡协调发展，加快城乡一体化进程，加快发展农村社会事业，促进公共资源在城乡之间均衡配置，确保城乡老年人共同分享改革发展成果；要促进人口长期均衡发展，稳妥处理人口规模与结构之间的矛盾，提高人口素质，加快由人口大国向人力资源强国转变。

二是完善保障制度。保障制度不仅关系到老年人切身利益，而且关系到经济发展活力与社会和谐稳定。要加快完善多支柱的养老保障体系、多层次的医疗保障体系、多元化的养老服务体系，坚持“广覆盖、保基本、多层次、可持续”的基本方针，以增强公平性、适应流动性、保证可持续性为重点，创新制度设计、做好制度衔接、加大投入力度、加强监督管理，为全体公民进入老年期享有稳定、充足、公平的保障提前做好制度安排。

三是实施健康促进。健康是人生中最宝贵的财富，是人全面发展的基础，关系到千家万户的幸福，也是一个国家人力资本的重要组成部分，是保持和发展生产力的重要因素。实施健康促进行动，完善健康支持体系，是延长国民健康寿命、提高生活质量的民生之举，也是低成本应对人口老龄化、保持国家经济社会发展活力的优先之选。要合理配置公共卫生和医疗服务资源，加快建设重大疾病防控体系，加快发展老年保健事业，提升为老服务能力，减少老年病的发生率，最大程度延长老年人独立、自主生活时间。要倡导健康文明的生活方式，开展健康教育，增加健康投资，促进健康老龄化目标的实现。

四是扩大社会参与。在人口老龄化的背景下，经济社会发展离不开老年人的参与。要建立健全老年人参与社会的体制机制，改善参与的环境条件，鼓励支持广大老年人积极参与经济、政治、文化、社会建设活动，使老年人参与权利得到保障、参与愿望得到尊重、参与才能得到发挥。要完善老年人力资源开发政策，推进老年人才市场建设，为老年人自立自强、自我发展、自我实现创造条件。要进一步完善党政主导、老龄委协调、部门尽责、社会参与、全民关怀的大老龄工作格局，推动形成人人参与、人人共建、人人共享的良好局面。

五是促进和谐共融。要以实现家庭和睦为目标，加强家庭美德教育，完善家庭支持政策，健全家庭服务体系，提高家庭发展能力，巩固家庭养老功能。要以实现代际和顺为目标，统筹解决好未成年人、成年人和老年人三大年龄群体间的责任分担、利益调处、资源共享和权益保障。要以实现社会和谐为目标，增强文化融合和社会认同，实现社会管理体制由成年型向老年型的适应性转变，充分发挥老年人在促进社会和谐稳定中的积极作用。

总的来说，积极应对人口老龄化是我国一项长期性、基础性、全局性战略任务，我们要充分利用当前经济社会平稳较快发展和社会抚养比相对较低的有利时机，以更加坚定的决心、更加得力的举措、更加完善的制度、更加积极的行动，着力破解老龄工作和老龄事业发展领域的突出矛盾和问题，从物质、精神、服务、政策、制度和体制机制等方面打好应对人口老龄化挑战的基础，确保人口老龄化条件下经济社会的长期繁荣稳定，为实现中华民族伟大复兴的中国梦奠定坚实基础。

目　　录

总　　论

第一篇 老龄事业发展指标体系基础理论研究

第二篇　人口老龄化态势监测指标体系研究

第三篇　老龄事业发展指标体系研究

第四篇　老年人生活质量监测指标体系研究

第五篇 老龄事业发展效益研究

总　论

导 言

随着人口出生率的持续稳定下降和人口寿命的稳步提高，人口老龄化程度不断提高将是我国人口发展的必然趋势。从“十二五”开始，我国将进入人口老龄化加速发展期，“人口红利”优势将逐渐减弱。人口老龄化所产生的不仅是满足老年群体特殊需求的人道主义方面问题，而且更重要的是人口年龄结构转变对经济社会发展产生了重大影响，涉及到政治、经济、文化等各个方面。[①] 要实现下世纪中叶基本实现现代化这一战略目标，不能不考虑老龄化这一人口背景，各项经济社会政策必须适应老龄社会的发展变化。以实现六个“老有”[②] 为奋斗目标的老龄事业将在未来现代化建设进程中占有越来越重要的地位。

虽然我国老龄事业经过多年的发展已经取得了重大成就，奋斗目标也已明朗，但是总体来说，我国老龄事业仍然处在探索阶段，许多工作目前主要还是凭借各地自我创新来组织实施。老龄事业还没有形成清晰的发展思路，表现在具体的工作行为中就是主观性较强，各地的工作内容差异性较大，主要原因在于老龄事业缺乏科学的发展指标体系，规范性不强，人们对老龄事业的主要构成内容和侧重点在思想认识上还不能统一。一项缺乏发展框架体系、没有刚性工作指标、不能测度发展水平的事业，始终是难以得到科学发展的。因此，探索建立适应我国国情的老龄事业发展指标体系，是当前促进老龄事业科学发展的迫切需要，是老龄事业发展到现阶段的内在要求，是加快发展老龄事业的根本保证。

构建对制定老龄工作政策有重要参考价值、对开展老龄工作有重要指导意义的老龄事业发展指标体系，全面、准确、系统地综合评价各地区老龄事业发展水平，对于分析判断全国及各地老龄事业发展现状，为各地区老龄事业发展的薄弱环节号脉，深入开展老龄事业发展专题研究，进而帮助地方政府做到有的放矢地制定发展规划，调整有关政策法规，为下一步宏观调控指明方向，以促进人口、经济、社会全面协调有序发展等方面，具有十分重要的现实意义。

---

① 1982年《维也纳老龄问题国际行动计划》对“老龄问题”进行了表述，即由人口老龄化而引起的社会经济问题，包括各种影响到老年个人的问题以及与人口老龄化有关的问题，前者为人道主义问题，后者为发展方面的问题。

② 六个“老有”即“老有所养、老有所医、老有所教、老有所学、老有所为、老有所乐”。

本课题首先厘清老龄事业的科学内涵和具体构成内容，然后再对我国老龄事业发展实践进行归纳分析，提出面向未来的老龄事业基本发展框架。在此基础上，借鉴国内外老龄事业发展指标和其他社会事业发展指标体系的构建方法，提出老龄事业发展指标体系的功能定位、构建原则、构建方法、指标框架、指标构成和评价方法，形成一套评估老龄事业发展水平、指导老龄工作发展方向的指标体系。同时，考虑到老年人口的规模、结构状况和基本特征是发展老龄事业的基础性指标，为使有关部门全面、及时、准确地掌握人口老龄化的发展动态，课题组设计了人口老龄化发展态势监测指标体系，并对人口老龄化发展态势警戒线进行了研究，对我国未来人口老龄化发展态势进行了预警分析。制定老龄事业发展指标体系是为了促进老龄事业科学发展，而老龄事业发展的最终目的或者说最终体现是提高老年人生活质量，促进经济社会和谐可持续发展，为此，课题组设计了老年人生活质量监测指标体系，对老龄事业发展效益进行了专题研究。因此，本课题形成了以人口老龄化发展态势监测指标体系为基础，以老龄事业发展指标体系为核心，以老年人生活质量监测指标体系和老龄事业发展效益为目标的测评老龄事业发展状况的完整架构。

第一章　老龄事业发展指标体系基础理论研究

一、老龄事业的界定

建立老龄事业发展指标体系的第一步就是根据老龄事业的定义确定一个指标框架。明确内涵，统一认识，既是老龄事业深入发展提出的迫切要求，也是本课题需要破解的基础性问题。基于对社会事业特征和内涵的分析及对我国老龄事业发展历程的研判，我们对老龄事业作出以下界定：老龄事业是一项综合性的社会事业，是为了应对人口老龄化所产生或将要产生的经济社会问题，由国家机关和其他社会组织所举办的以满足公民年老以后物质文化需要为目标的社会建设和公共服务活动。老龄事业包含多方面的内容，其基本框架主要包括建立养老和医疗社会保障、开展养老和医疗服务、促进老年人社会参与、开展老年人学习与社会活动、创设家庭和社会支持环境等。为了实现老龄事业发展目标所开展的工作就是老龄工作。作为一项事业发展的必备要素，老龄工作机制、经费、设施、制度等为老龄事业的发展提供基本保障。

发展老龄事业，不应局限于仅以老年人为对象，而应着眼于对人生不同阶段进行制度安排，对相关制度进行调整。要充分考虑目前及未来人口老龄化对经济社会发展的各方面影响，按照现代化建设的要求，全方位地、系统地对有关经济社会政策予以审订、调整，以实现经济社会与人口老龄化的协调发展。正如日本《高龄化社会对策大纲》所言，“为了在21世纪初的长寿社会里，发挥国民长期化的整个一生的积极性，在保持经济社会活力的同时，稳步提高国民的生活水平，有必要对人生50年时代形成的现存的各种制度及惯例重新评价，使之转换成同人生80年时代相适应的经济社会体系。”从这个意义上讲，发展老龄事业，是为了适应人口年龄结构向老年型转变而对社会事业进行调整和重新建构，以促进经济社会的和谐发展。

二、对我国老龄事业发展现状的基本判断

我国提出老龄问题，开展老龄工作，发展老龄事业，是1982年在联合国召开的维也纳老龄问题世界大会以后。此前我国已有老年人工作，如离退休职工工作、五保供养工作等。但是，将老龄问题作为一个重大社会问题，从中央到地方建立专门的老龄工作机构来综合协调、统筹安排老龄事业的发展，是从1982年开始的。自那时开始，我国有了专门工作机构和专业工作人员负责老龄事务，全国上下形成了工作网络。经过近30年的发展，老龄事业已初步形成发展框架。

在这近30年间，各级老龄工作部门和老龄工作者按照“政府主导、社会参与、全民关怀”的方针，围绕六个“老有”的奋斗目标努力探索和创新。我国老龄事业发展已取得了重大成就，主要表现在：1）建立了老龄事业发展体制机制。全国已基本建立起各级老龄工作委员会及其办事机构，村（居）民委员会建有老年人协会，初步形成从中央到地方的工作网络。国务院有关部门和地方各级人民政府，分别制定了老龄工作行动计划和老龄事业发展规划，初步形成了以《中华人民共和国老年人权益保障法》为主体，涵盖老年社会保障、老年福利与服务、社会救助、老年优待、老年文化、养老设施建设等多方面内容的老龄政策法规体系框架。2）建立了覆盖全民、多种形式的养老保障制度。在城镇，建立了城镇企业职工基本养老保险、城镇居民基本养老保险和机关事业单位退休制度，基本实现了社会养老保险全覆盖。国家积极发展补充性养老保险，引导和扶持有条件的企业为职工建立企业年金制度。在农村，探索建立了农村社会养老保险、农村部分计划生育家庭奖励扶助、农村“五保”供养、被征地农民养老保障等多种形式的养老保障制度。建立多层次、多元化、多项目的贫困老人救助体系，贯彻落实城乡最低生活保障制度，对特殊困难的老人实行临时性救助，倡导多形式的扶老助困送温暖活动。鼓励有条件的地方发放老年津贴。同时，积极发挥家庭赡养功能，努力确保老年人的生活水平不低于家庭成员的生活水平。3）建立了老年医疗保障和服务体系。城镇职工基本医疗保险、新型农村合作医疗、城镇

居民基本医疗保险和城乡医疗救助制度构成了我国医疗保障制度的框架，对老年人实行了倾斜政策，为城乡老年人提供了基本的医疗保障。以社区卫生服务为基础的医疗保健服务体系，保障老年人的基本医疗需求。此外，开展了针对老年人的专项医疗和康复救助活动。4）初步形成老龄服务体系。以居家养老为基础、社区服务为依托、机构养老为补充的老龄服务体系初步形成，老年人服务需求基本得到满足。各地采取上门服务、定点服务、巡回服务等形式，开展看护照料、精神慰籍、家务帮助等服务项目，积极探索支持家庭成员照料老年人的有效办法，逐步优化了支持老年人居家养老的社区和社会环境，并加强了对养老服务机构的规范化管理，提高养老机构服务质量和服务水平。5）形成了有中国特色的老年人精神文化生活和社会参与体系。为提供老年人生活质量，促进健康老龄化，国家重视老年文化、教育、体育事业，提高老年人精神文化生活水平，满足老年人精神文化需求，努力实现老有所教、老有所学、老有所为、老有所乐。国家和社会重视老年人的知识、技能和经验，积极创造条件，鼓励和支持老年人融入社会，继续参与社会发展。6）改善了敬老养老助老的社会支持环境。为提高老年人社会地位，保障老年人合法权益，保障老龄事业健康发展，国家颁布实施了老年人权益保障专门法，各地普遍颁布了优待老年人政策法规，并加大弘扬敬老养老助老传统美德宣传力度，积极组织大型宣传教育活动和敬老活动，努力构建良好的老年人社会支持环境。

三、未来中国老龄事业的发展框架与发展思路

构建老龄事业发展指标体系，不仅要立足于现实状况，更要着眼于未来，综合考虑未来我国经济社会发展的形势、总体目标和要求，分析未来我国老龄事业的发展走向，以体现本指标体系的前瞻性。

21 世纪我国人口老龄化的发展趋势已经明朗，形势要求老龄事业必须有更大的发展。当前阻碍我国老龄事业发展的主要问题是，一些人片面认为老龄问题就是老年人问题，老龄工作多头管理，协调性不够，缺乏统筹。老龄事业发展规划缺乏全局和战略的高度，缺乏统筹发展的视角，往往是多部门工作的简单罗列和叠加，没有系统地提出老龄事业发展框架和发展指标体系，也没有摸清老龄社会的一系列重大变化和老年人需求，针对性不强，刚性不足，往往成为可有可无的软规划。

目前，我们在制订或调整有关老龄政策时缺乏宏观协调，既有交叉重复，又有疏漏不足，同时又缺乏与老年以前相关政策的衔接。一些经济社会政策未能充分考虑人口老龄化因素，有的已不适应老龄社会的发展变化，与“人生 80 年时代”的实际情况相矛盾，甚至有政策连续性难以保证的风险。因此，需要借鉴日本等发达国家的经

验，重新评价、逐步调整现有各项经济社会政策，形成协调一致、全面系统的老龄事业发展框架。根据老龄事业的性质、特点和发展经验，我国老龄事业发展体系应包含养老保障体系、老年医疗保障体系、养老服务体系、老年人卫生服务体系、老年人学习和社会参与体系、老龄产业发展体系和老龄政策法规体系等方面。这种体系要贯穿于人的整个生命阶段，涵盖老年以后的各种需要。

四、构建中国老龄事业发展指标体系的可行性分析

学术界和老龄工作者多从宏观层面分析发展老龄事业的重要意义，但是对老龄事业的概念、体系框架缺乏理性的分析，很少对老龄事业的发展指标体系开展研究。事实上，我国老龄事业经过近30年的发展，已经具备了建立指标体系，实现科学规范的条件，主要表现在：

（一）加快发展老龄事业的大环境，为指标体系的构建提供了研究和实践的平台

经过近30年的实践，老龄事业已经深入人心，其重要性人所共识。老龄事业作为一项综合性社会事业，已经具有很高的社会知晓率，引起全社会和各级政府的广泛关注和重视。进入新世纪以来，随着我国人口老龄化的不断发展和对社会建设事业的重视，各地政府加大了对老龄事业发展的政策支持力度，最主要的标志是各地纷纷将老龄事业纳入了经济和社会发展规划。全国大多数省市区都制定了老龄事业中长期专项发展规划，设置了一些量化的工作指标，有力推动了老龄事业的发展。虽然这些规划还存在由于对老龄事业界定不明晰而导致的原则性较强、可操作性较弱、量化指标少的共性问题，但充分反映了各地对老龄事业发展需要科学规划的共同认识，对老龄事业发展指标体系设计的共同诉求。在规划的制定、执行和绩效评估过程中，各地越来越认识到构建老龄事业发展指标体系的重要性。构建老龄事业发展指标体系，必然会得到各地的积极支持，具有研究和实践的广阔平台。

（二）以实现六个“老有”为战略目标的中国特色老龄事业发展框架体系已经基本确立，为老龄事业发展指标的构成提供了基础

这项事业是在探索实践中发展起来的，各地都形成了许多宝贵的经验和认识。综观各地发展老龄事业的政策法规文献，我们发现，虽然对发展老龄事业的体制机制、内容、工作方式等方面还存在认识上的差异，但在发展框架和发展方向上已形成共识，那就是以实现六个“老有”为奋斗目标，改善和提高老年人生活质量，促进人口老龄化和经济社会和谐发展。这为我们确立老龄事业发展指标体系框架、指标具体构成及其关联提供了研究方向。

（三）全国各地近年来制定的老龄工作考核指标，为构建老龄事业发展指标体系

提供了重要的参考

近年来，全国各地特别是人口老龄化程度比较高的中东部地区老龄工作委员会办公室（以下简称老龄办），在老龄工作实践中，总结提出了一些工作考核指标，有的直接纳入了当地政府考核目标。虽然各地的考核内容和评价标准有所不同，指标选取和权重确定值得推敲，考核内容侧重于狭义的老龄办工作，但是许多考核指标内容和标准对我们设计本套老龄事业发展指标体系仍然具有重要借鉴意义。

五、国内外老龄事业发展指标的比较研究

国内外理论界和政府部门并没有专门对老龄事业发展指标体系进行过研究，本项研究的直接参考文献是缺乏的。为做好本项研究，课题组研究分析了国内外老龄政策，从中梳理相关老龄事业发展指标。虽然缺乏系统性的老龄事业发展指标研究成果，但我们希望通过国内外有关老龄政策的文献分析，梳理出相关老龄政策指标，为本指标体系的设计提供思路和直接参考。

发达国家的老龄政策是比较具体可操作的，包含了许多内容比较明确的指标及其指标值：1）美国《老年法》授权下的老龄服务。美国为老服务项目的经费划拨、技术标准、行政支持等都由《美国老年法》（the Older Americans Act，1965）等法律授权，具体项目的针对性、服务性、实效性很强，并且每个项目都有具体的量化指标便于评估和监督。根据“在全美建立老龄服务网络，为老年人及其照料者提供全面、系统、协调的家庭和社区服务”的原则，在老龄署统筹安排下，每个涉老组织作为老龄服务网络上的一个节点发挥着各自的作用。2）加拿大的家庭、社区支持性服务和住宿服务。规定了上门服务人员的职业类别、护理和支持项目、家务料理和社区支持项目、适合住宿服务的条件等。3）澳大利亚的《老年照料法》。1997 实行的《老年照料法》对机构照料、社区照料、灵活服务的内容、照料服务的规划、服务提供者的审批、服务提供者的职责、政府补贴等作了规定。4）法国的居家照料服务与老年人个性化自主补贴（APA）制度。规定了获得居家照料服务的具体条件，根据老年人的身体状况和丧失自主性的严重程度设定了全国标准。5）德国的《护理保险法》与养老机构护理等级划分。规定了“护理保险跟从医疗保险的原则”。护理保险费率为个人薪资总额的 1.95%或 2.2%（每月最多不超过 80 欧元），并且由个人和雇主各承担一半。享受护理保险需要医师的诊断证明，并有严格的定义和诊断分类。护理分为家庭和住院护理两大类。按需要强度，分为三种。养老机构的护理等级，按照每位老人护理所需要服务时间划分为五级。6）荷兰的养老保障制度。荷兰养老保障制度的第一支柱是国家养老金（AOW 养老金）。每一个年满 65 周岁的荷兰居民都有权享

受。每半年对养老保障收益进行调整。91%的工作人口纳入第二支柱养老保障（产业/部门范围的养老基金和企业养老基金）的覆盖范围，其中77%的参与者都加入了具有强制性特征的部门或产业范围的养老基金。一个雇员的总体退休收入水平通常相当于其工作最后阶段收入70%的水平。第三支柱被称为个人退休储蓄计划的部分。缴纳形成的总养老金是可以进行税收抵扣的，总额大致相当于最终工薪收入的70%。7）瑞典的福利化老年人照料服务。瑞典GDP的2.8%投入于老年人照料。大多数的照料服务由税收埋单，只有4%来源于老年人支付的费用。从1980年到2005年，老年照料服务的公共开支上升了60%。从1992－2005年，省医院的床位数减少了近50%，平均住院时间也缩短。80岁以上老年人治疗老年病的平均住院时间从1993年的21.5天减少到2005年的12天。8）英国的贫困老年人救助与老年人护理机构。政府提供与个人经济状况挂钩的福利，通过为60岁以上老年人提供冬季取暖、为75岁以上老年人提供免费电视执照等方式帮助贫困人群。60岁以上老年人可以享受的与经济状况挂钩的主要福利是养老金信用（含保证金和储蓄金）和住房福利。需要照料的残疾老人还可享受照料补贴，65岁以下残疾老人可申请残疾生活补贴。2001年，护理院由地方政府办的占17%，民间志愿组织办的占21%，私人办的和管理的占63%。志愿组织服务中政府资助占第一位，达到志愿组织全部收入的54.4%，其次是个人缴费部分，占26%。政府规定了老年护理保障津贴的标准。9）系统、完整的日本老龄政策法规体系。以1963年《老人福利法》、1982年《老人保健法》、1989年《老年人保健福利十年战略》（“黄金计划”）、1995年《高龄社会对策法》、1997年通过《长期护理保险法》、2001年《老年人居住法》、2005年《防止虐待老年人法》为主线，日本形成了系统、完整的老龄政策法规体系，致力于全社会的疾病预防、社区照料、居住福利、生活环境的改善等一系列综合措施的推进，以实现每一个老年人都能够健康舒适地过上高质量的生活。

国内老龄事业发展指标主要体现在各级政府编制下发的老龄事业发展规划中。文献检索发现，大约从“九五”开始，国内对“老龄事业”的提法开始统一。各级政府对统筹发展老龄事业提出了要求，部分省市从“九五”开始制定老龄事业发展规划，一般由发改委牵头编制，以政府名义下发。综观这些规划，原则性要求比较多，具体指标比较少，与其他规划重复的指标比较多。但随着老龄事业的不断发展，发展规划逐渐细化，发展指标也逐渐增多，主要有：老龄事业发展规划中的发展框架、养老社会保障指标、老年医疗社会保障指标、养老服务指标、老年人权益保障指标、住房和生活环境建设指标、老年教育、老年体育、老年人社会参与、老龄宣传、老龄事业经费投入。

六、相关发展指标的研究

课题组对社会指标研究、统计指标体系设计方法、相关事业发展指标体系进行文献搜素，旨在为构建老龄事业发展指标提供方法论基础。学术界对可持续发展指标体系的基础理论研究和指标设计及其应用比较多，对教育、文化、体育等社会事业发展指标也有比较成熟的研究成果。虽然这些领域与老龄事业并不直接关联，但是其指标设计方法很值得我们借鉴参考。

（一）关于社会指标和政策指标

1966 年美国学者鲍尔出版《社会指标》一书，希望以社会指标追踪公共政策对于社会发展的影响方向。纳克迈尔斯夫妇将社会指标分为三种类型：1）描述性指标。对于社会变迁与条件的一般性测度，如教育程度的分布序列资料。2）产出叙述性指标。对于社会过程的最后产物所作的测度，如基尼系数为财富分配政策产出叙述指标；空气污染指标为空气污染防治政策产出的叙述性指标。3）分析性指标。对于社会过程的概念模式所作的测度，如空气污染指标中有关都市区或工业区的指数。

美国北卡罗来纳大学公共政策学者麦克瑞（Duncan Macrae）在其《政策指标》（Policy Indicators，1985）里，将政策指标定义为可将公共统计数值用于公共政策议题的衡量工具（1985），其主要目的在于利用公共部门的统计来协助政策利害关系人制定妥当的政策。政策指标实际上就是衡量政策社会效果的评价指标，包含三种类型：1）纯经济效益指标，指能够以币值换算政策价值的指标，最具代表性的是某一政策的成本效益比。2）主观性福祉指标，衡量民众（或政策利害关系人）对于某一政策感到满足或快乐的程度。3）公平性指标，它所强调的并非社会福祉的综合，而是福利的分配情况；反映在政策指标上的意义，则往往是对需要者或弱势团体的考量。

（二）关于政策评估方法

美国“评估研究会”（ERS）将政策评估大致分为政策预评估（pre-evaluation），政策执行评估与计划监测（program monitoring）以及政策结果评估（outcome evaluation）。预评估是政策或方案尚未执行前所进行的评估，目的在政策或计划执行前得以修正其计划内容，使资源得到适当的分配。政策执行评估与计划监测，是有系统地探讨政策或计划执行过程的内部动态，主要是了解其在执行阶段是否有缺失。政策结果评估是政策评估的主体，它包括了政策影响（impacts）、政策的效益（efficiency）和效能（effectiveness）。某种意义上，老龄事业发展指标体系是对老龄政策结果的评估。

（三）关于指标体系框架

在发展指标体系构建中，第一步是根据测度对象的定义确定一个框架，以界定测度的内容和所选择的指标。国外学者主要采用三种方法：1）范围法（Domain-based Framework），如按可持续发展的主要方向（经济、社会、环境等）分类，然后逐类分层定出目标，是当今采用最多的方法。2）目标法（Goal-based Framework），首先确定测度对象要实现的若干个主干目标，然后在每一个目标下建立一个或数个目标。3）复合法（Combination Framework），即前两种方法的合成。

（四）关于指标评价方法

指标权重体现了单项指标在指标体系中的重要性，反映了各指标在指标体系中的地位，是构建指标体系最重要的环节。权重一般分为主观权重和客观权重。在社会研究领域经常使用的方法有专家直接构权法、AHP法（层次分析法）、熵权系数法、集值迭代法、均方差法等。指标评价方法经常使用的有层次分析法（AHP）、主成分分析法、因子分析法、灰色关联度法、聚类分析法等。指标评价方法只是数据的综合处理方法，通过这种方法得到的综合性指标是否有意义或有效，最终还取决于指标体系本身设计的科学性。

第二章　人口老龄化态势监测指标体系研究

人口老龄化态势监测指标是发展老龄事业的基础性指标，是开展老龄工作、制定老龄事业发展规划及相关政策的基本依据，具有重要的现实意义。为了摸清老年人口的规模、结构状况和基本特征，全面、及时、准确地掌握人口老龄化的发展动态，需要建立老年人口数据信息库和人口老龄化态势监测指标体系。

一、对老年人口起始年龄的界定

由于研究目的及范围的不同，联合国使用65岁和60岁两种口径作为老年人口的起始年龄。1956年出版的《人口老龄化及其社会经济影响》对人口年龄结构类型的解释是："如果人口可以被硬性地分为年轻型、成年型和老年型人口的话，年轻型则是指64岁以上人口在总人口中低于4%的比例，成年型指这一比例在4%～7%之间，老年型指这一比例超过7%的人口"。而在1982年召开的"首届世界老龄问题大会"和2002年召开的第二届世界老龄问题大会都将60岁和60岁以上的人统一划为年长人，公布的全球老年人口数据为60岁及以上人口。.

我国对老年人口的起始年龄也有不同的口径，主要在于国家统计权威部门发布的统计口径与国家法律规定的老年人口年龄不同。在法律上，《中华人民共和国老年人权益保障法》规定，对老年人的定义是60周岁以上的公民。国家统计局发布的公告及各类出版物如《中国人口统计年鉴》、《中国统计年鉴》、人口普查资料等，从1990年起，老年人口统计口径为65岁及以上人口；民政部《民政事业发展统计报告》自2007年起，同时公布60岁和65岁及以上老年人口资料。在全国老龄工作委员会及各地老龄委发布的老龄事业发展统计公报中，老年人口的界定均为60周岁及以上的人口。

如何确定我国老年人口的起点年龄？我们认为，老年人口的起点年龄，应根据本国经济社会发展状况和人口自身发展变化态势共同来决定。这是因为，老年人口规模与老年人口的起点年龄有关，老年人社会福利水平同老年人口规模和国家经济社会发展水平紧密相联。而且，不同起点年龄的划分还通过社会抚养比、退休年龄、储蓄水平等因素，影响到经济和社会可持续发展；通过养老保险和医疗保险所产生的国民收入二次分配，影响整个社会协调和谐发展，并进而影响到政治和社会稳定。所以，确定60岁还是65岁作为老年人口起点年龄，对经济社会发展的影响是不一样的。通过对中国目前经济发展水平、人口老龄化的成因、城镇退休年龄的政策规定与现实的提前退休、理论抚养比与实际抚养比的偏离等四方面的论证，我们认为，将人口老龄化态势监测指标的基本监测对象确定为60周岁及以上老年人是适宜的。

二、对60岁和65岁老年人口统计口径比例关系的换算

鉴于学术界及不同政府部门事实存在的60岁和65岁及以上老年人口两种统计口径，为了便于比较，我们将60岁及65岁老年人口划分标准值进行了换算。当65及以上老年人口所占比例达到7%时，60岁及以上人口占总人口的比例大约在10.37%，高于通常10%的标准；当60岁及以上人口占总人口的比例达到10%时，相当于65岁及以上人口比例的6.7%。

人口学将60岁及以上老年人口比例为10%～19%为低度老龄化，20%～29%为中度老龄化，30%及以上为高度老龄化。利用上述转换关系，我们对65岁及以上老年人口低度、中度、高度老龄化的比例划分也进行了换算，见表0-2-1。研究表明，65岁及以上老年人口比例在7%～14%是为低度老龄化，比例在14%～21%为中度老龄化，比例大于22%为重度老龄化。

表 0-2-1 不同老年人口统计口径下的老龄化类型

老龄化类型	60 岁及以上	调整前 65 岁及以上	调整后 65 岁及以上
低度老龄化	10%～19%	6.7%～13.7%	7%～14%
中度老龄化	20%～29%	14.5%～21.4%	15%～21%
重度老龄化	30%	22.2%	22%

三、人口老龄化态势监测指标体系的构建

人口老龄化态势监测指标应包含老龄化程度指标和老龄化速度指标。其中老龄化程度指标主要包括两种类型的指标，即老年人口规模指标和老年人口结构指标。老年人口规模指标主要有 60（或 65）岁及以上人口规模、80 岁及以上高龄老人规模、百岁老人规模；老年人口结构指标主要有老年人口系数、少儿人口系数、老少比（人口老化指数）、长寿系数、人口年龄中位数、老年抚养比指标。老龄化速度指标主要包括老年人口增长率、老龄化率、65 岁及以上老年人口比例由 7%到 14%所需时间这几个指标（见表 0-2-2）。

表 0-2-2 人口老龄化监测指标体系表

项目	指标	单位	指标说明	数据采集
老龄化程度	60 岁及以上人口数	万人	反映老年人口规模	公安年报、统计局 每年人口变动调查
	高龄老人规模	万人	80 岁及以上人口	公安年报、统计局 每年人口变动调查
	百岁老人规模	万人	100 岁及以上人口	公安年报、统计局 每年人口变动调查
	老年人口比例	%	60 岁及以上人口/总人口	公安年报、统计局 每年人口变动调查
	少儿人口比例	%	0—14 岁人口/总人口	公安年报、统计局 每年人口变动调查
	老少比	%	老年人口/少儿人口	公安年报、统计局 每年人口变动调查
	人口年龄中位数	岁	将总人口数一分为二，此年龄以上为一半，以下为一半	每 10 年人口普查 每 5 年 1%人口抽样调查
	长寿系数	%	80 岁及以上人口/60 岁及以上人口	公安年报、统计局 每年人口变动调查
	老年抚养比	%	60 岁及以上人口/15—59 岁人口数	统计局每年人口 人口变动调查
	社会抚养比	%	少儿抚养比＋老年抚养比	统计局每年人口 人口变动调查

续表

项目	指标	单位	指标说明	数据采集
老龄化速度	老年人口年增长率	%	年内新增老人数/老年人口年平均数	公安年报、统计局每年人口变动调查
	老龄化率	%	60岁及以上人口增长率/总人口增长率	公安年报、统计局每年人口变动调查
	65岁及以上老年人口比例由7%到14%所需时间	年	反映老龄化速度	

四、对人口老龄化态势警戒线的研究

建立人口老龄化态势警戒线，就是要研究确定一个社会可以接受的人口老龄化程度，即经济、社会能承受多高的老龄化程度。从理论上讲，基于一定的经济社会发展水平和人口代际关系，一个国家或地区对人口老龄化的承受能力是有限度的，人口老龄化发展是存在警戒线的。提出人口老龄化态势警戒线，作为预警指标，对于各级政府及早采取措施，完善人口生育政策、宏观调控人口迁移流动政策，优化人口环境，保持经济可持续发展，促进社会安全，具有重要意义。虽然目前还没有哪个国家发布过人口老龄化态势的警戒线，但一些国家考虑到一国人口总量、劳动力人口及老年人口规模及结构问题，已由控制生育政策转变为鼓励生育政策，对于延缓人口老龄化起到了积极的作用。

老龄化程度警戒线的设置，有重要的社会经济意义，虽然世界上发达国家或地区的老龄化程度没有达到警戒线的水平，但是，一些老龄化程度较高的国家或地区，已经显现了一系列社会经济后果，如果设立人口老龄化态势境界线，就能起到预警的作用，提前做好准备。如预防经济增长持续低迷、预警养老保障制度陷入债务危机、改革社会政策以适应高度老龄化的社会。同时，人口老龄化态势警戒线应该考虑以下几方面因素：1）当前发达国家老龄化的现状。中国的人口老龄化过程是步发达国家的后尘，虽然人口老龄化过程本身受时代影响因素不同而变化，但人口自身的生产和再生产的规律不会变。2）人口老龄化发生的经济社会背景：经济发展的程度，养老保障制度的完善程度，以及养老方式的影响，关键是经济发展程度。3）人口老龄化的发展趋势。中国和发达国家未来老龄化最严重的程度是什么样的？4）中国未来老龄化程度最严重时的经济发展水平，相当于目前哪些发达国家经济发展水平？假设其他条件不变，而这些国家老龄化水平及对经济社会的发展带来哪些影响？如老年抚养比和社会抚养比如何？

基于我国人口老龄化的发展趋势以及世界发达国家和地区的经验，我们认为：

（一）中国老年人口比例警戒线：60 岁及以上老年人口比例安全线为 22%，警戒线为 33%，预警区域为 22%～33%；65 岁及以上老年人口比例安全线为 16%，警戒线为 24%，预警区域为 16%～24%

60 岁及以上老年人口比例保持在现行发达国家的平均水平（22%）是安全的，33%为警戒线。基本依据是：1）发达国家总体上目前并没有因为人口老龄化严重地影响了经济社会的发展。2）在有人口统计的 200 个国家和地区中，只有 25 个国家和地区 60 岁及以上老年人口的比例大于 22%，有 88%的国家和地区，其人口老龄化水平在 21.8%以下。3）据联合国预测，到 2050 年，世界发达国家和地区 60 岁及以上老年人口占总人口的比例平均为 33%，这是目前一个国家都没有达到过的高度，届时全世界只有 37 个国家和地区的老年人口比例超过 33%。4）作为案例，日本人口老龄化对其经济社会发展已产生了显著影响。日本是世界上人口老龄化最严重的国家之一，2008 年人均 GDP 为38 454.86美元，60 岁及以上老年人口比例为 30.5%。自 1990 年代以来，经济出现滞胀，经济增长速度从 1955—1973 年的年均增长率 9.22%下降为 1990—2000 年年均 1.1%，2000—2007 年回升到 1.7%。虽然日本经济增长速度下降的原因很多，但与日本人口的少子老龄化有很大关系。

如果以 65 岁及以上老年人口的比例为标准，以现行发达国家的平均水平 16.0%是安全的，24%为警戒线。基本依据是：1）在有人口统计的 191 个国家和地区中，有 90.0%的国家和地区 65 岁及以上老年人口的比例小于 16.0%。2）按照 60 岁老年人口比例与 65 岁老年人口比例的换算公式，60 岁及以上老年人口比例为 21.8%，换算成 65 岁老年人口比例为 16%。3）根据 60 岁与 65 岁及以上老年人口比例的换算公式，60 岁及以上老年人口比例为 32.6%，转换成 65 岁及以上老年人口比例则是 24%。4）2008 年人均 GDP 相当于中国 2050 年水平的 10 个发达国家和地区，65 岁及以上老年人口比例均值只有 16.4%，低于 24%的警戒线 7.6 个百分点。5）到 2050 年，全世界只有 23%的国家和地区，其 65 岁及以上老年人口比例超过 24%。

（二）0—14 岁少儿人口比例安全线为 20%，警戒线为 16%，16%～20%为预警区域

1）到 2050 年，在有 0—14 岁少儿人口统计的 201 个国家和地区中，有 35 个国家和地区 0—14 岁少儿人口比例小于 15.4%，只占所有国家和地区的 17%。我国 0—14 岁少儿人口比例如果低于这个水平是危险的。

2）2008 年人均 GDP 相当于中国 2050 年水平的 10 个发达国家和地区，0—14 岁少儿人口的比例均值为16.3%。按中方案预测，中国0—14岁少儿人口比例2050年将下降到15.6%，低于2008年这10个经济发展水平相近国家0.7个百分点。

3）2009年，发达国家和地区少儿人口比例平均为17%，且大多数发达国家政府对本国出生率太低，政府采取鼓励生育的政策，即使以前采取控制生育政策的国家，目前已改变人口政策。如新加坡政府于1986年提供一系列奖励措施，鼓励生育，以阻止生育率的进一步下滑；日本政府于1990年成立了跨部门的委员会，以增加婴儿补贴、建立幼儿看护基金、实施儿童和家庭照料法案等方式刺激人口出生率；韩国政府从2003年开始，彻底改变了1960年代以来推行的“小规模家庭计划”，并为没有尽早鼓励生育而后悔。同样，欧洲一些国家（如奥地利、瑞典）也采取了许多鼓励生育的措施。

4）2008年，与中国少儿人口比例上下15%区间的国家有9个，其少儿人口比例均值为19.9%，人均GDP为35 551美元，与2050年中国人口高方案下人均GDP为39 020美元比较接近。

（三）人口自然增长率警戒线为－2‰，－2‰～1‰为人口老龄化预警区域，1‰～10‰为安全区域

研究表明，中国当前的人口自然增长率高于发达国家平均水平，低于世界平均水平，到2050年中国人口增长率低于发达国家的平均水平。考虑到中国是世界人口大国，从战略上看，中国人口过剩是长期的趋势，因此，人口增长率在10‰到1‰之间都是合理的。人口增长率高于10‰，对经济、资源环境产生压力。反之，如果人口增长率低于－2‰，对人口自身的生产和再生产产生不利的影响，也是不可持续的。

人口增长率主要取决于人口的出生率和死亡率。由于人口死亡率的变化是渐进的，不可能在短期内出现大的革命性的变化，人口增长率的变化关键取决于人口出生率。从战略上看，中国人口过剩是长期的趋势，但从战术上讲，人口增长率的快速、持续下降所带来的人口结构负面效应，大大超过人口数量增长带来的负效应，处理的难度更大更复杂。因此，我们认为，中国控制人口的长期战略不会改变，但目前的生育政策应该完善。

未来中国老年人口比例、少儿人口比例、总人口增长率警戒线标准及其含义归纳为表0-2-3。

表 0-2-3 中国人口老龄化态势警戒线指标及标准

项目	60 岁老年人口比例/%	65 岁老年人口比例/%	0—14 岁少儿人口比例/%	总人口增长率/‰	含义
安全线	≤22	≤16	≥20	10～1	处于适度状态
预警区	22～33	16～24	16～20	1～−2	老龄化开始攀升，局部地区达到警戒线，密切关注人口比例及增长率的变化，应及时予以解决，做好应付全国性预案
警戒线	≥33	≥24	≤16	≤−2	发出全国警报，立即采用应付全国性预案，检讨并调整相关生育政策等。

五、对未来中国人口老龄化态势的预警分析

根据表 0-2-3 及未来中国人口预测资料，我们按老年人口比例、少儿人口比例及人口增长率三条警戒线标准，对未来中国人口老龄化态势进行预警。

（一）中国老年人口比例自本世纪中叶始超过警戒线

研究表明，不论高、中、低预测方案，中国 60 岁及以上老年人口比例在 2027 年前都小于 22%，是安全的。到本世纪中叶后，由于预测方案假设的不同，老年人口比例出现了分化，高方案在 2051—2057 年超过警戒线，比低方案的 2047 年晚 4 年，比中方案的 2049 年晚 2 年（见表 0-2-4）。

表 0-2-4 中国未来 60 岁及以上老年人口比例年份预警

状态	高方案	中方案	低方案
安全区域	2011—2026 年	2011—2026 年	2011—2025 年
预警区域	2027—2050 年/2058—2100 年	2027—2048 年/2065—2076 年	2026—2046 年
超过警戒线	2051—2057 年	2049—2064 年/2077—2100 年	2047—2100 年

（二）中国少儿人口比例自本世纪 30 年代初超过警戒线

不论高、中、低预测方案，中国 0—14 岁少儿人口比例都在 20%以下，按照前面设定的标准，少儿人口比例已进入了警戒区域。目前，虽然在全局范围内没有到预警线，但部分省区已在 20%以下，应采取有效措施。如果局部不采取措施，到 30 年代初，全国将超过警戒线（见表 0-2-5）。

表 0-2-5 高、中、低三种预测方案下的中国未来少儿人口比例年份预警

状态	高方案	中方案	低方案
安全区域	—	—	—

续表

状态	高方案	中方案	低方案
预警区域	2011—2033 年	2011—2031 年	2011—2029 年
	2047—2060 年		
	2075—2090 年		
超过警戒线	2034—2046 年	2032—2100 年	2030—2100 年
	2061—2074 年		
	2091—2100 年		

(三) 中国人口增长率自本世纪 40 年代后超过警戒线

人口增长率警戒线，受人口预测方案设定影响最大。在高方案假设下，在本世纪中叶以前，中国人口增长率在安全区域内，从2051年到80年代中期才会超过警戒线；在中方案假设下，中国人口增长率在20年代中期前处于安全区域，到40年代中期后超过警戒线；在低方案假设下，中国人口增长率只有在2025年前是安全区域，从2037年起全国将超过警戒线，人口增长率一直在2‰以下，从2051年开始一直在5‰以下（见表0-2-6）。

表 0-2-6 高、中、低三种预测方案下的中国人口增长率年份预警

状态	高方案	中方案	低方案
安全区域	2011—2027 年	2011—2026 年	2011—2025 年
预警区域	2028—2050 年	2027—2045 年	2026—2036 年
	2086—2100 年		
超过警戒线	2051—2085 年	2046—2100 年	2037—2100 年

综合比较三条警戒线，从人口预测中方案看，中国未来人口老龄化态势在 2030 年前不会出现大的问题。但在人口老龄化超过警戒线以前，我们应对老龄化危机的准备时间也只有短短的 20 年。

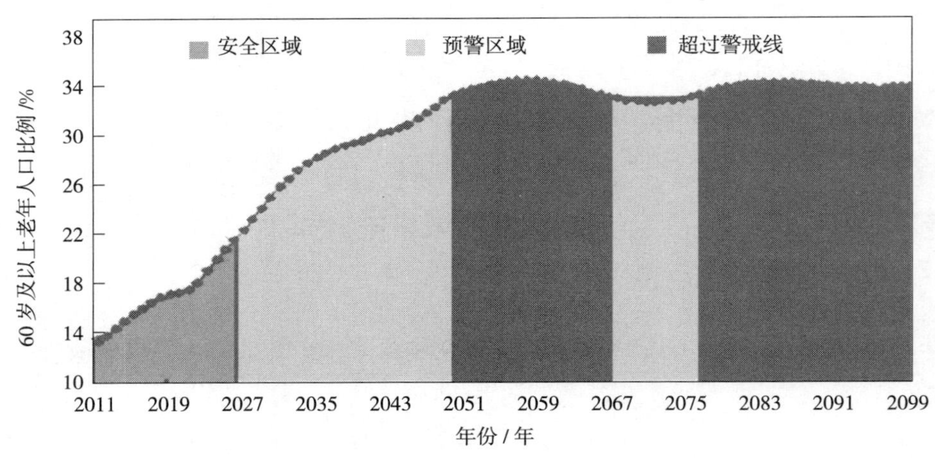

图 0-2-1 中方案下 60 岁及以上老年人口比例警戒线图

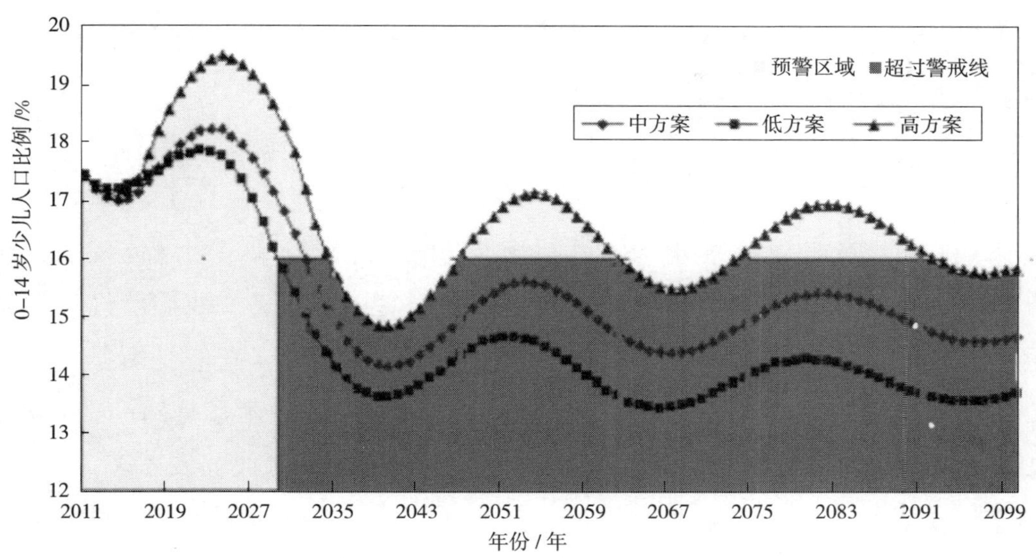

图 0-2-2　高中低方案下 0—14 岁少儿人口比例警戒线图

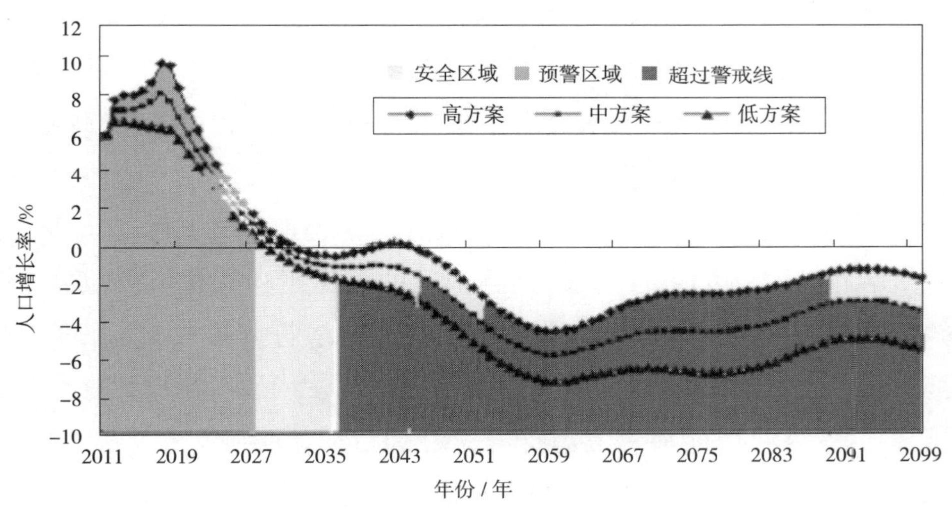

图 0-2-3　高中低方案下人口增长率警戒线图

第三章　老龄事业发展指标体系研究

指标体系是指为完成一定研究目的而由若干个相互联系的指标组成的指标群。指标体系由指标元素（包含指标概念、计算范围、计量单位等）和指标结构（各指标间的关系）构成。老龄事业发展指标体系就是结合老龄事业的发展规律和特点提出的定量分析老龄事业发展水平的多指标集合，其构建目的是通过建立一套可操作的、定量化的指标体系及评估方法，综合地、动态地衡量国家或地区老龄事业的发展水平。本指标体系紧紧围绕着老龄事业这个核心，由反映老龄事业各个侧面的多个指标，按一定结构层次和内在联系集合而成有机整体。

一、功能定位与构建原则

总体而言，老龄事业发展指标体系的基本功能是综合反映、定量体现国家或地区的老龄事业发展水平，并对政策的制定和实施有现实指导意义。我们所设计的老龄事业发展指标应不同于目前各地每年填报的老龄事业统计指标，它应是衡量一个地区老龄事业不同构成部分和整体发展水平的测度指标，整个指标体系有构建的理论基础，具备以下具体功能：1）描述功能。全面、客观地展现老龄事业发展状态。2）评价功能。动态反映老龄事业各要素发展状态及其协调度，这是本指标体系最基本的功能。3）解释功能。解释老龄事业发展的成绩和存在的问题。4）预警功能。对老龄事业可能存在的负面问题提出早期预警。5）决策服务功能。为各级政府发展老龄事业提供决策参考，这是构建本指标体系的终极目的。

根据老龄事业发展指标体系构建的目的及功能，在选取指标和构建指标体系时必须遵循如下原则：1）全面性和代表性。本指标体系要覆盖老龄事业的不同方面，比较全面地反映老龄事业发展的整体状况。2）实用性和可行性。在构建统计指标体系时，既不能简单化地按照“最易得指标”来构建，又不能脱离实际过于追求理想化的指标体系。3）可比性和可靠性。统计指标口径的可比性和资料来源的可靠性是老龄事业指标体系研究应该注意的重要环节。指标的选取应符合相关国家政策标准，能够尽量采用现有相关指标及其评价方法，尽量借鉴国际国内通行的统计标准和规范。4）目的性和敏感性。每项指标都要考虑符合设计的目的，明确在整个指标体系中的地位。指标要能够反映老龄事业发展的水平和发展目标实现程度。选取的指标要对老龄事业发展现状与未来走向、老龄政策法规、社会环境改变具有敏感性，对老龄事业的发展变化乃至出现的问题有一定程度的展现。

二、构建方法

（一）确定指标框架设计方法

考察前文的指标体系框架设计方法，结合老龄事业的发展现状和特点，在一级指标构成时，我们采用范围法和目标法相结合的方法。课题组最初拟以六个“老有”为目标构建指标体系，但在设计过程中发现细分目标存在困难，主要是由于六个“老有”作为最高目标比较抽象，而且相互关联性比较强，特别是“老有所学”、“老有所教”、“老有所乐”之间互有交融。同时，有些老龄事业发展指标对于上述几个方面都有促进作用，难以归类到一个方面。因此，我们以六个“老有”为主线，结合老龄事业的具体实践内容，按照减少关联性的原则设计出一级指标，力求涵盖和准确表达老龄事业的基本构成内容。一级指标形成以后，则采用分析法，逐步细分至具体可以赋值的指标。

（二）确定指标范围和内容

根据老龄事业的基本内涵与发展目标，确定与发展老龄事业相关的主要领域，继而确定哪些方面有必要建立指标。同时，要力求反映不同子系统之间，同一子系统中不同要素之间层次关系，形成合理的层次结构特征。本指标体系采用 Thomas M. Paris 和 Robert M. Kates 对指标的定义：指标是对达到（远离）既定目标的进展情况的定量测度，描述的是实际成果，不包括影响其进步的驱动力因素和政策响应因素，也不包括有益的计划。我们认为，政策制度本身只是促进事业发展的可能驱动因素，并不实际反映事业发展的水平。尤其是在一些地方，政策、计划、规划的执行力比较差，实际成效难以与其响应。实际上，所有的驱动力或压力因素最终都要体现在实际成效上。因此，本指标体系所有指标都是政策成效和老龄事业实际发展水平的指标，不采用一些地方考核老龄工作所使用的诸如“领导重视”、“出台文件”等指标。政策法规制度不纳入评价指标，而是尽量通过一些具体的成效指标反映政策执行的效果。

（三）明确指标边界

在设计老龄事业发展指标体系时，需要考虑指标的空间适用单元。一般来说，指标应与行政边界一致、行业内部为单元，但有时会出现跨行政区域或跨行业的问题。本指标体系是全国老龄工作委员会委托研究的，主要目的是从全国的角度考察各地老龄事业的发展状况，我们将指标体系空间适用单元定位为各省、市、区，以省级为考察单位。以省级为考察单位，既有利于统计口径的一致性，也有利于减少有关指标数据的重叠和缺失。地级及以下行政单位若应用本套指标体系，在具体指标值和权重方面是需要修正调整的。考虑到目前统计数据的可获性以及老年人口迁移流动比例相对较低，我们以户籍人口为主要指标口径，兼顾常住人口指标。

（四）考虑指标值不确定性

由于对指标临界水平认识上的差异、数据系列不完整且可信度低等因素，有些指标值具有不确定性，需要采用临界水平或数据可信度范围加以体现，如“不超过”、“低于”、“大于”等。临界水平一般采用国际或国内通行的有关指标值，有的采用平均值。本指标体系中，有些指标（主要是部分地区采用但具有导向意义的新指标）的临界水平是根据部分地区的实践经验确定的。

（五）选取个体指标

个体指标的选取一般经过“潜在指标的概念化、设计可供选择的指标、评估可供选择的指标、精简指标组合、确定指标等几个步骤[①]，常有两类：一是自上而下法，即由专家定义指标，由决策者根据实践经验和具体需要进行修改。二是自下而上法，即由决策者选择指标向专家咨询。本课题采用的是自上而下法。课题组成员中高等院校社会建设研究领域专家和政府老龄科研机构研究人员（有多年从事老龄工作和老年学研究经验）的组合，使指标的选取融合了理论框架与实践经验，某种意义上实现了上述两类指标选取方法的结合。

根据我国老龄事业的发展特点，在具体生成事业发展指标体系时，考虑静态指标与动态指标相结合、客观指标与主观指标相结合、现实性与前瞻性相结合、普遍性与地域性相结合。在完成各层次指标设计后，对所有指标进行拟合，构成省级老龄事业发展指标体系。

三、指标体系框架

根据老龄事业的界定、老龄事业发展指标体系的功能定位和构建原则，首先确定目标层，然后进行准则层和指标层的细分。前文对我国老龄事业发展现状及发展框架的分析，是我们构建各级指标的基础。依据以上思路和方法，我们将老龄事业发展指标体系分为“老年人收入保障指标 F1”、“老年人医疗保障指标 F2”、“老龄服务保障指标 F3”、“老年人社会参与保障指标 F4”、“老龄事业发展保障指标 F5”五个目标层，每个层次指标从不同方面设置准则层指标，共 26 个，然后进一步细化到指标层，共设置了 50 个可以量化的子指标（见表 0-3-1）。

本指标框架和指标构成是基于前文所述的五项功能和四项构建原则、对国内外老龄政策指标的比较研究、对相关发展指标设计方法的借鉴、对我国老龄事业发展历程的深入分析以及与直接从事老龄工作多年人士的广泛探讨而设计的，数易其稿。目标层反映老龄事业发展的主干框架，其五项指标是根据我国老龄事业的发展现状和未来发展框架，采用范围法和目标法相结合的方法而设计的。老年人收入、医疗、服务、社会参与和老龄事业发展保障这五项指标及其构成涵盖我国老龄事业的主要内容、发展目标和保障措施。我们认为，这五个方面的实现程度体现了老龄事业的发展水平。

---

① Sahvelson，Richard，etc. Steps in Designing an Indicator System，ERIC Clearinghouse on Test，Measurement，and Evaluation，Washington DC.

"准则层"和"指标层"除采用老龄办系统的统计指标外，其他指标尽量有可靠的文献来源验证（主要参考了小康社会指标体系、文明城市测评体系、残疾人事业测评体系及卫生、社会保障、体育统计指标）。准则层反映目标层的制度实现形式，指标层则是对实施各项制度的量化考察，是老龄事业发展水平在各方面的具体体现。在"指标层"中，有些指标是政府综合部门和职能部门（包括老龄办）每年统计公报公布数据的，有些指标（如医疗保障方面）在政府职能部门内部管理数据中已经按不同年龄段统计但并没有按 60 岁及以上进行分类汇总，而有些指标（如低保老年人数、参加"新型农村合作医疗"老年人数）目前尚无按年龄的分类统计，另一些指标（如老年人居家死亡无人知晓事件、养老服务从业人员数等）目前还没有政府职能部门进行统计，但根据老龄事业发展的需要，有必要进行专门统计。我们希望通过设置这些指标，深化老龄事业的内涵，促进各涉老部门的工作，推动老龄事业的规范化发展。

为了提高本指标体系的科学性，课题组除召开小型座谈会进行论证外，采用了德尔菲法，充分听取有关专家的修改意见，不断完善指标，并最后根据专家评分确定各指标权重。课题组先后 2 次在全国范围内征询了多位资深人士[①] 5 年以上老龄工作经验，并在该领域有一定影响的老龄工作者和社会保障领域的知名专家的意见。他们从各自的专业、各地的实际情况出发，对各层指标的构成及其参考值提出了大量宝贵的具体修改意见，大大提高了本指标体系的科学性。

四、老龄事业发展指标评价方法

建立老龄事业发展指标体系的最终目的是在指标框架和指标分类真实反映老龄事业发展主要内容的基础上，采用科学的评价方法，得出老龄事业综合发展指数，从而量化各地的老龄事业发展水平。评价过程中，确定指标权重、数据的标准化处理是关键的步骤。

（一）指标权重的确定

借鉴各种指标权重的计算方法，我们采用德尔菲法确定权重。这种方法虽然是主观赋权，但是鉴于初次建立老龄事业发展指标体系、有关指标并未得到实践检验，我们认为专家意见咨询法是最合适的方法，也能够比较真实地反映各项指标在指标体系中的地位。将来，如果老龄事业发展指标体系能够在实践中稳定成型，可以考虑采用主成分分析法、因子分析法等方法。

---

① 就本指标体系的生成和权重评分，我们咨询了以下人士的意见：华东师范大学人口研究所桂世勋教授、浙江大学公共管理学院何文炯教授、上海市老龄科学研究中心副主任殷志刚、全国老龄办政策研究部副主任党俊武、北京市老龄办副主任陈谊、江苏省老龄办副主任牛飚、浙江省宁波市老龄委副主任左建一。

6位咨询专家各自首先确定5个目标层的权重，然后根据目标层权重确定内部各指标的综合指数权重。课题组对每位专家的目标层、准则层和指标层赋值进行统计，每项指标得分为6位专家赋值的平均值。指标层子系统指标权数根据指标分值计算得出，见表0-3-1。

表 0-3-1　省级老龄事业发展指标体系指标权重

目标层	准则层	指标层	计量单位	参考值	指标分值	子系统指标权重	变量
老年人收入保障指标 F1 (23.0)	城镇企业职工基本养老保险	老年人口覆盖率	%	≥80	3.50	15.22	X1
		年人均养老金占年城镇职工平均工资的比例	%	≥60	2.67	11.59	X2
	城镇居民基本养老保险	老年人口覆盖率	%	≥90	2.33	10.14	X3
		月人均养老金占城镇居民家庭月人均生活消费支出的比例	%	≥80	1.83	7.97	X4
	新型农村社会养老保险	基础养老金发放率	%	≥30	3.50	15.22	X5
		月人均养老金占农村居民家庭月人均生活消费支出的比例	%	≥60	3.00	13.04	X6
	老年津贴	覆盖率	%	≥60	3.00	13.04	X7
	老年社会救助	救助率	%	≥90	3.17	13.77	X8
老年人医疗保障指标 F2 (22.17)	城镇职工基本医疗保险	老年人口覆盖率	%	≥80	3.00	13.53	X9
		老年人住院费用报销比例	%	≥80	2.33	10.52	X10
	城镇居民基本医疗保险	老年人口覆盖率	%	≥90	2.17	9.77	X11
		住院费用报销比例	%	≥60	1.83	8.27	X12
	新型农村合作医疗	老年人参合率	%	≥95	3.17	14.28	X13
		住院费用补偿率	%	≥50	2.33	10.52	X14
	医疗救助	贫困老人医疗救助率	%	≥80	3.00	13.53	X15
	社区卫生服务	城镇社区卫生服务覆盖率	%	≥90	1.50	6.77	X16
		农村行政村（社区）卫生室覆盖率	%	≥80	1.67	7.52	X17
		老年人健康档案建档率	%	≥60	1.17	5.26	X18
老龄服务保障指标 F3 (24.67)	养老机构	百名老人床位数	张	≥2	1.92	7.77	X19
		国办养老机构医疗护理床位数占有率	%	≥60	1.42	5.74	X20
		民营养老机构床位数占有率	%	≥60	1.25	5.07	X21
		社区托老所（日间照料中心）覆盖率	%	≥60	1.42	5.74	X22
		服务人员配比	人	<6	1.00	4.05	X23
		入住率	%	≥80	1.17	4.73	X24

续表

目标层	准则层	指标层	计量单位	参考值	指标分值	子系统指标权重	变量
老龄服务保障指标 F3 (24.67)	城镇社区老龄服务	社区老龄服务覆盖率	%	≥80	2.67	10.81	X25
		社区助老员配比	‰	≥3	1.42	5.74	X26
		享受政府购买服务和服务补助的老人比例	‰	≥5	1.58	6.42	X27
	农村老龄服务	乡镇综合性老年福利服务中心覆盖率	%	≥80	1.92	7.77	X28
		村(社区)老龄服务机构覆盖率	%	≥30	2.17	8.78	X29
		享受政府购买服务和服务补助的老人比例	‰	≥5	1.92	7.77	X30
	养老服务业	养老服务业从业人员比例	‰	≥10	2.42	9.80	X31
		政府扶持养老服务业资金投入年增长率	%	≥GDP增长率	2.42	9.80	X32
老年人社会参与保障指标 F4 (13.33)	老年人社会组织	基层老年人协会覆盖率	%	≥80	2.33	17.50	X33
		老年社团参加率	%	≥10	1.83	13.75	X34
	老年教育	县级及以上老年大学建设率	%	≥60	1.75	13.13	X35
		老年人入学率	%	≥10	1.58	11.88	X36
	老年文化	老年活动室千人覆盖率	‰	≥2	1.92	14.38	X37
		经常性老年文化活动参与率	%	≥10	1.58	11.88	X38
	老年体育	经常性老年体育活动参与率	%	≥20	2.33	17.50	X39
老龄事业发展保障指标 F5 (16.83)	老龄事业经费投入	全社会用于老龄事业支出占GDP的比例	%	≥3	3.00	17.83	X40
	老龄工作人员	每万名老年人配置老龄工作人员数	人	≥1.5	2.17	12.87	X41
	老龄工作考评	年度考核与评估	次/年	≥1	1.33	7.92	X42
	老龄事业信息化建设	老龄事业基本信息社会公布	次/年	≥行政区划数	1.67	9.90	X43
	老年人权益保障	老年人居家死亡无人知晓事件发生数	起	0	1.00	5.94	X44
		虐待、不赡养老年人案件发生率	起/万户	<1.5	1.00	5.94	X45
		侵犯老年人合法权益事件投诉率	起/万户	<1.5	1.00	5.94	X46
	老年人优待	老年优待证发放率	%	≥70	1.50	8.91	X47
	老龄问题研究	研究成果数	篇	≥100	1.83	10.89	X48
	老龄宣传	老年专栏(节目)、老年报刊数	个	≥最低标准	1.17	6.93	X49
		敬老主题活动评选次数	次/年	≥行政区划数	1.17	6.93	X50

（二）数据的标准化处理

数据标准化处理主要包括数据同趋化处理和无量纲化处理两个方面。数据同趋化处理主要解决不同性质数据问题，对不同性质指标直接加总不能正确反映不同作用力的综合结果，须先考虑改变逆指标数据性质，使所有指标对测评方案的作用力同趋化，再加总才能得出正确结果。本指标体系中，“养老机构服务人员配比（X23）”、“老年人居家死亡无人知晓事件发生数（X44）”、“虐待、不赡养老年人案件发生率（X45）”、“侵犯老年人合法权益事件投诉率（X46）”4 项为逆指标。我们采用如下方法：

当指标为正指标时：Oi＝Ci/Si；

当指标为逆指标时：Oi＝Si/Ci；

式中：Oi 为 i 指标的趋同化处理值，Ci 为指标现状实际值，Si 为指标标准值（参考值）。在测评某一年度（如测评 2010 年老龄事业发展水平）时，Si 采用目标参考值；在测评多年度（如测评“十一五”期间老龄事业发展水平）时，采用基期（2006 年）值。对于目标参考值为 0 的指标（X44），采用当年或基期各省市平均值。

在数据同趋化处理后，进行数据无量纲化处理，主要解决数据的可比性（主要是不同计量单位的可比性），我们采用指数化处理方法。指数化处理以指标的最大值和最小值的差距进行数学计算，其结果介于 0～1 之间。具体计算公式如下：

$$z_i = x_i - x_{min} / x_{max} - x_{min}$$

式中：z_i 为指标的标准化值。

x_i 为某省（市、区）某指标的现状值

x_{max} 为所有省（市、区）中某指标的最大值

x_{min} 为所有省（市、区）中某指标的最小值

经过上述标准化处理，原始数据均转换为无量纲化指标测评值，即各指标值都处于同一个数量级别上，可以进行综合测评分析。

（三）综合评价得分的计算

综合评价得分是经过数据赋值、标准化处理后根据权重计算的最后得分，是众多评价因素综合作用的结果，反映老龄事业的实际发展水平。我们采用线性加权综合法进行计算，公式为：

$$F = \sum_{i=1}^{50} Wi \times Zi$$

式中：F 为老龄事业发展指数，Zi 为 Xi 的无量纲化指数值，Wi 为 Xi 的权重。

将各指标的无量纲化指数值与相应的权重相乘，然后加总，即为老龄事业各地老龄事业发展综合指数。不同地区间可以在同一年直接计算综合指数对比，也可通过计

算一定期间发展指数水平进行对比。

需要说明的是，虽然本指标体系可以测评各省、市、区的老龄事业发展水平，但由于本课题是一项前瞻性的研究，其中许多指标值目前尚无法获取，而现有统计数据不足以反映老龄事业综合发展水平，因此在现实条件下，本指标体系的应用还存在一定的困难。我们认为，只要从国家层面加强老龄工作的力度，推进老龄事业的科学发展，完善老龄事业发展统计工作，将这些指标纳入到测评老龄事业发展水平的尺度，分解到各政府职能部门的工作中，指标值都是可以获取的。果如是，我国老龄事业的发展必将实现新的跨越，这也是本课题研究要实现的首要目标。课题组建议，全国老龄工作委员会能够印发本指标体系，分步骤实施老龄事业发展水平测评：要求各地各部门尽快将这些指标纳入到统计范围，确保这些指标能够有年度统计数据，争取从“十二五”开局之年（2011）建立有效的统计制度，在 2012 年实现对各地老龄事业发展水平的测评。

第四章　老年人生活质量监测指标体系研究

一、基本设计理念

作为老龄事业发展指标体系的有机组成部分，老年人生活质量监测指标体系在设计中坚持贯彻老龄事业发展指标体系构建的基本原则。与此同时，在设计老年人生活质量监测指标体系时，我们突出以下基本理念。第一，平等。即老年人是我们整体社会的有机组成部分，具有和其他社会群体一样的、共享既有的社会经济发展水平所能提供和保障的生活质量的平等权利，坚决拒绝将老年群体边缘化。第二，差异。承认老年人的平等权利并不等于可以无视或不承认老年人群体的特殊性，或者说，和其他群体相比的差异性，相反，真正的平等的生活质量的实现，必须立足于现实的差异，无视老年人群体在生理、心理、社会等方面的特殊性，而给予跟其他社会群体一样的无区别的对待，必将导致老年群体的边缘化。因此，在评估衡量老年人的生活质量时，就必须考虑到老年人群体的特殊性。这实际上要求我们在承认老年人具有和其他社会群体一样的、共享既有的社会经济发展水平所能提供和保障的生活质量的平等权利时，不能仅仅停留于形式上的平等，而必须进一步进入到实质性的平等。惟有如此，才能真正体现联合国老年人原则，即“独立、参与、尊严、照料、自我实现”——事实上，原则中的“照料”本身即是基于对老年人群体之特殊性的认识与肯定。第三，实践取向。老年人生活质量监测指标体系的设计，必须在坚持科学性的基础上，即能够切实地描述、反映、评估、监测老年人生活质量及其变化的前提下，紧紧围绕我国老龄事业、老龄工作的实践需要，服务于老龄政策的制定和调整。正是基于实践取向，我们一方面在对生活质量概念的界定和理解上更突出了客观性因素的地位，另一方面，在思考指标体系的构成时，紧紧围绕老龄事业的范畴来展开。

二、老年人生活质量的界定

从理论上科学界定老年人生活质量是设计老年人生活质量监测指标体系的前提，而科学地界定"生活质量"，则是界定老年人生活质量的基础。"生活质量"这一概念最早由美国学者加尔布雷斯于1958年提出，这与当时美国一些社会学家的下述认识有关，即发展不等于经济增长，"社会的"发展与经济增长具有同等重要的地位，经济增长如果不能促进社会成员之幸福感的普遍提高，则这种经济增长是有问题的。生活质量这一概念提出后，率先在欧美发达国家流传开来。许多学者和社会机构都曾从不同的角度试图对生活质量做出界定。美国社会学家K. 苏斯耐和G. A. 费舍曾将界定、理解生活质量的这些角度归纳为经济学的角度、社会心理学的角度和生态学的角度三大类，[①] 调有用的资源、条件和生活质量的关系，社会心理学的定义突出人们的需求和主观体验到的幸福之间的密切关系，而生态学的理解则倾向于折中，立足于生活的环境条件与生活感受之间的联系而从客观生活条件和人们主观感受两个方面来理解生活质量。[②] 发达国家的学者对于生活质量的定义一个大趋势是侧重于社会成员对于生活的主观体验，即生活的幸福感和满意度，[③] 而目前比较有代表性的、同时也是流传较广的是1993年由二十多个国家和地区参与的世卫组织（WHO）生活质量研究组所给出的定义，该定义认为：生活质量是不同文化和价值体系中的个体对于与他们的目标、期望、标准以及所关心的事情有关的生活状况的体验。

我国对于生活质量的研究起始于20世纪80年代，在对生活质量的理解方面，基本上呈现出承袭外国研究者的定义同时结合中国社会文化的特点而加以提炼的共同倾向，但与此同时，不同学者对生活质量的理解也各有侧重。根据这种侧重的不同，有人认为，关于生活质量的理解，大体上可以分为主观派、客观派和综合派。[④] 对生活

---

① K. 苏斯耐，G. A. 费舍．生活质量的社会学研究［J］．国外社会科学，1987（10）．

② 孙鹃鹃．中国老年人生活质量研究［M］．北京：知识产权出版社，2007：29-36.

③ 刘渝琳．养老质量测评——中国老年人口生活质量评价和保障制度［M］，北京：商务印书馆，2007：44-45.

④ 刘渝琳．养老质量测评——中国老年人口生活质量评价和保障制度［M］．北京：商务印书馆，2007：45. 上海老龄科学研究中心课题组．上海老年人生活质量指标体系研究［M］．

的主观感受来理解生活质量。客观派则认为，生活质量应从社会成员的生活条件和状况来认识和界定。不过，在国内学者中，持论最普遍的是所谓综合派的观点。在这种观点看来，生活质量既包含主体所拥有的生活条件、生活能力等客观要素，也离不开主体对于生活的主观感受。这派中比较有代表性的是社会学者周长城的观点，他认为："生活质量就是环境提供给人们生活条件的充分程度以及人们生活需求的满足程度，是在一定物质基础之上，社会成员对自身及其所处各种环境的感受和评价。"①

本课题研究者基本赞同综合派的观点，这不仅仅是因为这是国内学界最普遍的观点，更主要是因为，对于生活质量的理解离不开人的需要、满足需要的资源和现实条件、对需要满足程度的感受之间的关系及其变化，甚至可以说，这个概念只能在这种关系中来提出和定义。不过，在基本赞同综合派观点的同时，我们认为又应该指出，对于生活质量的理解应该在兼顾社会成员对于自身生活状况的主观感受的同时，更强调客观要素。原因是：尽管生活质量离不开对于生活的主观感受（并且最终可能体现为幸福感的高低），就此而言，客观生活条件的拥有并不一定能保证一个人获得幸福感，但是，另一方面，有一点却可以肯定，即如果一个人缺乏某些基本的生活条件和生活能力，则他一定会陷入不幸。而如上所述，我们的研究强调实践取向，强调服务于政府和社会的老龄事业、老龄工作，而政府与社会的职责，不是要（也不可能）保证每个社会成员的幸福，而是要尽可能使每个社会成员免于不幸。特别是对于经济社会发展尚处在较低阶段、尚未完全走出低收入陷阱的我国社会而言，国家在制定社会发展的战略时，中心目标应该是为国民的生活提供基本的物质保障、客观条件，以保障国民的生活需求得到适当而充分的满足，因此，对于生活质量的理解和研究应该侧重于客观方面，当然，这并不是说可以完全不管主观方面。

再进一步具体到关于老年人的生活质量，恰如有学者指出的那样，虽然十余年来不少学者对老年人生活质量的含义作了不同角度与不同程度的研究，但对于"老年人口生活质量的定义迄今在国内外都是罕见的"② 指出的那样，作为整体社会的有机组成部分，老年人具有平等地享有既有的经济社会发展水平所能提供和保障的

---

① 周长城．社会发展与生活质量［M］．北京：社会科学文献出版社，2001：60.

② 刘渝琳．养老质量测评［M］．北京：商务印书馆，2007：45.

当然，这并不是说对于老年人生活质量的相对明确的定义完全没有。事实上，2002 年全国老龄工作委员会在《提高老年人生活质量行动建议》中就提出过一个自己的界定："老年人的生活质量是指一定生活条件下老年人在物质生活、精神生活、健康状况和生活环境等方面的客观状况及老年人自我感受的总和。"（赵宝华．提高老年生活质量对策研究报告［M］．北京：华龄出版社，2002.）

生活质量的权利，就此而言，我们认为，从根本上讲，老年人的生活质量概念就其含义本身来说和一般的生活质量概念应该是一致的。所不同的只是，由于老年人口在生理、心理、社会等方面所自然发生的一些特殊性以及由这种特殊性所产生的特殊需要，政府和社会必须针对老年群体的这些基本特性和需要，为他们提供与经济社会发展水平相应的、相对充分的生活条件，来保障其享有与其他社会成员平等的生活质量。① 上述周长城的定义而将老年人的生活质量界定为：政府与社会从保障老年人平等共享与经济社会发展水平相应的生活质量出发，针对老年人口的基本特征而提供给老年人的生活条件的充分程度和老年人生活需求的满足、满意程度。当然，基于与前面所说的同样的理由，在对老年人生活质量的具体理解——特别是体现在衡量指标上——我们在兼顾主观因素的同时，更强调客观因素。

三、老年人生活质量指标体系研究略述

在国外，关于生活质量的研究实际上是随社会指标运动的展开而兴起的，因此，一开始，生活质量研究就与对生活质量评估指标体系的研究探讨紧密地、不可分割地联系在一起。自 20 世纪 60 年代以来，在学者和一些社会机构几十年的研究和实践中，曾形成和使用过多套有影响的或比较权威的生活质量评估指标体系。这些指标体系对科学评估和衡量生活质量都各有自己的优势，但是反映于大多数指标体系中的共同问题是，其一，由于多以不发达国家国家和地区为主要对象，它们对于发达及相对发达的国家和地区缺乏敏感性；其二，对于相对全面地反映居民的生活质量来说，往往显得过于简单。

如上所述，我国学界对于生活质量的研究起步于 20 世纪 80 年代，在对我国不同地区居民生活质量进行实证研究的过程中，不可避免地包含了对于生活质量指标体系的思考探索。如林南、卢汉龙、王玲、卢淑华、叶南客、朱庆芳、胡荣、易松国、赵细康等在他们各自的研究中都提出过关于生活质量指标的思考。总体上，学者们的这些探索都表现出了借鉴国际经验，同时结合中国经济、社会和文化现实的倾向，对于我们思考构建中国人生活质量指标体系，进而对于我们探索中国老年人的生活质量监测指标具有一定参考价值。不过，需要指出的是，上述这些学者们的探讨基本上都是联系结合于某项针对特定地区居民生活质量的实证研究项目的，其直接目的并不是构建指标体系。由此导致的结果是不同学者（不同项目）所选取的

① 关于老年人口的特殊性，学者大都倾向于认为主要反映在老年人口对健康的关注和需求上。如：蒋志学等的《老年人生活质量指标体系探析》（《市场与人口分析》，2003 年第 3 期）一文和刘渝琳的《养老质量测评》第 59 页所述。

指标彼此之间差异很大，甚至同一学者所主持的不同项目所选取的指标也极为不同。

除了学者们结合于具体实证研究项目的、比较个性化的探讨，我国关于生活质量指标体系的探索的另一个方面存在于具有明显政府背景的社会发展指标体系、特别是小康社会指标体系的研究之中，如：（1）1952—1988年社会发展指标；（2）城市小康社会发展指标（1990—2000年）；（3）2000年全国小康社会指标体系；（4）根据十六大提出的全面建设小康社会的发展目标而提出的小康社会标准；等等。总体上，我国社会发展（小康社会）指标体系所包含的生活质量指标所重视的是客观指标，这和我们在上面所表达的观点应该说是一致的。不过从科学地反映评估生活质量的角度看，这些指标的又明显存在着琐碎和不全面并存的问题，同时，我们也不赞成其完全忽略主观指标的做法。

对于我们的课题而言，更具有直接参考意义的无疑是关于老年人生活质量指标体系的研究。当然，如上所述，从根本上讲，老年人的生活质量概念和一般的生活质量概念是共通的，因此，一般的生活质量指标体系和老年人生活质量指标体系也应基本相通，但同时，亦如上所述，为了保障老年人切实享有与其他社会成员平等的生活质量，政府和社会须根据老年人口所自然产生的特殊性来为他们提供与经济社会发展水平相应的生活条件，这反映在老年人生活质量指标体系的研究中，就是要在考察分析和参照一些比较权威的一般生活质量指标体系的基础上，针对老年人口的基本特征，突出某些方面，调整指标体系（当然，这同时还要联系指标体系所施用之地区的经济社会文化特征）。其根本目的，就是要引导政府与社会根据老年人的特点而有针对性地强化某些方面的供给与工作。

不过，在国际上，我们并没有查阅到直接以老年人命名的生活质量指标体系。当然，这并不意味着这方面的资料完全阙如。实际上，鉴于与健康相关的生活质量（HRQOL）评估一直是老年人生活质量研究的重点，因此，国际上现有的一些聚焦于健康维度的生活质量量表常常被直接用于老年人生活质量的评估。比较有代表性的如："医疗效果研究36项条目短表"（Medical Outcome Study 36-Item Short Form）（SF-36）、"世界卫生组织生活质量量表"（WHOQOL—100）、"个人生活质量评估量表"（Schedule for Evaluation of Individual Quality of Life）等。除此之外，还有特别针对患有某种疾病之人群而设计的、用以揭示特定病患人群生活质量的特点的量表。如欧洲癌症研究和治疗组织（EORTC）设计的QLQ-C30生活质量量表、神经病患者生活质量量表（QOLIE-89）等。不过，所有不同的生活质量量表也均有其共同之处，一是它们均既包括一个或少量总体问题也包括许多比较具体的问题。二是福康

(Well-being)越来越受到重视，福康在生活质量中的权重越来越大，而对福康的测量，则主要侧重于主观层面，一般包括生活满意度和幸福感、总体健康自评。① 问题越来越引起学界和政府的重视，与老年人生活质量研究的拓展与深入同步，我国不少学者和有关机构展开了对于老年人生活质量指标体系的探讨。如郭永松、李永胜、蒋志学、刘雪琴、刘晶、刘渝琳等，都进行了卓有成效的探索。除了学者们的研究，一些具有政府背景的机构也进行了这方面的探讨，如由上海市老龄科研中心研究提出的上海老年人生活质量指标体系。从我国学者和机构对于老年人生活质量指标体系的研究中，我们可以看出两点大体相同的倾向，一是在构建老年人生活质量评估指标体系时，一般都先进行生活领域的划分，再进一步选取反映各生活领域的具体指标；二是大都强调和突出健康因素在老年人生活质量中的影响。不过，在这两点大体相同的倾向之下，各自在具体生活领域的划分、具体指标的选择以及相应的指标数量（多者数十个，少者只有五个）上，又表现出巨大的分殊。

四、老年人生活质量监测指标体系

正是在参考、吸取以上国内外关于生活质量、特别是老年人生活质量指标体系研究成果的基础上，立足于前面所指出的平等、差异和实践取向的理念，同时考虑到指标体系的逻辑自恰性（主要表现在生活领域的划分），并尽可能兼顾科学性和数据的可获性（当然，这并不等于迁就于现成的统计指标或其他直接可获的现成数据）、推广使用的可能性，我们研究拟订了以下老年人生活质量监测指标体系（表 0-4-1）。

表 0-4-1 老年人生活质量监测指标体系

领域	权重分配	指标	权重
健康生活质量	39.3	1. 平均健康预期寿命指数	5.7
		2. 体质达标指数	3.7
		3. 常见老年病发病指数	4.1
		4. 生活自理水平	6.4
		5. 心理健康水平	4.3
		6. 社会医疗保险水平	5.0
		7. 就医方便度	4.0
		8. 健康状况自我评价	6.0

① 曾毅，等．老年人生活质量研究的国际动态［J］．中国人口科学，2002（5）．

续表

领域		权重分配	指标	权重
物质生活质量		31.0	9. 老年人人均可支配收入（农村为人均纯收入）达标水平	3.9
			10. 老年人相对人均可支配收入（农村为人均纯收入）	3.7
			11. 社会养老保险水平	4.6
			12. 贫困老年人救助率	3.4
			13. 居住水平	3.4
			14. 老年人生活服务机构覆盖水平	3.7
			15. 老年人恩格尔系数达标水平	4.0
			16. 物质生活满意度	4.3
精神生活质量	家庭	15.3	17. 有偶率	5.4
			18. 无子嗣老人比率	4.3
			19. 家庭关系满意度	5.6
	社会	7.0	20. 社会活动参与度	2.8
			21. 公共选举参与度	2.0
			22. 受社会歧视感指数	2.2
	文化	7.4	23. 文化程度	2.6
			24. 业余爱好指数	2.1
			25. 文化娱乐生活满意度	2.6

跟绝大多数关于老年人生活质量指标体系的研究一样，在考虑设计老年人生活质量监测指标体系的构成时，我们也首先分解了老年人的生活领域。我们将老年人的生活划分为三大领域，即健康生活、物质生活和精神生活。三大领域中，健康生活是基础，物质生活和精神生活是老年人是否与其他社会成员一样享有既有的经济社会发展水平所许可的生活质量的基本体现。

在具体研究过程中，本课题组采取了以下步骤：先在参考、吸取国内外已有研究成果的基础上，初步拟出老年人生活质量监测指标体系的基本构成，然后就此向有关专家咨询，根据咨询结果调整并确定指标构成，再采用专家咨询法（德尔菲法）确定各指标的权重。①

我们认为，以上由 25 个具体指标构成的指标体系可以全面、科学地评估、监测

① 在研究过程中，我们所咨询的专家包括：南开大学人口所教授陈为民，南开大学周恩来政府学院副院长、社会心理学系教授汪新建，南京大学社会学院社会工作系主任陈友华教授，浙江大学人口所周丽苹教授，浙江工商大学社会工作系高燕副教授，杭州师范大学护理学院陈雪萍副教授，浙江工商大学社会工作系主任马良教授，浙江工业大学方巍教授。

关于权重的确定，还需要说明一下的是，我们所咨询的 8 位专家中，其中 7 位对于健康生活、物质生活、精神生活三个领域的权重分配意见基本一致（其中有 5 位完全一致，均为 40、30、30，另两位为 35、35、30 和 40、31、29），而有一位（高燕副教授）与其余五位的差异较大，她给三个领域的权重分配是 20、60、20。在我们计算权重时，没有将最后一位计算在内。

老年人的生活质量及其变化。不过，从监测评估的成本、监测评估的简便易行、以及由此决定的指标体系推广使用的可能性、特别是当前使用的可行性出发，上述指标体系在目前看来存在着一定困难。即以第一个指标“平均健康预期寿命指数”为例，尽管“健康预期寿命”无疑要比“平均预期寿命”更能反映健康生活质量，但是健康预期寿命的测算相当复杂，目前国内也极少有机构展开这方面的统计测算，因此，目前使用本指标是有困难的。有鉴于此，在从“应然”的角度建构提出上述我们认为比较“理想”的指标体系的同时，本课题组又吸取有关专家的建议，对上述指标体系进行进一步提粹凝练，从中提炼出我们认为最能反映老年人生活质量的 10 个指标构成一个相对简化的老年人生活质量监测指标体系，如表 0-4-2 所示。体现生活质量的各领域（包括体现精神生活质量的三个亚领域）的权重分配依旧按原指标体系的分配，保持不变。具体指标之权重的确定，则根据所选取的指标在“原指标体系中的权重”，占该生活领域所选取的指标之权重的总和的比例，来推算分配。

表 0-4-2　简化的老年人生活质量监测指标体系

领域	权重分配	指标	指标权重
健康生活质量	39.3	1. 平均预期寿命指数	9.7
		2. 生活自理水平	10.9
		3. 社会医疗保险水平	8.5
		4. 健康状况自我评价	10.2
物质生活质量	31.0	5. 经济收入满意度	9.8
		6. 社会养老保险水平	11.3
		7. 恩格尔系数达标水平	9.8
精神生活质量	29.7	8. 家庭关系满意度	15.3
		9. 社会活动参与度	7.0
		10. 文化程度	7.4

第五章　老龄事业发展效益研究

一、概述

（一）老龄事业投入产出分析的重要意义

科学评估老龄事业的发展现状，不仅需要宏观把握，更需要充分的数据支撑，将老龄事业的投入与产出作相关分析，分别考察老龄事业的投入现状与产出现状，还要将两者相结合进行老龄事业投入产出的总体评估。对老龄事业发展的此种投入产出分析理念将促进老龄事业资源投入的合理化配置，从来提高老龄事业的效率。

(二) 老龄事业投入产出分析的主要思路和方法

首先将所有指标按投入、产出分类，便于下一步研究，然后分别考察老龄事业的投入现状和产出现状，并对投入产出的关系进行阐述，最后对老龄事业投入提出合理的政策建议。由于投入与其产出在很多情况下不是分子与分母的关系，给评价效益带来很大的难度；同时，由于投入的滞后性和交叉性，很难将单个投入与产出进行评价。因此，我们将投入与产出效益结合起来做一个描述性的分析评估。在评估的基础上，提出老龄事业投入优化配置方案。

二、投入、产出指标分类

表 0-5-1 老龄事业产出指标分类

一、健康状况指标	平均预期寿命	
	失能发生率	
	看病的方便程度	
二、物质生活水平指标	生活设施指标	自来水
		煤气
		暖气
	家用电器指标	电话
		电视机
		洗衣机
		冰箱
		空调
三、文化娱乐活动	老年活动室参与情况	
	老年大学参与情况	
	运动场参与情况	
四、心理满足程度	对生活满意情况	

(一) 投入指标

老龄事业效益研究中投入部分的指标，主要选取了以下四大类指标：第一类反映老年人收入保障投入的基本养老保险支出情况；第二类反映老年人口健康方面投入的医疗保险支出状况；第三类反映老年服务保障投入的养老服务机构的床位数历年变化状况；第四类则是反映老年文化生活相关投入的老年活动室、老年大学分布变化。研究结果显示，我国对老龄事业的投入不断在增加，并且增长明显；城乡差异较大，需要提高对农村老龄事业的关注与投入力度。

（二）产出指标

在选取产出指标与效益指标的过程中，在选取产出指标与效益指标的过程中，根据联合国开发计划署创立的人类发展指数（Human Development Index，HDI）的构成指标以及老龄事业发展的目标，选取了以下四个层面的产出指标：老年人的健康状况、物质生活水平、精神文化生活水平以及心理满足程度。

三、主要投入的现状分析

依照老龄事业投入指标的分类，投入部分的指标主要有四大类。

（一）收入保障投入

我们以基本养老保险支出来反映老年人收入保障的情况。经过分析，可以得出以下两个主要结论：第一，城市养老保险支出增长稳定，在2004年以后增长速度加快，2009年时已经达到11 491亿元，增长显著；第二，农村的基本养老保险虽然有微小的增长，但与城市相比，两者相差悬殊，在2009年时仅达到681亿元，仅占城市的6%还不到。

（二）健康保障投入

对老年人健康方面的投入，我们以基本医疗保险支出状况作为衡量指标。经过分析，可以得出以下结论：首先，城市基本医疗保险支出在2000年之前增长比较缓慢，在2000年之后增长基本呈指数型，在2009年时已经达到2 797亿元，这与我国政府相关部门的重视有直接关系；其次，农村医疗保险起步较晚，新型农村合作医疗保险开始于2004年，增长速度比较快，2009年时达到923亿元。综合来看，两者均有明显的增长，但城乡发展差异巨大。一方面，农村的增速明显低于城市；另一方面，占我国绝大多数人口的农村医疗保险支出却占了很小的比例，2009年农村医疗保险的支出只占了城市的三分之一左右。

（三）服务保障投入

老年服务保障的投入，我们选取养老服务机构的床位数历年变化状况作为衡量指标。经过分析，主要可以得出三个主要结论：第一，城市养老服务机构的床位数没有明显的变化，在2009年时可提供的床位数为49.3万张；农村则有明显的增长，在2009年时收养人数已经达到208.8万张。第二，城市和农村在养老服务机构的状况依然存在巨大的差异。原因一方面是农村人口的绝对数量远远多于城市；另一方面，城市老年人本身养老与医疗保障较好，不需要去养老服务机构，这与其医疗保险和养老保险状况相关；第三，总的来看，养老机构收养老年人总数占我国老年人总数的比例依然很小。

（四）老年文化生活投入

老年文化生活状况是反映老年人生活质量的一个重要衡量指标。由于数据获取的局限，老年文化生活的衡量指标主要是老年活动室和老年大学的分布情况。研究显示，老年活动室和老年大学两个指标都有了明显的增长。老年活动室的分布较广，2006 年时，大约有一半左右的老年人口表示其居住附近有老年活动分布室；老年大学从总体上看也有了明显的增长，2006 年相比 2000 年，增长了大约 7%；城乡之间依然存在很大的差异，城市老年活动室已经近于普及的程度，但是农村的增长却很微小。从 2000 年到 2006 年，城市老年活动室占比增长了 16.12%，农村只增长 2.09%。

四、主要产出的现状分析

（一）健康状况现状分析

我们从老年人口的平均预期寿命变化和失能发生率两个维度对老年人的健康状况进行了考察。

从 1982 年到 2000 年，我国的人口平均预期寿命从原来的 67.77 岁提高到 71.4 岁，10 年内共提高了 3.63 年。这与我国经济的发展和人民生活水平的提高密切相关，也是老龄事业发展的成果之一。

失能发生率是指丧失生活自理能力的老年人的比率，2004 年我国城乡 60 岁老年人的失能发生率分别为 6.91%和 9.87%，2006 年分别下降到 5.0%和 6.9%，即在两年内分别下降了 1.91%和 2.97%，说明我国老年人的身体健康状况有所改善，这与老年人的医疗保障水平提高有密切关系。

（二）物质生活水平现状

物质生活水平体现了老年人的基本生活保障状况，我们选取了生活设施这个指标衡量老年人的物质生活水平。从 2000 年到 2006 年，我国城乡老年人的生活设施条件都有所改善，其中农村水、暖、气的覆盖率的提高幅度远大于城市，这体现出农村老年人的生活设施条件在五年内有了较大的改善。但是农村老年人的生活设施情况与城市相比还是有相当大的差距，表现在自来水、暖气和煤气的覆盖率上，都与城市存在很大的差距，其中自来水在农村的普及程度仅有 58%，这给老年人的生活用水带来了极大的不便；同时，农村暖气和煤气的覆盖程度尚不足城市的二分之一，这种状况令人堪忧。

（三）文化娱乐活动现状

社区老年活动室是老年人日常娱乐的主要场所。研究显示，城乡老年人参加老年活动室的比例在上升，但幅度都很小，整体参与水平也比较低，2006 年城市老年人参加活动室的比例为 66.78％，而农村为 87.84％。老年大学的参与情况则有所不同，虽然从 2000 年到 2006 年参加老年大学的城乡老年人比例都在增加，但是增加幅度很小，而且整体水平过低，参加过的人不足 10％。此外，城乡差距依然较大。

（四）心理满意程度现状

老年人的心理满意程度是衡量老年人心理健康状况的一个重要指标。2000 年到 2006 年，城乡老年人的心理满意程度在下降，而农村老年人下降的幅度远高于城市。虽然老年人的物质生活水平在不断的提高，精神生活也在慢慢地丰富起来，但是老年人的心理满足感却没有相应的上升，尤其是农村的老年人，超过半数的人对生活不满意。这可能与社会关注不够、子女关怀不足、农村大量留守老人的存在等许多情感因素有关，提醒社会应该给予老年人更多的关怀，不仅在物质上，更要注意加强对老年人的情感关怀。

五、投入产出的现状评估

通过对上述老龄事业主要投入指标与产出指标的分析，我们可以发现投入与产出之间存在的密切关系，总体上来看是呈现较一致的正相关性，但也存在一些不足。具体从投入与产出间的关系来看：

第一，对老年人收入保障方面的投入稳定增长，这与产出老年人物质生活的水平提高呈正相关。基本养老保险支出增长迅速，特别是最近 10 年增速更为明显，为老年人的物质生活的提高提供了有利保障。

第二，加大对老年人健康保障方面的投入使得老年人健康状况有了明显改善。其中人口平均预期寿命的增长和失能发生率降低与基本医疗保险和卫生费用开支以及医疗技术的改善直接相关。

第三，老年文化生活投入的增长与老年人日常娱乐活动的参与率提高相一致。但总体来看，其比例还是很低的，特别是农村。政府及有关部门除了关注物质和健康方面的投入之外，也要加强对老年人精神文化生活的投入，使得老年人的生活质量有整体改善。

第四，老年人的心理满意程度有了下降，我们应当对当前工作中的不足有所反思。虽然老年人的物质和文化生活都有了提高，但在感情方面还是存在缺失。这也提醒整个社会要加强对老年人的感情关怀。

第五，整个老龄事业投入存在城乡差异巨大。除了养老服务构外，其余均表现出对城市的投入远远高于农村。农村的产出效应也并不很理想。这要求我们当前发展老龄事业的工作中心应适当向农村倾斜，加大对农村老龄事业的投入，关注农村老年人的生活状况。

六、政策建议

（一）政府投入的政策建议

第一，关注农村老年人的生活质量，加大对农村老龄事业的投入。一方面要尽快健全新型农村社会养老保险制度；另外一方面，要继续完善农村老年医疗保障制度，并提高其覆盖率。此外，还要加强对农村老年人文化生活设施的相关投入。

第二，扩大养老服务机构的数量，并提高其服务水平。结合我国国情可以将社会福利社会化、养老事业社会办，养老服务机构特别是要重视发展民办养老服务机构，充分满足老年人的对机构养老服务的需求。

第三，积极打造有中国特色的老年人精神文化生活和社会参与体系。对于老年人文化生活相关的投入，我们要更加注重其产生的社会效应。务必有利于为老年人创造良好的活动环境，有利于老年人身心健康，同时也有利于整个社会环境的和谐。

第四，建立健全多渠道的老龄事业投入机制。除了政府投入之外，也要积极鼓励企业、慈善机构、集体和个人对老龄事业的投入。其中，政府应当做好模范带头作用，加大投入力度。同时，投入方式可以多元化，可运用投资、资助、捐赠等多种方式支持老龄事业的发展，促使老龄事业的投入稳步增长。

第五，增加老龄事业的文化宣传投入，弘扬敬老爱老的传统文化。加强政府、社会以及家庭对老年群体的人文关怀，政府的优待、社会的关爱、家庭的情感和睦是老年人最重要的情感需要。只有解决老年人情感空虚的心理问题，才能提高老年人对生活的心理满足感。

（二）建立健全老龄事业的指标统计制度

建立健全老龄工作体系，其中最重要的一点就是要建立一套明确的老龄事业指标体系。指标体系应具备内容上的完备性和操作上的可行性，既能够全面反映老年事业的发展状况，又可以通过调研获取到具体的数据。

此外，应进一步加强对老龄事业相关指标的调查、统计、数据收集和信息处理工作。数据采集的频率应适当提高，做到每2～3年统计一次，以便于老龄事业的绩效评估，及时反映问题，以及老龄事业的科研工作开展。另外，应逐步建立老龄工作信息平台，与政府以及有关部门互联互通，实现信息资源共享。以提高发展老龄事业的决策、执行、指导、监督能力和水平，提高老龄工作效率。建立健全老龄事业相关指标的统计制度，一方面能反映出老龄事业的投入状况和发展效益；另一方面也能反映出资源分配状况如何，以便于下一步投入的资源进行优化配置，以实现最优的产出效应。

（三）机制创新与优化配置

对于老龄事业发展效益如何，一直没有建立官方的统计制度，这也是本文在获取数据时的最大难处。对于老龄事业投入产出效益如何，应当选取有代表性的指标按一定的时间进行统计，如文中所选取的投入产出指标，这些都能反映出老龄事业的发展状况。建立健全老龄事业相关指标的统计制度，一方面能反映出老龄事业的投入状况和发展效益；另一方面也能反映出资源分配状况如何，以便于对下一步投入的资源进行优化配置，以实现最优的产出效应。

老龄问题不再仅仅是家庭问题，它涉及政治、经济、文化等诸多领域，是关系到国家稳定和社会健康发展的大问题。为此，要建立健全老龄工作体系，完善对老龄事业相关指标的统计，推动老龄事业的新发展。

（四）加强老龄事业公共服务均等化的财政投入测算工作

我们通过简单的数据分析发现老龄事业的公共资源投入在城乡之间存在很大的不均等，为了实现投入均等化，并逐步实现产出均等化，国家财政应该创新资源配置方法，优化资源配置的城乡布局，建议加强老龄事业公共服务均等化的财政投入和相关测算工作。老龄事业是政府提供的一项基本公共服务，这项公共服务的发展需要政府提供大量的财政资源。

由于数据可得性所限，我们虽然不能提供老龄事业公共服务均等化的具体财政投入方案，但可以以“十二五”期末部分实现老龄事业公共服务均等化为目标，提出老龄事业公共服务均等化财政投入方案的测算步骤思路。

步骤一：测算“十二五”期间城乡老龄事业财政投入增长率。经济总量是财政投入的基础，首先，在对未来经济预测的基础上，结合城乡财政投入历史增长率测算未来5年城乡老龄事业财政投入的预期增长率，最终要使得城乡老龄事业公共服务财政需求的总和与每年老龄事业的财政供给相平衡。

步骤二：测算“十二五”期间每年城乡老龄事业人均财政经费。该数据反映的是：按照现有中央、地方财政投入的趋势，不施加任何额外的政府财政措施，未来老龄事业这项基本公共服务财政投入的城乡不均等化程度。

步骤三：测算“十二五”末城乡老龄事业财政投入的均等化标准。假设政府工作的目标是通过财政的转移支付，使得城乡人均老龄事业公共服务财政投入的差距在2020年末缩小到10％。在未来数据可得的情况下，可以通过每年转移支付额的调整来实现该目标，同时可以测算到 2015 年末城乡老龄事业公共服务财政投入的均等化标准。

步骤四:测算“十二五”末城乡老龄事业公共服务投入产出指标的均等化标准。财政投入决定城乡老龄事业公共服务指标的变化。在步骤一到步骤三的基础上，我们可以测算“十二五”末老龄事业公共服务投入产出指标在城市与农村的均等化程度的标准。

《老龄事业发展指标体系》说明、采集方式、计算公式、指标设置及含义等详见第三篇附录。

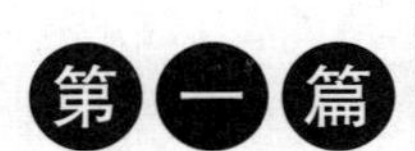

老龄事业发展指标体系基础理论研究

人口老龄化在全球迅速、普遍地发展及其对社会经济发展所产生的重要影响，正日益引起国际社会的重视。自1982年联合国召开老龄问题世界大会以来，老龄问题列入了历届联合国大会的议题，联合国先后为此作出了一系列重大决议。这些决议的核心内容是：呼吁人们重视和关注人口老龄化问题，要求各国加强或设立老龄问题的国家协调机构，以在国家、区域和地方各级制定综合战略，把老龄问题纳入社会发展计划中，为老龄社会的到来做好各项准备工作。

我国是世界老年人口大国，也是老年人口增长最快的国家之一。据2010年第六次人口普查，我国60岁及以上老年人口达1.78亿人，已占总人口的13.26%。随着人口出生率的持续稳定下降和人口寿命的稳步提高，人口老龄化程度不断提高将是我国人口发展的必然趋势。从“十二五”开始，我国将进入人口老龄化加速发展期，建国后两次人口增长高峰期出生人口逐渐迈入老年，势必出现老年人口两次增长高峰，这将是一个重大国情。人口老龄化所产生的不仅是满足老年群体特殊需求的人道主义方面问题，而且更重要的是人口年龄结构转变对经济社会发展产生了重大影响，涉及到政治、经济、文化等各个方面①。要实现下世纪中叶基本实现现代化这一战略目标，不能不考虑老龄化这一人口背景，各项经济社会政策必须适应老龄社会的发展变化。以实现六个“老有”② 为奋斗目标的老龄事业将在未来现代化建设进程中占有越来越重要的地位。

第一章　老龄事业的界定

构建老龄事业发展指标体系的第一步是对老龄事业进行界定。“老龄事业”这个词在学术论文、相关政府文件和媒体上频频出现，但它似乎是一个宽泛化的概念，迄今并没有一个完整、明晰的定义。这样一个顾名思义的概念，要真王给出明确的定义，却也困难。然而，界定“老龄事业”不仅是本研究不能回避、必须解决的问题，也是在推进老龄事业发展过程中必须明确的问题。概念不清，认识上模糊，老龄事业政策目标必然难以明确，政策绩效就会无法评判。老龄事业要实现科学发展，必须有

① 1982年《维也纳老龄问题国际行动计划》对“老龄问题”进行了表述，即由人口老龄化而引起的社会经济问题，包括各种影响到老年个人的问题以及与人口老龄化有关的问题，前者为人道主义问题，后者为发展方面的问题。

② 六个“老有”即“老有所养、老有所医、老有所教、老有所学、老有所为、老有所乐”。

明确的内涵界定，其目标任务需要指标化分解，否则只能作为宽泛化的口号而无法进行具体规划和政策执行，而处于可有可无、可轻可重的地位。

一、事业与社会事业

什么是“事业”?《易经》有云，举而措之天下之民，谓之事业，在现代汉语中，“事业”一词是与“企业”相对应的，《现代汉语词典》解释为“人们所从事的具有一定目标、规模和系统的对社会发展有影响的经常活动”。”因此，“事业”通常就是指“社会事业”。解放前，我国对“社会事业”的认识停留在“消除社会病态”的层面，采用的主要手段是政府主导的“社会救济事业”（言心哲，1944）。新中国成立后，社会事业作为“国家公共事业”，主要是保障居民（特别是城市居民）的基本社会活动需求，由国家全额出资的事业单位承办，与计划经济体制相适应。自1990年代以来，“社会事业”一词被广泛使用，尤其是近年来，发展社会事业逐渐提高到与发展经济同等重要的程度，认识上发生了重大转变，概念内涵逐渐演变为“公共服务与社会建设事业”。温家宝总理在2010年4月发表的《关于发展社会事业和改善民生的几个问题》[①] 中指出：“我们必须深刻认识加快发展社会事业和改善民生的重要意义，始终坚持把发展社会事业和改善民生作为贯彻落实科学发展观的重要任务，作为全面建设小康社会的迫切要求，作为转变经济发展方式、扩大国内需求的重要途径”。

综观有关专家和政府部门的表述，社会事业是指国家为了社会公益目的，由国家机关或其他组织举办的从事教育、科技、文化、卫生等活动的社会建设和社会服务活动。在西方发达国家，“social work”隶属于“社会福利”部门，指“政府或民间非营利组织为那些不能靠自力维持正常生活的人群提供非营利性、组织化、科学化、专业化特征的社会服务，社会事业与社会保险、公共卫生、教育等社会福利并列，或作为它们的补充”。但在我国，社会事业被政府公共领域广泛应用，在很大程度上成为社会福利的上位概念，与社会发展基本同义，以服务社会、造福人群为使命，以实现人的全面发展为目标，其行动对象覆盖了社会所有成员，其内容涵盖了民生问题的所有方面（郭忠华，2006）。社会事业涵盖的领域都是公共事业，体现的是公共利益。

社会事业按其功能划分，可分为几个层次：一是促进社会公正，维护社会团结的社会事业，通常被称为社会福利事业，是社会事业的最基础部分。二是防范社会风险，维护社会安全的社会事业，最典型的就是制度化的社会保障与社会治安服务。三是增进全体社会成员福利，促进社会发展的事业，最典型的就是科技、教育、文化、

---

① 见《求是》杂志2010年4月第7期。

卫生、体育等社会服务。四是维持社会经济可持续发展的社会事业，如生态保护、环境治理和资源节约等。目前，在我国各级政府发布的相关文件中，社会事业一般包括教育、医疗卫生、劳动就业、社会保障、科技、文化、体育、旅游、社区服务、人口与计划生育等10个方面。政府在各年度的工作报告中，一般从这些方面总结上年度社会事业的发展状况。

二、老龄事业与其他群体社会事业的比较

在我国，按照公民年龄或身体特征提出的“社会事业”不仅有“老龄事业”，还有“妇女儿童事业”、“青年事业”、“残疾人事业”等。这些特殊的社会事业由妇联、青联、残联等社会团体来具体组织实施其事业发展目标。上述“社会事业”的分类并没有将这些“事业”单列。事实上，这些特殊的“事业”涉及面都比较广泛，综合性比较强，其主要内容都包含在比较具体、可操作性的“社会事业”中，是没有必要也不可能在“社会事业”中单独分类的。正是考虑到其特殊性，为推动这些事业的发展，国务院设立了“全国老龄工作委员会”、“妇女儿童工作委员会”、“残疾人工作委员会”作为议事协调机构。

“妇女儿童事业”、“青年事业”、“残疾人事业”的工作对象是明确的，而“老龄事业”在表述方式上有所不同，不是“老年人事业”或“老年事业”，这是有其特殊含义的。有许多人（包括一些老龄工作者）并没有思考和区分“老龄事业”与“老年人事业”的含义差异。诚然，解决人道主义方面的老年人个体和群体问题是老龄事业的重要内容和最终目标，但老龄事业更重要的是要解决人口老龄化带来的发展方面的问题。“老年”只是人生必然经历的最后阶段，在这个阶段的生活状况和所有需要都与前期密切相关，甚至代际之间也密切相关。如果认为“老龄事业”就是以老年人为工作对象，就是“老年人事业”，那必然会割裂人生不同阶段和代际之间的关联，其结果必然会使这项事业的发展思路缺乏整体的战略构架，缺少对“老年”之前的制度安排。这些年，在一些地方，应对人口老龄化的措施不断出台，但基本上都是满足老年人需要的具体措施，缺乏从老龄社会的视野作出的制度设计。事实上，“老龄事业”从概念提出到政策实践已有多年，但人们在认识上是有差异的，甚至可以说还存在比较模糊的认识。

三、老龄事业的界定

明确内涵，统一认识，既是老龄事业深入发展提出的迫切要求，也是本课题需要破解的基础性问题。基于以上对社会事业特征和内涵的分析及对我国老龄事业发展历

程的研判，我们对老龄事业作出以下界定：老龄事业是一项综合性的社会事业，是为了应对人口老龄化所产生或将要产生的经济社会问题，由国家机关和其他社会组织所举办的以满足公民年老以后物质文化需要为目标的社会建设和公共服务活动。老龄事业包含多方面的内容，其基本框架主要包括建立养老和医疗社会保障、开展养老和医疗服务、促进老年人社会参与、开展老年人学习与社会活动、创设家庭和社会支持环境等。为了实现老龄事业发展目标所开展的工作就是老龄工作。作为一项事业发展的必备要素，老龄工作机制、经费、设施、制度等为老龄事业的发展提供基本保障。

发展老龄事业，不应局限于仅以老年人为对象，而应着眼于对人生不同阶段进行制度安排，对相关制度进行调整。要充分考虑目前及未来人口老龄化对经济社会发展的各方面影响，按照现代化建设的要求，全方位地、系统地对有关经济社会政策予以审订、调整，以实现经济社会与人口老龄化的协调发展。正如日本《高龄化社会对策大纲》所言，“为了在21世纪初的长寿社会里，发挥国民长期化的整个一生的积极性，在保持经济社会活力的同时，稳步提高国民的生活水平，有必要对人生50年时代形成的现存的各种制度及惯例重新评价，使之转换成同人生80年时代相适应的经济社会体系”。从这个意义上讲，发展老龄事业，是为了适应人口年龄结构向老年型转变，而对社会事业进行调整和重新建构，以促进经济社会的和谐发展。

第二章　对我国老龄事业发展现状的基本判断

——构建老龄事业发展指标体系的现实基础

我国提出老龄问题，开展老龄工作，发展老龄事业，是1982年联合国召开的维也纳老龄问题世界大会以后。此前我国已有老年人工作，如离退休职工工作、五保供养工作等。但是，将老龄问题作为一个重大社会问题，从中央到地方建立专门的老龄工作机构来综合协调、统筹安排老龄事业的发展，是从1982年开始的。自那时开始，我国有了专门工作机构和专业工作人员负责老龄事务，全国上下形成了工作网络。经过近30年的发展，老龄事业已初步形成发展框架。

在这近30年间，各级老龄部门和老龄工作者坚持“政府主导、社会参与、全民关怀”的方针，围绕“老有所养、老有所医、老有所为、老有所学、老有所教、老有所乐”的工作目标，经过长期不懈努力与不断开拓，我国老龄事业发展取得了重大成就。

一、建立了老龄事业发展体制机制

组织机构的建立和老龄政策法规体系的建立和不断完善，标志着我国的老龄事业有了正常化发展的体制机制。1982年，国务院批准成立了中国老龄问题全国委员会。1999年，经中共中央、国务院批准成立全国老龄工作委员会，作为国务院主管老龄工作的议事协调机构。委员会下设办公室，负责日常工作。全国已基本建立起省（自治区、直辖市）、地（市、区、旗）、县（市、区、旗）、乡镇（街道）各级老龄工作委员会及其办事机构，村（居）民委员会建有老年人协会，初步形成从中央到地方的工作网络。

为促进老龄事业的发展，我国先后颁布实施《中国老龄工作七年发展纲要（1994－2000年）》、《中国老龄事业发展“十五”计划纲要（2001－2005年）》、《中国老龄事业发展“十一五”规划（2006－2010年）》和《中国老龄事业发展“十二五”规划（2011－2015）》。国务院有关部门和地方各级人民政府，分别制定老龄工作行动计划和老龄事业发展规划。在此基础上，建立督查和评估制度，对规划实施情况进行检查，推动规划的落实。初步形成了以《中华人民共和国宪法》为基础，《中华人民共和国老年人权益保障法》为主体，涵盖老年社会保障、老年福利与服务、社会救助、老年优待、老年文化、养老设施建设等多方面内容的老龄法规政策体系框架，为发展老龄事业，维护老年人权益，提供了较好的法律和政策保障。

此外，我国积极参与联合国国际老龄事务、国际老龄科研学术交流活动以及与友好国家的老龄专业交流活动，先后加入了6个国际老龄组织，与90多个国家和地区的老龄组织建立了业务联系。组织参加了第一届、第二届世界老龄大会，成功承办了第二届世界老龄大会亚太地区后续行动会议，以及一系列国际性和地区性老龄会议，实施了联合国及欧盟援助我国的老龄科学研究和扶贫助老国际合作项目。

二、建立了覆盖全民、多种形式的养老保障制度

我国逐步建立起适合国情的国家、社会、家庭和个人相结合的养老保障体系，努力保障老年人基本生活。

（一）城镇养老保障

在城镇，建立了城镇企业职工养老保险、城镇居民基本养老保险和机关事业单位退休制度，基本实现了社会养老保险全覆盖。我国于1984年开始养老保险制度改革，实行社会统筹与个人账户相结合的基本养老保险制度。近年来，逐步建立覆盖城镇各类企业职工、个体工商户和灵活就业人员的统一的城镇企业职工基本养老保险制度。

截至 2009 年底，全国参加城镇企业基本养老保险人数为 2.35 亿人，其中，参保职工17 743万人，参保离退休人员5 807万人。国家建立基本养老金正常调整机制，全国企业退休人员基本养老金月人均水平超过1 200元。国家加强基本养老保险基金征缴，确保企业退休人员基本养老金的按时足额发放。2009 年，全年城镇基本养老保险基金总收入11 491亿元，其中征缴收入9 534亿元，各级财政补贴基本养老保险基金1 646亿元。全年基金总支出8 894亿元，年末基本养老保险基金累计结存12 526亿元。同时，国家进一步提高养老保险统筹层次，截至 2009 年底，全国 31 个省份和新疆生产建设兵团全部出台实施养老保险省级统筹文件，如期完成在全国建立养老保险省级统筹制度的目标。此外，国家积极发展补充性养老保险，引导和扶持有条件的企业为职工建立企业年金，截至 2009 年底，全国有 3.35 万户企业建立了企业年金，参加职工人数为1 179万人，年末企业年金基金累计结存2 533亿元。[①]

（二）农村养老保障

在农村，探索建立了农村社会养老保险、农村部分计划生育家庭奖励扶助、农村“五保”供养、被征地农民养老保障等多种形式的养老保障制度。同时，积极发挥家庭赡养功能，努力确保老年人的生活水平不低于家庭成员的生活水平。为完善家庭养老功能，一些地方探索建立了签订《家庭赡养协议书》制度。

为加快建立覆盖城乡居民的社会保障体系，逐步解决农村居民老有所养的问题，国务院发布了《关于开展新型农村社会养老保险试点的指导意见》，决定从 2009 年起开展新型农村社会养老保险试点，由政府对符合领取条件的参保人全额支付每人每月55 元的基础养老金，从 10%的试点覆盖面逐步扩大，在 2020 年之前基本实现对农村适龄居民的全覆盖。为解决城市化过程中被征地农民的养老问题，确保被征地农民基本生活和长远生计，近年来规范了被征地农民社会保障的对象范围、资金来源和待遇水平，实行了社会保障资金不落实不得批准征地、同地同价和先保后征的措施。2009年，全国31个省（区、市）的 320 个县（市、区、旗）启动了新型农村社会养老保险试点，参加农村养老保险人数为8 691万人。1 500万名左右 60 周岁及以上农村老年人领到了中央财政补贴的基础养老金，农村老年人的“老有所养”有了制度性保障。参加被征地农民社会保障人数2 500多万人。从 2004 年开始，我国在部分省市试行农村部分计划生育家庭奖励扶助制度，对农村只有一个子女或两个女孩的计划生育家庭，年满 60 周岁的老年人按人年均不低于 600 元的标准发放奖励扶助金，这一制度

① 本章 2009 年统计数据除特别注明的外，均来源于全国老龄工作委员会发布的《2009 年度中国老龄事业发展统计公报》。

于 2006 年全面实施。到 2009 年底，全国农村部分计划生育家庭奖励扶助对象总数已达 303 万人。2006 年对 20 世纪 50 年代开始实行《农村五保供养工作条例》进行了修订，使这项制度实现了农民互助共济向政府财政保障为主的重大转变。截至 2009 年末，全国共有农村五保供养对象 553.4 万人，基本实现应保尽保。其中集中供养对象 171.8 万人，集中供养家庭数 166.6 万户，集中供养率 31%。全国农村五保平均供养标准，集中供养年人均2 587.49元，分散供养年人均1 842.71元。

（三）贫困老年人救助和老年津贴制度

对贫困老年人，按照政府救济和社会互助相结合的原则，构建多层次、多元化、多项目的贫困老人救助体系，贯彻落实城乡最低生活保障制度，多渠道筹集资金，对特殊困难的老人实行临时性救助，倡导多形式的扶老助困送温暖活动。自 1993 年上海市建立城市居民最低生活保障线制度以来，到 1999 年底，全国所有的城市和县治所在的镇都建立起这项制度，妥善解决了城市贫困人口的生活困难问题。到 2009 年底，城市有2 345.6万人纳入最低生活保障，其中老年人 333.5 万人，占总人数的 14.2%。农村最低生活保障制度始于 20 世纪 90 年代，并于 2007 年在全国范围建立起这项制度。截至 2009 年底，4 760万人被纳入农村最低生活保障制度（其中约 30% 为老年人），全国农村低保月人均保障水平 68 元，有效保障了农村贫困老年人的基本生活。各地还广泛发动老年基金会等社会团体为贫困老年人提供慈善救助行动。

针对农村养老保障水平偏低，高龄老年人医药费用负担重的情况，国家鼓励有条件的地方发放老年津贴。2009 年，宁夏回族自治区率先在全国建立省区级的高龄老人津贴制度，由此开始了我国普惠型福利制度的探索。目前，全国 31 个省区都建立了范围和程度不同的高龄老人津贴制度，改善了老年人的生活。2009 年末，全国共有 430.9 万名高龄老人已按月领取老年津贴。

三、建立了老年医疗保障和服务体系

城镇职工基本医疗保险、新型农村合作医疗、城镇居民医疗保险和城乡医疗救助制度构成了我国医疗保障制度的框架，对老年人实行了倾斜政策，为城乡老年人提供了基本的医疗保障。以社区卫生服务为基础的医疗保健服务体系，保障老年人的基本医疗需求。

（一）城镇职工基本医疗保险

1998 年开始在全国建立社会统筹与个人账户相结合的城镇职工基本医疗保险制度，规定退休人员参加基本医疗保险，个人不缴纳基本医疗保险费，对退休人员个人账户的计入金额和个人负担医疗费用的比例给予适当照顾。截至 2009 年底，21 961

万人参加城镇职工基本医疗保险①。国家采取一系列补充医疗保障的政策措施，减轻老年人医疗费用负担。推动各地建立大额医疗费用补助办法，按一定比例支付职工超出最高支付限额以上部分的医疗费用。

（二）城镇居民基本医疗保险

为建立覆盖城乡全体居民的医疗保障体系，从2007年开始，我国开展以大病统筹为主的城镇居民基本医疗保险制度试点工作，主要解决城镇非从业人员，特别是中小学生、老年人、残疾人等群体看病就医问题，财政每年对家庭困难的老年人给予补助。2009年，全面实施城镇居民基本医疗保险制度，提前一年实现对城镇居民的全覆盖。当年中央财政安排城镇居民医保补助资金47.5亿元，同比增长50.1%。全国城镇职工和城镇居民参保人数达到4亿人，其中参加城镇居民医保的退休人员和城镇老年居民超过6 000万人。开展城镇居民门诊统筹，城镇基本医疗保险报销比例比上年平均提高5个百分点，最高支付额提高到平均工资的6倍左右。

（三）新型农村合作医疗

2003年开始，我国按照“财政支持、农民自愿、政府组织”的原则启动以大病统筹为主、个人缴费、集体扶持和政府资助相结合的新型农村合作医疗制度（以下简称“新农合”）试点。截至2009年末，全国开展新型农村合作医疗的县（市、区）数达到2 716个，参加新农合人口8.33亿人，参合率为94.0%，同比增加2.5个百分点。2009年度筹资总额达944.4亿元，人均筹资113.4元。全国新农合基金支出922.9亿元，补偿支出受益7.6亿人次。其中：住院补偿0.6亿人次，门诊补偿6.7亿人次。新农合制度已经覆盖全部农村地区，所有农村老年人口都可以自愿参加新农合制度，享受基本医疗保障待遇，参合人员（包括老年人）患病都可按照新农合制度规定获得报销补偿。

（四）城乡医疗救助

我国分别从2003年、2005年开始农村和城市医疗救助工作，2006年，农村医疗救助制度在全国所有涉农的县（市、区）实现建制；2008年，全国所有县（市、区）基本都建立了城市医疗救助制度。城乡医疗救助制度通过多种方式帮助解决贫困人群的医疗负担，如资助低保对象、五保老人参加城镇居民基本医疗保险或新农合；对救助对象难以自负的基本医疗费用按规定给予补助；对医疗救助制度后获救助范围之外因患有大病仍难以自负基本医疗费用的给予临时性帮助；通过社会捐助、帮扶和医疗机构适当减免费用等多种渠道，帮助困难群众缓解医疗难问题。2009年，中央财政

① 数据来源：《中华人民共和国2009年国民经济和社会发展统计公报》。

投入资金达 80 多亿元，同比增长 59.6%。北京、上海、湖北等地还对农村五保供养对象以及低收入老年人等给予重点照顾，取消或降低“医疗费起付线”设置、提高补助金额或每月给予定额的医疗费用补助。中央财政安排专项资金 429 亿元，将未参保的关闭破产国有企业退休人员纳入当地城镇职工医保，并统筹解决包括关闭破产集体企业退休人员在内的其他各类人员医疗保障问题。拨付 2.9 亿元专项补助资金解决中央困难企业离休干部医疗保障问题。

此外，开展了针对老年人的专项医疗和康复救助活动。卫生部自 2002 年启动针对贫困老年白内障患者开展的“让老年人重见光明行动”，3 年内为西部 12 省份的 12 万名老年白内障患者提供免费手术治疗。到 2006 年为约 600 万名老年白内障患者实施复明手术，并为边远贫困地区的老年缺肢者、听力障碍者免费装配假肢、验配助听器，帮助贫困、残疾老年人恢复或补偿功能。

（五）老年医疗卫生服务

1989 年，卫生部制定并实施了我国老年医疗卫生工作“八五”规划。从 1991 年开始，将老年病防治研究纳入国家科技计划。1995 年卫生部成立了老年卫生工作领导小组和老年卫生工作专家咨询委员会。1996 年，中共中央、国务院把发展社区卫生服务纳入医疗卫生改革的重点后，以社区为基础的慢性病防治和老年卫生保健工作日益受到重视。2000 年，卫生部出台了《城市社区卫生服务基本内容（试行）》和《社区护理管理指导意见（试行）》，制定了有关加强老年卫生工作意见，把老年卫生工作作为整个卫生工作的组成部分。各地积极引导基层医疗卫生机构向社区卫生服务机构转型，开展老年保健、医疗护理、康复等适合老年人特殊情况的社区医疗服务，为老年人提供挂号、就诊、出诊、取药、住院等优先服务。据卫生部门统计，截至 2009 年底，全国已设立社区卫生服务中心（站）27 308个，其中：社区卫生服务中心5 216个，社区卫生服务站22 092个；全国 3.42 万个乡镇共设 3.8 万个乡镇卫生院；全国 90.4%的行政村设有村卫生室，共计 63.3 万个①。

国家鼓励有条件的医疗机构设立老年病专科或老年病门诊，为老年人提供专项服务。根据区域卫生规划，建立能够提供老年病防治、康复、临终关怀等服务的医疗卫生服务机构。2005 年，我国正式启动专门资助、关爱、扶助老人的爱心护理工程，为城市高龄老人提供专业的养、护、疗服务。目前全国各地已经发展了 200 多个“爱心护理”机构，惠及 6 万多名老年人，且继续保持持续发展的良好势头。从 2009 年开始，逐步在全国统一建立居民健康档案，定期为 65 岁以上的老年人做健康检查。

---

① 数据来源：中华人民共和国卫生部，《2009 年我国卫生事业发展统计公报》。

四、初步形成老龄服务体系

以居家养老为基础、社区服务为依托、机构养老为补充的老龄服务体系初步形成，老年人服务需求基本得到满足。

（一）居家养老服务

居家养老服务是指政府和社会力量依托社区，为居家老人提供生活照料、家政服务、康复护理和精神慰籍等服务的一种社会化养老服务形式，以家庭为核心，以社区照料为依托，以专业化服务为手段。从2000年开始，各地陆续进行不同形式的居家养老服务试点探索，加强社区养老服务设施、服务队伍等建设，不断创新居家养老服务模式。为全面推进居家养老服务工作，提高老年人生命生活质量，2008年，全国老龄办联合9个部委出台了《关于全面推进居家养老服务工作的意见》，明确了居家养老服务的指导方针、工作目标、基本任务和保障措施。北京、天津、上海、浙江、江苏、广东、山东、吉林等地出台居家养老扶持政策，加大财政投入，完善公共服务，动员社会力量，努力构建城乡全覆盖的老龄服务体系。

（二）社区老龄服务

我国加强社区建设与服务工作，把居家养老作为推进养老服务社会化工作的重点，加强和完善社区照料的依托功能，大力发展社区老龄服务。各地采取上门服务、定点服务、巡回服务等形式，开展看护照料、精神慰籍、家务帮助等服务项目，积极探索支持家庭成员照料老年人的有效办法，逐步优化了支持老年人居家养老的社会和社区环境。为强化老龄服务保障，国家先后出台了一系列政策措施，加快城市社区建设步伐，也大大促进了养老服务业的发展。截至2009年底，全国共有各类社区服务中心17.5万个，其中综合性社区服务中心10 003个，居委会社区服务站5.3万个，其他社区服务设施11.2万个。城市便民、利民服务网点69.3万个，社区志愿服务组织28.9万个①。

从2001年开始，我国连续三年实施建设社区老年福利服务设施的“星光计划”，总投资134亿元，建成“星光老年之家”3.2万个，服务内容涵盖住养、入户服务、紧急援助、日间照料、保健康复、陪护服务等多种项目，超过3 000万名老年人受益。北京市、浙江省率先在全国将老年福利服务星光计划向农村拓展，在山区、农村试点建立星光老年之家，让农村老年人共享社会发展成果。

为组织动员广大青年和其他社会公众积极参与为老服务的志愿者行列，我国从

---

① 数据来源：民政部《2009年民政事业发展统计报告》。

2002 年开始在全国范围内发起了“志愿者为老服务金晖行动”，以“一助一”方式与老年人长期结对服务，动员一名志愿者或一支志愿者服务队为一位有困难的老年人或家庭提供所需的经常性服务，形成接力机制，当年为老服务注册志愿者达到 100 万人，各类志愿者为老服务队伍达到 10 万支。截至 2009 年末，全国共有1 000多万人次的青年志愿者通过多种方式，为上百万名老年人提供了多种形式的志愿服务。

（三）机构养老服务

养老机构是养老服务体系的重要载体。国家先后颁布《关于加快实现社会福利社会化的意见》（2000 年）、《关于支持社会力量兴办社会福利机构的意见》（2005 年）、《关于加快发展养老服务业的意见》（2006 年）等政策文件，政府大力支持和鼓励社会力量兴办老年福利机构，推动养老机构发展，为不同经济状况、生活能力的老人提供机构养老服务。截至 2009 年末，全国各类老年福利机构38 060个，床位 266.2 万张；收养各类人员 210.9 万人。其中：城市养老服务机构5 291个，床位 49.3 万张，年末收养老年人 32.3 万人；农村养老服务机构31 286个，床位 208.8 万张，年末收养老年人 173.0 万人；光荣院1 401个，床位 6.7 万张，年末收养老年人 4.6 万人；荣誉军人康复医院 47 个，床位 0.8 万张，年末收养老年人 0.4 万人；复员军人疗养院 35 个，床位 0.6 万张，年末收养老年人 0.4 万人。为加强养老服务机构的规范化管理，先后颁布实施《国家级福利院评定标准》（1993 年）、《社会福利机构管理暂行办法》（1999 年）、《老年人建筑设计规范》（1999 年）、《中华人民共和国行业标准—老年人社会福利机构基本规范》（2001 年）等文件，提高养老机构服务质量和服务水平，维护老年人的合法权益，推动养老机构健康、稳定发展。为加快培养养老机构所需的管理和服务人才，颁布了《社会工作者职业水平评价暂行规定》（2006 年）、《助理社会工作师、社会工作师职业水平考试实施办法》（2006 年）、《社会工作者职业水平证书登记办法》（2009 年），鼓励和吸引专业人员到福利服务机构工作。发布养老护理员职业目录，颁布《养老护理院国家职业标准》，开展资格证书培训，实行养老护理人员持证上岗，提高养老服务队伍的专业化水平。

此外，2006 年启动农村五保供养服务设施建设“霞光计划”，以农村五保供养服务机构为依托，加强农村乡镇敬老院、老年活动中心、综合性老年福利服务中心建设，力争用 5 年的时间投入 50 亿元左右，资助农村五保供养服务设施建设，改善五保老人的居住环境，确保“十一五”末期能够基本解决五保对象的居住和供养需求。

五、形成了有中国特色的老年人精神文化生活和社会参与体系

为提供老年人生活质量，促进健康老龄化，国家重视老年文化、教育、体育事

业，提高老年人精神文化生活水平，满足老年人精神文化需求，努力实现老有所学、老有所为、老有所教、老有所乐。

（一）老年文化

20 世纪 70 年代前，我国的老年文化活动基本上处于分散、自发、盲目的状况。1982 年以后，随着干部离退休制度的制定与贯彻，老干部文体活动开始起步，并带动了社会老年文体活动。进入 20 世纪 90 年代后，党和政府大大加强了老年文化工作的力度，老年文化从自发转向自觉，从个体转向群体，初步形成了覆盖整个老年群体的文化网络。随着老年群体对文化设施需要的增加，各地将老年文化活动设施的建设列入老龄事业发展总目标，列入社会发展和城市建设的总体规划，不断加强老年活动设施建设，老年人社会文化生活的条件不断改善。大中城市、县（市、区）、乡镇（街道）逐步建立设施完备、功能齐全、综合性的老年活动中心，村（社区）开设老年活动室。在现有或新建的公益性文化设施中开辟老年人活动场所，鼓励部门和单位管辖的文化活动场所向老年人开放。公园、图书馆、文化馆（站）、博物馆等公共文化活动设施优惠或免费向老年人开放。老年广场文化、老年社区文化越来越活跃，老年人已经成为基层群众文化的主力军。

各地大力开展适合老年人特点的社区文体活动，对各类专业性老年群众文体组织给予支持和引导。国家大力提倡和扶持各种有益于老年人身心健康的文化娱乐活动，财政拨款支持举办全国性的大型老年文艺汇演、书画展览等活动。如，2008 年举办首届中国老年文化艺术节；自 1999 年以来，连续举办 11 届“永远的辉煌一中国老年合唱节”，展示了老年人老有所为、发挥余热、昂扬向上的精神风貌，进一步丰富了老年人精神文化生活，促进老年文化事业发展。此外，广播电台、电视台开办或增加老年文化专题节目；新闻出版部门重视办好老年报刊，出版面向老年人的图书、音像、电子出版物；文学、影视、戏剧界积极创作老年人喜闻乐见的优秀作品。2009 年，以“老年”为主题的图书出版物数量达 250 种，已连续三年超过 200 种。

（二）老年教育

国家重视老年人受教育的权利，合理安排对老年教育的投入，动员社会力量，推动老年教育事业迅速发展。老年教育事业的发展得到各级政府的重视，不少地方政府积极出台政策给予鼓励和引导，加大资金投入给予支持和扶助，初步形成了多渠道、多层次、多学科的老年教育体系。截至 2009 年底，全国各类老年大学、老年学校已有40 161所。许多地方面向老年人积极开办了电视和网络学校，老年远程教育开始起步。各级政府、有关部门和企事业单位创办了一批示范性老年大学，有条件的街道、乡镇及村委会、社区创办了老年学校。利用现代传媒手段，各地发展了老年广播大学、老年电视大学、网上老年大学及其网络体系。

各地积极开展适合老年人特点的教育活动，帮助老年人增长知识，陶冶情操，倡导科学、文明、健康的生活方式。特别重视加强老年思想政治工作，通过举办各种讲座、学习班、报告会，就近就地开展多种形式、生动活泼的老年思想教育活动，帮助老年人树立科学的世界观和积极健康的人生观、价值观。同时，重视对老年农民的培训，把老年教育与老年人脱贫致富、维护权益、破除迷信和移风易俗结合起来，促进社会主义新农村建设。在农村，积极组织引导老年人学习科学文化知识和农业技术，崇尚科学，破除迷信，移风易俗。

（三）老年体育

我国的老年体育事业在各级党委和政府的支持下得到前所未有的发展，极大地提高了老年人的生活、生命质量。1983 年，中国老年人体育协会成立，随后，组织建设不断向农村乡镇、行政村延伸，建立起了省（市、区）、县（市、区）、街道（乡镇）、社区（村）多级老年人体育协会网络。目前，老年体育组织已遍及城乡。各地加强公益性体育健身场地和设施建设，为老年人开展体育健身活动提供场所。累计投入体彩公益金 30 多亿元，建成 3 万多条“全民健身路径”，初步形成遍布城乡的健身网点。

从 2001 开始，我国组织实施“亿万老年人健身活动”，通过组织小型多样、易于推广的体育健身示范活动，开展老年人体质监测活动，开办各种类型的体育健身培训班及科普讲座等，吸引更多的老年人参加到体育健身行列中来。据不完全统计，老年人是全民健身运动的主力军，在各类群体健身活动中，近 80%的参与者是老年人。2009 年，举办第一届全国老年人体育健身大会，充分展示了老年人乐观向上的精神风貌，激发了老年人重视健康、参与健身的热情，展示了我国老年人体育事业的丰硕成果。

（四）老年人的社会参与

国家和社会重视老年人的知识、技能和经验，视老年人为国家的宝贵财富，积极创造条件，鼓励和支持老年人融入社会，继续参与社会发展。各地根据社会需要和自愿量力的原则，创造条件，积极发挥老年人在经济和社会建设中的作用。在一些城市居委会和农村，老年人已成为社会事务的重要力量，他们积极配合居（村）委会，承担了社区环境治理、治安巡逻、移风易俗、文明风尚宣传、邻里纠纷调解、关心教育下一代等方面的大量工作，为和谐社区和新农村建设贡献了自己的力量。

1990 年，我国成立了以离退休老同志为主体的，开展关心、教育下一代工作的群众性工作组织——中国关心下一代工作委员会（简称“中国关工委”）。目前，从事关心下一代工作的老同志有900多万人，他们积极配合当地党委和政府，为青少年的健康成长发挥余热。2003年，在全国组织开展老年知识分子援助西部大开发行动（简称“银龄行动”），经过多年的发展，探索了发达地区援助落后地区、内地援助边疆、邻省市区结对援助、省内城市援助农村、先进地区援助困难地区及市内、县内、社区互助服务等多种援助形式和服务方式。

各地重视城乡基层老年群众组织建设，发挥其在组织老年人参与基层社区建设、社会公益活动、维护老年人自身权益等方面的作用。2009年末，全国共有各级老年人协会436 226个，参加人数4 227万人，其中居（村）级老年人协会367 163个，街（乡）级老年人协会36 973个，区（县）级老年人协会7 865个。共有各类老年社团组织（不包括老年人协会）38 002个，参加人数494万人。

六、改善了敬老养老助老的社会支持环境

为提高老年人社会地位，保障老年人合法权益，保障老龄事业健康发展，国家颁布实施了老年人权益保障法，各地普遍颁布了优待老年人政策法规，并加大弘扬敬老养老助老传统美德宣传力度，努力构建良好的老年人社会支持环境。

（一）法律保障

1996年8月29日，八届全国人大常委会第21次会议通过了我国第一部涉及老年人的专门法律——《中华人民共和国老年人权益保障法》，规定了老年人在家庭赡养、社会保障及参与社会发展等方面的权利，确定了老年事业和老年工作的法律地位，老年权益保障工作由此走上了科学化、规范化、法制化的轨道。目前，全国31个省（自治区、直辖市）相继出台了《老年人权益保障条例》或《〈老年人权益保障法〉实施办法》等地方性法规。2005年，全国老龄办等21部门发布《关于加强老年人优待工作的意见》，在经济供养、医疗保健、生活服务、文体休闲、维权服务等方面提出了对老年人实行优先优惠服务和照顾的要求，促进了老年人共享经济社会发展成果。随后，31个省（自治区、直辖市）都制定出台了对老年人实行优待的政策，使老年人充分享受到社会的尊重和关爱。

老年人权益的司法保护和法律服务体系逐步建立。司法审判机关根据老年维权中出现的问题和老年人实际困难，加大涉老案件的审理力度，实行“优先立案、优先审理、优先执行”的“三优先”制度，对较复杂和易反复的案件实行回访制度，对经济有困难的老年人实施司法救助。各地成立了老年法律援助中心、老年法律事务所、老年法庭等维权组织，为老年人的维权活动提供诸多便利。截至2009年末，全国共建立各级老年人法律援助中心19 909个，老年维权协调组织达135 704个。

（二）营造敬老养老助老社会环境

国家重视弘扬敬老养老助老传统美德，积极营造尊敬、关心和照顾老年人的社会氛围。以《中华人民共和国老年人权益保障法》为重点，开展多形式的宣传学习活动，强化全社会维护老年人权益的法制观念，帮助老年人学法、懂法、守法，提高法律意识，依法维护自身合法权益。充分发挥广播、电视、报刊等大众传播媒体的宣传教育和引导作用，采取多种形式，开展了孝亲敬老主题评选活动，大力弘扬中华民族敬老养老的优良传统，增强全社会的老龄意识和养老意识。为了大力弘扬中华民族尊老敬老的传统美德，进一步营造良好的爱老助老社会氛围，全国老龄工作委员会决定在 2010 年 10 月首次开展“敬老月”活动。

各地普遍设立老人节或敬老日，在每年重阳节和当地敬老节日期间，相关部门积极组织大型宣传教育活动和敬老活动，把弘扬敬老、养老、助老美德作为社会主义精神文明建设的重要内容，将敬老教育内容列入中小学教材，在青少年中开展“敬老爱老助老主题教育活动”。为促进老龄事业发展，推动各地落实六个“老有”工作目标，改善与提高老年人生活质量，我国从 2003 年起开展每三年评选一次的创建老龄工作先进县（市、区）活动，建立表彰激励机制。地方各级政府和有关部门对老龄事业中涌现出的先进单位、家庭和个人给予表彰和奖励，开展了“敬老好儿女”、“敬老好儿媳”、“老龄事业贡献奖”等多项评比活动。

第三章　对未来中国老龄事业发展框架的构想

构建老龄事业发展指标体系，不仅要立足于现实状况，更要着眼于未来，综合考虑未来我国经济社会发展的形势、总体目标和要求，分析未来我国老龄事业的发展走向。

老龄问题不仅关系到老年群体本身，也关系到千家万户的中青年人，处理不好，就会影响经济发展和社会稳定，影响现代化的进程。之所以提出发展老龄事业，其意义在于人口老龄化对整个社会经济发展带来了全面的、深刻的影响，社会经济政策需要适应人口年龄结构的重大转变而调整，这种调整不应是局部的、单项的，而应将各种社会经济政策置于老龄社会的大背景下全面审视，实现可持续发展。实现六个“老有”是发展老龄事业的战略目标，但这个战略目标的实现是渐进的，在不同时期不同阶段老龄事业的发展目标是不同的，框架内容也会发生变化。老龄事业中长期发展规划和年度计划必须依据人口老龄化和社会经济发展的状况，围绕这个框架内容来设计，按照可持续发展战略，统筹安排。

21世纪我国人口老龄化的发展趋势已经明朗，形势要求老龄事业必须有更大的发展。当前阻碍我国老龄事业发展的主要问题是，一些人片面认为老龄问题就是老年人问题，老龄工作多头管理，协调性不够，专门老龄工作机构的统筹职能不强。老龄事业发展规划缺乏全局和战略的高度，缺乏统筹发展的视角，往往是多部门工作的简单罗列，没有系统地提出老龄事业发展框架和发展指标体系，也没有摸清老龄社会的一系列重大变化和老年人需求，针对性不强，老龄事业发展专项规划刚性不足，往往成为可有可无的软规划。

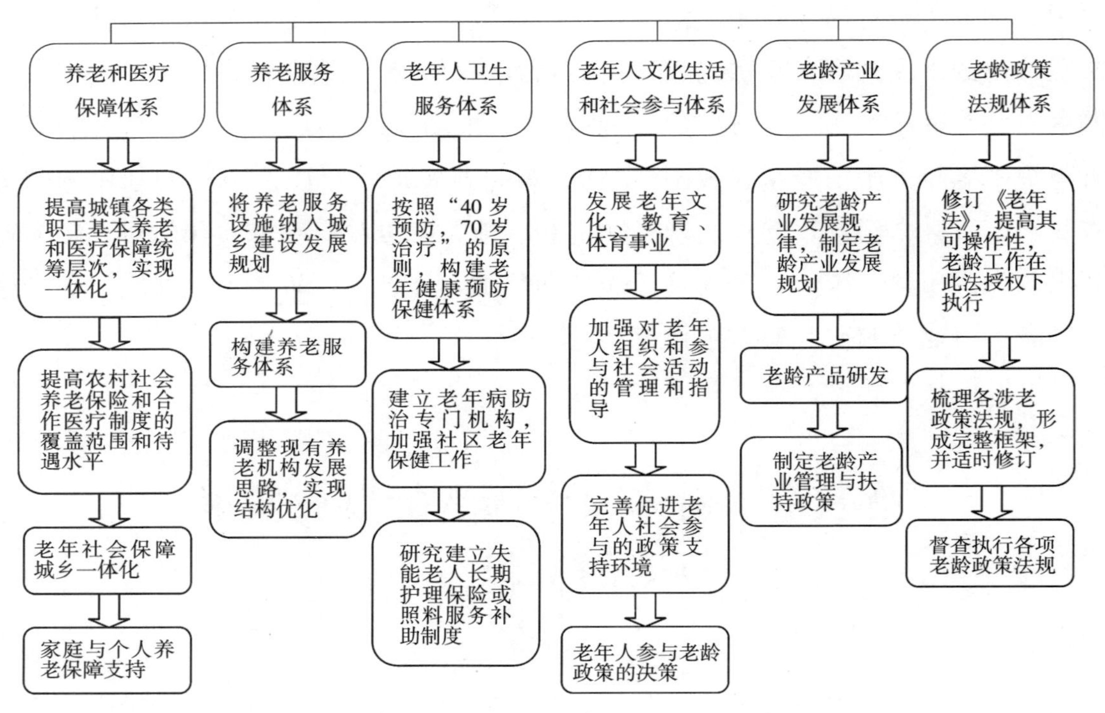

图1-3-1 中国老龄事业发展框架与发展思路

要确保老龄事业的科学发展，应建立上下统一的、真正具有综合协调职能的政府机构来主管老龄工作。作为具备综合协调职能的主管老龄工作的机构需要具备统筹谋划的能力，要站在全局和战略的高度提出发展老龄事业的政策目标，统筹各涉老部门，共同开展研究，将人口老龄化因子纳入各相关部门有关政策的决策依据中，综合提出应对之策。

根据老龄事业的性质、特点和发展经验，我国老龄事业发展体系应包含养老保障体系、老年医疗保障体系、养老服务体系、老年人卫生服务体系、老年人学习和社会参与体系、老龄产业发展体系和老龄政策法规体系等方面。这种体系要贯穿于人的整个生命阶段，涵盖老年以后的各种需要。目前，我们在制订或调整有关老龄政策时缺乏宏观协调，既有交叉重复，又有疏漏不足，同时又缺乏与老年以前相关政策的衔接。其他经济社会政策未能充分考虑人口老龄化因素，有的已不适应老龄社会的发展变化，与“人生 80 年时代”的实际情况相矛盾，甚至有政策连续性难以保证的风险。因此，需要借鉴日本等发达国家的经验，重新评价、逐步调整现有各项经济社会政策，形成协调一致、全面系统的老龄事业发展框架。

一、确保城乡居民年老以后的基本养老和基本医疗保障，构建完善的养老和医疗保障体系

养老和医疗保障是老年人最基本的生活需要，是提高老年人生活质量的基础，也是进入小康社会的一个基本要求。年老以后的养老和医疗保障也越来越为广大中青年人所关心，成为影响其就业选择的一个重要参考因素。适应人口老龄化和社会经济条件的变化，建立有效的养老和医疗保障机制，解决老年人的实际困难，消除中青年人的后顾之忧，是社会文明和基本实现现代化的要求。

目前我国城镇老年人的养老和医疗保障已基本实现全覆盖。但随着养老金领取人数的大量增长，养老金支出快速增长。由于人口寿命的延长和生活水平的提高，职工养老保险制度还面临着养老金支付年限延长和支付水平提高的压力。目前，我国少数地方已出现当年养老保险费入不敷出的情况。西方福利国家的危机表明，人口老龄化是建立和改革养老保障制度不可忽视的重大因素。正如世界银行发表的题为“扭转老龄化危机”的报告所言：迅速增长的养老费用威胁着老年年金计划的执行，现行的老年保障制度有因人口老龄化而崩溃的危险，正在建立正式养老保障计划的国家可能重蹈工业化国家的覆辙。在我国，按照现有的人口老龄化发展态势，最迟将可能在 20 年代出现养老金支付的困难。在农村，虽然已建立新型农村社会养老保险和新型农村合作医疗制度，但由于保障水平不高，还不足以满足基本养老和基本医疗需要，老年人在很大程度上还要依靠子女、配偶或个人劳动收入来提供。而以子女供养为主的家庭养老由于城镇化、家庭小型化、老年人传统家庭地位下降等因素出现困难，保障不够稳定。

完善以社会保障为主的养老和医疗保障体系，是解决我国城乡老年人养老和医疗问题的必由之路。这一体系要达到的基本目标是：老年人有足够的收入或物质保障，生活水平不低于当地平均水平；在医疗条件许可的范围内，患病以后能够获得及时、

有效的医疗和护理，不致因医药费的缺乏而延误治疗或得不到治疗。从现在起应该着手进行的工作是：

（一）提高城镇职工基本养老和医疗保险统筹层次，实现城镇各类职工养老和医疗保险一体化和异地转接

由于城乡社会经济发展条件的差异，城镇老年社会保障水平高于农村仍然是今后相当长时期内的政策走向。但目前城镇各类人员的养老和医疗保障水平差异较大，不同地区差异也比较大，部分老年人保障水平较低。提高覆盖面和统筹层次，实行统一的城镇各类从业人员的养老和医疗保险制度，既是改善保险基金收支增长不平衡、增强基金互济功能的需要，也是切实保障不同所有制职工平等享受社会保险权利和促进劳动力合理流动的需要。要高度重视职工养老保险个人账户空账对未来基金支付的风险，确保实现养老基金的适当积累。

（二）提高农村社会养老保险和合作医疗制度的覆盖范围和待遇水平

虽然由于农村经济发展水平的限制，农民在一定时期内难以享受与城镇职工同等的社会保障水平，但随着子女数减少和家庭养老功能的削弱，提高农民的社会保障水平也日益迫切。满足农村居民基本养老和医疗需要而非提供补贴性的保障，应是新型社会养老保险和合作医疗制度的根本目标。在基本实现现代化前，全部农村人口都应纳入养老和医疗保障范围，使农民年老以后养老有稳定的经济保障，医疗费用能够得到基本保障。

根据 2010 年开始实施的新型农村社会养老保险制度，农村老人可按规定可享受政府提供的基础养老金，每人每月不低于 55 元。但是，年满 60 周岁的老人群体是分层的，而其中农村高龄老人和失能老人是最急需要获得支持和帮助的对象，统一采用一个标准有失科学性。我们建议年龄段、分层次、分条件发放基础养老金，对 80 岁及以上老人适当提高标准。

（三）实现老年社会保障城乡一体化

从多数发达国家来看，社会保障发展到一定阶段，全体国民不分城乡、不分行业都纳入统一的社会保障“安全网”。我国目前及将来一定时期内还难以实行这一制度，但最迟在下世纪中叶全国基本实现现代化前后开始考虑推行同发达国家一样的一体化的养老和医疗社会保障制度。要完成一体化的进程，必须从现在起在制订有关政策时就应有长远的规划，否则将大大增加并轨的难度和不必要的损失。

（四）在加强社会保障制度的同时，明确家庭成员的养老责任，出台支持家庭养老的鼓励政策，鼓励人们从中青年开始参加储蓄养老及各类商业养老和医疗保险，提高人们的养老意识

依据《老年人权益保障法》，保护老年人合法权益，减少赡养纠纷，杜绝遗弃、虐待老年人案件的发生。政府要鼓励中青年人与老年人同住、照料老年人，并制定相关优惠政策。

二、创建居家养老的社区支持环境，完善老龄服务体系

尽管家庭规模缩小、与子女分开居住的老年人逐渐增多，但居家养老仍然是未来城乡绝大多数老年人的主要养老方式，入住老人公寓等社会养老机构只是少数缺乏生活自理能力、无人照料的老年人的需要。在发达国家，政府目前大多通过提供津贴和支持性服务等政策鼓励子女照料老人，尽量使老年人在适合自己的环境中生活。但是，我国老年人居家养老面临着许多现实和潜在的困难。目前社区在为老年人提供实际生活帮助方面还很不够，缺少体制上的支持。创建老龄服务体系，营造老年人感觉安全方便、子女放心的养老环境，提供各项社会化服务，是适应人口老龄化和家庭小型化发展趋势的需要。

（一）将老龄服务设施纳入城乡建设发展规划

当前，很多地方城乡建设发展规划忽视了人口老龄化和老年人的养老需求，规划中没有对老龄服务设施进行布局，老龄服务设施项目无法立项，有的虽然立项，但其布局、规模、内容都缺乏论证。老龄服务设施包括老年文化教育服务设施、托养服务设施、护理服务设施、体育服务设施。根据基层行政区划，每个城镇居委会、农村行政村应建立一个老年活动室和一个托老所，每个城镇街道、农村乡镇应建立一家养老院（护理院）和一所老年学校。此外，在社区公共生活设施方面，要照顾到老年人的特殊性，创造方便舒适的生活环境，如建造无障碍设施、方便的购物网点等。虽然这些设施目前在全国各地已经有所发展，但由于未列入城乡建设发展规划，其数量还很有限，许多地方还处于空白，已建的设施也存在发展无序，管理和内部设施建设不规范的问题。

（二）构建老龄服务体系

老龄服务体系涵盖日常生活照料、医疗护理、学习和社会参与、文化、体育、公共服务等多方面老年人所需要的服务。老龄服务最终要落实到社区层面，服务项目有政府公共服务、应急医疗服务、保健咨询、生活照料服务、临终关怀、组织老年人活动、帮助购物等多项内容。每个城镇街道都应建立一所社区居家养老服务中心，以所辖各居委会或居民小区为网点，形成网络体系，采取低酬有偿服务的方式，为老年人提供各项服务。对于贫困老年人，居家养老服务中心应为其提供无偿服务。此外，要探索低龄健康老年人为高龄老人服务的方式，创建老年群体互助服务体系。

(三) 调整现有养老机构发展思路，重点发展护理型养老机构

随着老年人口高龄化，老年人生活自理能力将会下降，丧偶率也将提高，在子女提供生活照料有困难的情况下，少数老年人必须依靠养老机构，老年人对托老所、老人公寓、老年护理院等服务机构的需求正在扩大。我国养老机构发展到今天，已具备一定的规模和条件，对于今后的发展方向需要进行认真的反思，现在已到调整发展思路的时刻。政府主管部门应主要定位于制定规划、专项经费支持和行业管理，根据老年人需求，大力兴办专业护理型养老机构，调整现有养老机构收养对象结构。政府社会福利发展规划应该将建设护理型养老机构作为未来建设的重点，不再扶持建设以收养生活自理老人为主的养老机构。同时对现有养老机构收养对象逐步调整，改变以经济状况、身份为标准的收养认定方式，应以失能作为入住的条件，限制收养生活能够自理的老人。

三、加强健康教育、疾病预防和康复护理工作，构建老年人卫生服务体系

随着人口老龄化的发展，与年龄相关的慢性非传染性疾病的提高日益突出。近年来开展的老年流行病学调查均显示，我国城乡老年人常见病主要为高血压、心脏病、呼吸系统疾病、恶性肿瘤、关节炎及肠、胃、肝、胆等慢性病，心脑血管疾病犹为突出。这些疾病在过去的发病率都很低，即使发病了，由于医疗水平限制而不能诊治，患病时间短，死亡率较高。而在当今社会经济条件下，医疗技术的发展使患有慢性病的老年人通过长期医疗和护理得以治愈，或伤残期延长。这意味着老年人的生活照料期延长，需要含有一定技能并耗费大量时间和精力的不间断护理，而且医疗护理费用大大增加。老年慢性病既给老年人配偶和子女带来生活照料上的压力，也使家庭和社会的经济负担加重。针对人口老龄化普遍发展和老年人健康状况对社会发展日益严重的影响，联合国于 1992 年将促进健康老龄化列为全球解决人口老龄化问题的奋斗目标之一。

要促进健康老龄化，不仅要重视老年期的健康保健，更要重视人生各个阶段特别是中年时期的的健康教育、保健和疾病预防。要“把老年群体健康看作是进入老年前的婴幼儿、青少年和成年后各阶段所有制约健康因素的最综合、最集中和最终的表现”，对中青年人广泛宣传老年病的特征、各种影响因素及危害，及早做好疾病预防与保健工作。对于改善老年人健康状况，当前需要采取的措施是：

(一) 从壮年期开始健康保健计划，构建国民疾病预防体系，降低老年以后的疾病和失能发生率

由于慢性病病程长、治愈率低、医疗费用高，对个人、家庭和社会造成的压力都较大，做好发病前的预防犹为重要。要大力开展老年人健康教育，改变一些人不良的生活习惯和不合理的营养摄入，定期开展健康检查，做好老年病的早期发现、早期诊断和早期治疗，控制疾病发展，降低常见老年病的发病率和致残率。同时，借鉴日本《老人保健法》提出的“40 岁保健，70 岁医疗”的理念，为确保国民在进入老年以后健康得到保证而从壮年期开始健康保健计划，对 40 岁以上公民实行免费体检，建立健康档案。

（二）建立老年病防治专门机构，加强社区老年保健工作

城镇要建立市（地）级、县（区）级、街道级三级医疗机构组成的老年保健网络组织形式，以地段医院为主力，居民区卫生站为基点的社区老年保健模式。适应老年病防治的需要，加强心脑血管病、呼吸系统病、恶性肿瘤、骨病等科室的建设。农村要建立由县（市）级医院、乡（镇）卫生院、村卫生室组成的三级医疗预防保健网。县市级要建立老年门诊部、老年病医院或老年康复中心，乡镇卫生院要配备老年医疗保健专业人员或建立老年保健站。

（三）重视失能老人长期照料问题，研究建立失能老人长期护理保险或照料服务补助制度

随着人口老龄化的持续发展和老年人口的日益高龄化，高龄老人丧失生活自理能力以及由此而产生的医疗护理和生活照料问题正变得越来越突出。失能老人沉重的医药费用与长期照料的压力，往往导致一个家庭因此而陷入困境。鉴于护理照料费用已成为影响城乡失能老人及其家庭生活质量的一个重要因素，有关部门应研究建立失能老人长期护理保险或照料服务补助制度。在建立护理保险制度之前，可首先通过政府购买服务的方式，对高龄、失能程度较高且经济窘困的老年人提供必要的物质帮助，从而改善失能老人的生存状态和照料条件。补助标准可综合年龄、失能等级、经济状况、居住环境等要素，分成若干等级，以现金或服务券的形式下发，实行政府购买服务，指定专人给予生活照料。

此外，要在综合医院开设康复科，发展康复医学工程，研制生产能恢复和提高老年残疾人生理功能和生活能力的基本器具。为老年人提供康复和护理服务需要一支庞大的多层次的人员队伍，其中起主导作用的是护士和初级保健全科医生。要提倡家庭养护，培训家庭康复人员，在家庭中开展自助与互助相结合的医疗保健，坚持预防为主、防治结合的原则，开展健康教育，培养家庭成员参与家庭医疗保健的技能。要发展家庭病床，为老年人提供长期护理服务和保健指导。

四、重视老年人的精神文化生活需要，发挥老年人的社会价值，构建老年人文化生活和社会参与体系

当代老年人渴望健康多彩的文化生活，有着强烈的精神文化需求，希望融入社会。这种需要如果得不到满足，不加以正确地引导，就可能使少数老年人因精神空虚而误入歧途，从而影响到社会的稳定与发展。政府对此要予以足够的重视，在做好老年人物质生活保障等方面工作的同时，丰富老年人精神文化生活。

要满足老年人的精神文化生活需要，应针对老年期的生理和心理特点，创造条件，引导他们参与各类积极健康的社会活动，如学习、娱乐、文艺、体育、公益事业、发挥个人特长的再工作等。首先，要建立和完善老年人协会等老年社团组织，兴办老年大学、老年健身和文艺设施、老年活动中心等老年活动场所。政府应将老年人文化、体育、教育设施纳入城乡建设规划，积极扶持建立各类老年人组织，并加强对老年人组织和老年活动场所的规范化管理。其次，文化、教育、体育等部门要加强对老年人参与社会活动的宏观指导。各级文化馆、站和体育场所要积极开展各种形式的老年文化体育活动，尽可能对老年人开放并给予优惠照顾，组织老年人学习书画、演唱、舞蹈、保健等知识。新闻出版、广播电视部门要将老年人作为重要对象，加强对老年人生活和活动的宣传，积极开办老年人专栏。文艺工作者要多创作一些老年题材的作品。

在一个长寿社会，除了解决好老年人的养老、医疗、生活照料和文化生活等基本需要外，还要满足他们参与社会的需要。社会参与是与社会隔离相对而言的。进入老年期以后，老年人的生活方式发生了转变，生理、心理也发生了变化，大多数老年人家庭也成为空巢家庭。在这种情况下，如果社会环境没有为老年人提供支持，老年人是很容易与社会隔离的。

早在 1961 年，美国总统肯尼迪在第一届白宫老龄问题会议上就曾指出，过去的一个世纪，美国为人类延年益寿作了大量的工作，现在该是赋予被延长的岁月以新生命的时候了。“赋予被延长的岁月以新生命”这句话被广泛地引用在联合国关于老龄问题的文件中，反映了国际社会在人类进入长寿社会后对老年人生命质量的关注和老年人社会参与的重视。如果仅仅将老年人视为脆弱的需要照顾的群体，只是满足老年人的养老、医疗和生活照料等基本需要，必然导致老年人与社会的隔离，寿命的延长将仅仅具有生物学意义，这违背人类文明发展的基本准则，也必然会产生十分消极的后果。

《马德里老龄问题国际行动计划 2002》指出：“促进和保护一切人权，包括发展权和基本自由，对建立不分年龄人人共享的社会，使老年人充分地、不受歧视地并在

公平的基础上参与社会是至关重要的”，“让老年人通过从事有收入的工作和志愿性工作，充分和有效地参与社会的经济、政治和社会生活”，“参与社会、经济、文化、体育、娱乐和志愿活动，也有助于发展和保持个人的福祉”。国际社会对老年人社会参与的一个基本理念是，让老年人融入社会。“老有所为”只是老年人社会参与的一个方面，老年人的社会参与包含了老年人融入社会的一切有利于代际和谐和促进其身心健康的活动，既包括老年人继续为社会经济发展作出有价值贡献的活动，也包括社区和社会为老年人提供的各种文化、教育、体育活动，乃至包括老年人的互助活动。

我国在促进老年人社会参与方面做了大量的工作，也取得了初步成效，主要表现在政府对老年人社会参与的主导作用加强，老年人社会参与的环境得到了改善，基层老年人组织普遍建立，城乡老年人文化、教育和体育生活日益丰富。但是，社会对老年群体的忽视、歧视和偏见还不同程度的存在，老年人社会参与的意愿与实际参与状况还存在较大差距，城乡老年人有孤独感的仍占较高的比例，尤其是高龄、女性老年人孤独感较强。在人口老龄化不断提高，家庭空巢化加剧的新情况下，政府需要研究制定更加有效的老年人社会参与机制，家庭、社区和社会要为老年人的社会参与提供各种机会和便利条件。

为建设代际和谐的社会，促进老年人的社会参与，让老年人更好地融入社会而不是仅仅在老年群体间的互动，必须创建促进老年人社会参与的政策支持环境。一切社会政策特别是影响到老年人日常生活的政策的制定必须充分考虑老年人的特殊需要，不能将老年人边缘化，要创造有利于老年人社会参与的安全、舒适和便利条件。要研究制定老年人再就业和非在业参与社会发展的政策，鼓励和规范“老有所为”，鼓励低龄健康老年人继续为社会作贡献，主要从事需要多年知识和经验积累的专业技术工作、投资开发和各项社会公益活动。要通过加强老年教育工作，提高老年人社会参与的能力。日新月异的新技术促进了经济社会的发展，但也容易使不会使用这些新技术的老年人被隔离。各级人大、政协要考虑设立“老年人”界别，以便在与老年人相关的决策方面充分吸纳老年人参加，听取老年人的意见。

五、培育老年用品与服务市场，建立老龄产业发展体系

随着老年人口规模的扩大和在总人口中所占比例的提高，老年人作为一个有特色的消费群体，其消费需求对社会消费结构的影响日益明显。在发达国家，老年消费市场备受厂商青睐。根据联合国的估算，老年人口比年轻人口的消费高16%～18%。在我国，老年人的消费需求也日趋突出，但有关方面对老年消费市场尚缺乏深入的调查研究，厂商对这一市场的发展前景还没有引起足够的重视。同时，已有的一些老年

用品适销不对路，经济效益不理想，引起厂商对开发这一市场的顾虑。这样，一方面老年人对提供老年用品和服务的呼声越来越高，而另一方面对其投资开发的厂商却很少，缺乏对这一市场的信心。因此，政府有关部门应加强这方面的研究和指导工作，培育老年消费与服务市场，将发展老龄产业作为适应人口老龄化的一项重要举措，加快推进老龄产业发展体系。

要发展老龄产业，开发老年消费市场，首先需要深入研究和科学规划，对老年人消费需求情况进行专门调查，了解老年人收入与支出、购物与服务需求等情况，以此作为发展老龄产业的决策依据。其次要将老龄产业作为我国的一项新兴产业，加强指导工作。一是要对现有老年用品和服务企业进行信息收集，建立数据库，掌握当前的状况，以便于宏观规划。二是要根据老年人消费需求情况，组织科研部门研究开发新产品。三是要研究老年人的消费习惯和消费心理，引导老年人树立正确的消费意识。四是要组织有关专家和有关人士评测、监督老年消费品质量，建议成立老年消费专业委员会，为老年人消费提供咨询服务。五是要对投资兴办老龄产业提供政策支持，鼓励社会和个人生产和销售老年用品，兴办老人公寓、托老所等老年福利设施，开展各项老龄服务。

第四章　构建中国老龄事业发展指标体系的可行性分析

虽然我国老龄事业经过多年的发展已经取得了重大成就，奋斗目标也已明朗，但是总体来说，我国老龄事业还处在探索阶段，许多工作目前主要还是凭借各地自我创新来组织实施。老龄事业还没有形成清晰的发展思路，表现在具体的工作行为中就是主观性较强，各地的工作内容差异性较大，主要原因在于老龄事业缺乏科学的发展指标体系，规范性不强，人们对老龄事业的主要构成内容和侧重点在思想认识上还不能统一。一项缺乏发展框架体系、没有刚性工作指标、不能测度发展水平的事业，始终是难以得到科学发展的。因此，探索建立适应我国国情的老龄事业发展指标体系，是当前促进老龄事业科学发展的迫切需要，是老龄事业发展到现阶段的内在要求，是加快发展老龄事业的根本保证。

构建对制定老龄工作政策有重要参考价值、对开展老龄工作有重要指导意义的老龄事业发展指标体系，全面、准确、系统地综合评价各地区老龄事业发展水平，对于分析判断全国及各地老龄事业发展现状，为各地区老龄事业发展的薄弱环节号脉，深入开展老龄事业发展专题研究，进而帮助地方政府做到有的放矢地制定发展规划，调整有关政策法规，为下一步宏观调控指明方向，以促进人口、经济、社会全面协调有序发展等方面，具有十分重要的现实意义。

学术界和老龄工作者多从宏观层面分析发展老龄事业的重要意义，但是对老龄事业的概念、体系框架缺乏理性的分析，更没有对老龄事业的发展指标体系开展研究，CNKI 文献检索“老龄事业发展指标体系”结果显示为 0，尚没有形成老龄事业发展指标体系的研究成果。但是，我国老龄事业经过近 30 年的发展，已经具备了建立指标体系，实现科学规范的条件，主要表现在以下几个方面。

一、加快发展老龄事业的大环境，为指标体系的构建提供了研究和实践的平台

经过近 30 年的实践，老龄事业已经深入人心，其重要性人所共识。老龄事业作为一项综合性社会事业，已经具有很高的社会知晓率，引起全社会和各级政府的广泛关注和重视。进入新世纪以来，随着我国人口老龄化的不断发展和对社会建设事业的重视，各地政府加大了对老龄事业发展的政策支持力度，最主要的标志是各地纷纷将老龄事业纳入了经济和社会发展规划。全国大多数省市区都制定了老龄事业中长期专项发展规划，设置了一些量化的工作指标，有力推动了老龄事业的发展。虽然这些规划还存在由于对老龄事业界定不明晰而导致的原则性较强、可操作性较弱、量化指标少的共性问题，但充分反映了各地对老龄事业发展需要科学规划的共同认识，对老龄事业发展指标体系设计的共同诉求。在规划的制定、执行和绩效评估过程中，各地越来越认识到构建老龄事业发展指标体系的重要性。构建老龄事业发展指标体系，必然会得到各地的积极支持，具有研究和实践的广阔平台。

二、以实现六个“老有”为战略目标的中国特色老龄事业发展框架体系已经基本确立，为老龄事业发展指标的构成提供了基础

这项事业是在探索实践中发展起来的，各地都形成了许多宝贵的经验和认识。综观各地发展老龄事业的政策法规文献，我们发现，虽然对发展老龄事业的体制机制、内容、工作方式等方面还存在认识上的差异，但在发展框架和发展方向上已形成共识，那就是以实现六个“老有”为奋斗目标，改善和提高老年人生活质量，促进人口老龄化和经济社会和谐发展。这为我们确立老龄事业发展指标体系框架、指标具体构成及其关联提供了研究方向。

三、全国各地近年来制定的老龄工作考核指标，为构建老龄事业发展指标体系提供了重要的参考

近年来，全国各地特别是人口老龄化程度比较高的中东部地区老龄工作委员会办公室（以下简称老龄办），在老龄工作实践中，总结提出了一些工作考核指标，有的直接纳入了当地政府考核目标。主要是围绕老年人口数量变化，建立和完善老年人经济供养制度，医疗保健体系，老年社会照料服务网络，营造全社会敬老养老助老环境，提高老年人精神文化生活质量，维护老年人合法权益的法律保障体系以及老龄工作机构、编制、工作经费、工作条件等内容，在政策落实、养老保障、老年维权、优待服务、宣传教育等方面制定指标，进行评估和考核，满足老龄工作日常需求。虽然各地的考核内容和评价标准有所不同，指标选取和权重确定值得推敲，考核内容侧重于老龄办的工作，但是许多考核指标内容和标准对我们设计本套老龄事业发展指标体系具有重要借鉴意义。

因此，厘清老龄事业的科学内涵和具体构成内容，对我国老龄事业实践经验进行归纳分析，研究提出一套评估老龄事业发展水平、指导老龄工作发展方向的指标体系，不仅是老龄事业深入发展的客观需要，而且也具备了研究制订的现实基础。

第五章　国内外老龄事业发展指标的比较研究

国内外理论界和政府部门并没有专门对老龄事业发展指标体系进行过研究，本项研究的直接参考文献是缺乏的。为做好本项研究，课题组研究分析了国内外老龄政策，从中梳理相关老龄事业发展指标。虽然缺乏系统性的老龄事业发展指标研究成果，但我们希望通过国内外有关老龄政策的文献分析，梳理出相关老龄政策指标，为本指标体系的设计提供思路和直接参考的指标。

一、主要发达国家的老龄政策指标[①]

发达国家的老龄政策是比较具体可操作的，包含了许多内容比较明确的指标及其

① 除特别注明的外，均来源于：全国老龄工作委员会办公室．国外涉老政策概览［M］．北京：华龄出版社，2010.

指标值。

（一）美国：《老年法》授权下的老龄服务

1. 老年人的基本状况

2007年，美国65岁及以上人口达到3 790万人，占总人口的12.6%。导致老龄人口迅速增长的主要原因是预期寿命的延长。1900—1999年，美国出生婴儿的平均预期寿命从47.3岁提高到77.0岁，预计2010年将增加到78.5岁。老年人口死亡率大幅降低，1985—2005年，65—74岁男性老年人口死亡率下降了32.3%，75—84岁男性老年人口死亡率下降了23.5%。

2007年，美国男性老年人有偶率为73%，女性老年人有偶率为42%，寡居女性（870万人）比男性（200万人）高3倍。离婚老年人占11.1%。在没有入住机构的老年人中，55.3%与配偶同住，30.2%独居生活。183万老年人与孙辈生活在同一屋檐下，其中45万老年人是其孙辈的主要监护人。选择机构养老的老年人157万人，占老年人口（3 790万人）的4.4%。其中，65—74岁占1.3%，75—84岁占4.1%，85岁占15.1%。另外还有2%～5%老年人居住在至少提供一种支持性服务的老年人设施。

美国老年人的主要收入来源包括社会保障（37%）、资产收入（15%）、私人养老金和政府雇员养老金（18%）及经营收入（28%）。32%的老年人绝大多数收入（90%）依靠社会保障。2007年，没有入住机构的老年人中93%享有医疗保险（Medicare）。医疗保险主要是针对各种急性病，大约支付一半的医药费，剩余费用则通过其他渠道解决。目前，58%的老年人拥有某种形式的私人医疗保险，7%的老年人拥有退役军人医疗保险，9%的老年人享有医疗救助（Medicaid）。入住养老院的老年人中52%享有医疗救助。

2. 老龄服务

美国为老服务项目的经费划拨、技术标准、行政支持等都由《美国老年法》（the Older Americans Act，1965）等法律授权，具体项目的针对性、服务性、实效性很强，并且每个项目都有具体的量化指标便于评估和监督。根据“在全美建立老龄服务网络，为老年人及其照料者提供全面、系统、协调的家庭和社区服务”的原则，在老龄署统筹安排下，每个涉老组织作为老龄服务网络上的一个节点发挥着各自的作用。

（1）养老护理服务机构

如果需要24小时护理照料，没有轮椅、助行器或其他人的帮助不能行走，生活不能自理，需要治疗和康复设施，患有慢性病，适合选择护理院居住。支付入住护理院的费用来源有私人资助、医疗救助、长期照料保险。老年痴呆病院是护理院的一种。除此之外，养老机构还包括临终关怀中心。一般来说，临终关怀的服务对象剩余预期生命都少于 6 个月。

(2) 老年营养项目 (ENP)

由《老年法》第三章和第六章授权，由老龄署管理，州、区老龄办负责实施，为老年人提供以社区为依托的营养服务。ENP 规定的享受集体营养餐的收益人群是：1) 60 岁以上老年人及其配偶（年龄不限）；2) 60 岁以下残疾人（必须集体餐覆盖的老年人设施内）；3) 与老年人一起居住在家，并陪伴老年人到营养餐服务点登记的残疾人；4) 营养餐服务志愿者。享受家庭送餐服务的人群是：1) 出门不便的 60 岁以上老年人及其配偶；2) 与老年人居住在一起、小于 60 岁的残疾人。

集体就餐和家庭送餐服务必须保证每天至少一次，每周不得低于 5 次，每一个营养餐至少不低于美国科学院制定的推荐膳食摄取量的 1/3。2007 财政年度，集体就餐项目为 160 万名老年人提供了9 480万份集体餐；家庭送餐项目为 91.6 万名老年人提供了 1.41 亿份送餐。

(3) 以家庭和社区为依托的老年人支持性服务

设立于 1973 年。老龄署给各州拨款经费取决于各州 60 岁以上老年人占全国老年人口的比例。2007 财政年度的数据显示，该项目的实际效果：

交通服务：为社区老年人看病、买菜、买药、去活动中心、集体聚餐和其他日常活动提供了2 900万次乘车服务；

家政服务：为失能老年人提供吃饭、穿衣、洗澡等家政服务2 800万小时；

日间照料服务：为不能自理的老年人提供受监督、受保护的日间照料 800 万小时；

个案管理：为老年人及其照料者提供需求评估、照料计划制定、服务安排等安排 400 小时；

法律援助：为老年人提供从监护权到住房、服务权益方面的法律援助968 465件。

(4) 国家家庭照料者支持项目

该项目设立于 2000 年。由老龄署向州和地方老龄办拨款支持和鼓励家庭照料者帮助老年亲属实现居家养老。拨款额度根据管辖地 70 岁以上老年人的数量决定。实施效果：2007 财政年度，该项目为各州686 030位家庭照料者提供了服务。数据显示，家庭照料者所获取的服务能让他们更好地履行自己的责任。

便民援助服务：服务者与照料者进行了大约 130 万次接触，帮助他们从私人部门和志愿者那里获得帮助。

咨询和培训服务：为148 000位照料者提供咨询、交流和培训，为他们减轻压力。

暂离休假服务：为73 000位家庭照料者和机构照料者提供了 840 万小时的暂休时

间，让他们暂离照料岗位。

老龄署的全国调查显示，该项目的服务对帮助老年人居家养老是行之有效的，57%的照料者认为这些服务帮助他们延长了照料时间；77%认为这些项目“大有帮助”；一半的照料者认为，没有这些服务，他们的照料对象只能入住养老院。

(5) 多功能老年中心和功能社区

多功能老年中心（Senior Centers）是美国60岁及以上老年人聚会活动的重要场所，也是重要的社区为老服务设施。目前，全美大约有19 000所老年中心，有些属于营利组织，有些属于非营利组织，也有些带有政府机构性质。老年中心在帮助老年人实现独立方面发挥了重要作用，同时它也为老龄服务、信息传递、健康促进、社交活动等提供了重要平台。多数老年中心通过与州、区老龄办签订为老服务合同，承担服务责任，从而获得《老年法》规定的项目拨款。

功能社区是指能够提供一种或多种特殊服务，能够帮助老年人独立生活的社区。这类社区包括活跃老年人社区、老年公寓、老年集体住宅、辅助生活区等几种形式，适合不同老年人的需要。

(二) 加拿大：家庭、社区支持性服务和住宿服务

2001年普查显示：65岁以上老年人中93%居住在家里，7%居住在包括护理院和医院等机构在内的健康照料机构。65—74岁的老年人中2%居住在健康照料机构，而85岁以上的比例达到了32%。

1. 家庭和社区支持性服务

1）卫生专业人员的上门服务：评估需求、制定计划、提供服务，维护和改善老年人健康状况。上门服务人员包括护士、理疗师、职业治疗师、营养师、社会工作者、语言治疗师。2）个人护理和支持：帮助老年人的日常活动，包括洗脸、洗澡、口腔护理、头发护理、预防性皮肤护理、手足护理；陪同赴约；穿衣和脱衣；帮助进食、上厕所、上下床、椅子或轮椅，并确保活动时的人身安全。3）家务料理：帮助常规家庭活动如菜单安排、食物准备、购物、轻体力家务等。4）社区支持服务：上门送饭、社会娱乐服务、安全检查、接送服务、日托、家中照顾者的放松服务等。

2. 住宿服务

被省政府卫生或社会服务部门批准、资助并授予营业执照的住宿机构提供人们所需要的支持性服务。适合寄宿机构服务的情况：摔跤的次数增多；爬楼梯有困难；上下床、走动或进出浴缸有困难；大小便失禁；自己进食有困难或自己准备食物有困难；经常住院；丧失记忆或判断力；需要有人日夜照顾；离家出走；不寻常的躯体或语言上的挑衅；个人卫生状况恶化；乙醇成瘾或滥用药物；社区支持性服务已经使用到极限仍无法满足患者的需求；理财能力降低。

长期护理院每3个月必须作一次回顾，以适应入住者已经改变的需求。申请者入住长期护理院必须由社区卫生服务可及中心决定和安排，符合条件者可以挑选入住的护理院，最多可以申请3家。申请者可得到如何进行申请、选择及入住前准备工作的指导。每年卫生部都要检查长期护理院的健康和安全问题、提供的服务、入住者的照顾计划。

（三）澳大利亚：应对人口老龄化国家战略与《老年照料法》

澳大利亚为应对人口老龄化制定国家战略，其目标是全体澳大利亚人，不论年龄，都能从中受益，主要包括：退休收入、劳动力变迁、态度、生活方式和社区支持、贯穿整个生命周期的健康老龄化和领先世界的老年照料服务，使得澳大利亚公民在其整个一生中都有为社会和经济生活服务的机会。国家战略强调：公共服务应处于补充的地位，而不能代替个人、家庭和社区的作用。

1997实行的《老年照料法》对机构照料、社区照料、灵活服务的内容，照料服务的规划、服务提供者的审批、服务提供者的职责、政府补贴等作了规定。根据《老年照料法》的规定，到2011年，要达到并维持一个全国性的照料服务提供比率，即为1 000个70岁以上老年人中的113个提供社区照料和机构照料服务，其中：44个是机构照料高度服务，44个是机构照料低度服务，25个是社区照料服务（其中4个是居家照料延伸服务或老年痴呆症居家照料延伸服务）。2008年老年照料审批机构分配的照料服务指标为11 728个，其中8 966个为机构照料服务，1 862个为社区照料服务（CACP），600个为居家照料延伸服务（EACH），300个为老年痴呆症居家照料延伸服务（EACH-Dementia）。

在澳大利亚，大约每10个70岁以上老年人中有4个需要不同程度的照料服务，每13个老年人（70岁以上）中有1个会进入养老院养老。65岁以上老年人中，大约1/3的男性和1/2的女性老年人会在他们老年生活后期的某个时刻进入养老院，进入养老机构养老的平均年龄是82岁。

老年照料费用由政府补助、用户缴费和志愿者服务或捐款共同构成。正式的老年照料主要由联邦政府负担（70%），其余由各州政府承担，家庭和社区照料服务项目（HACC）的40%由地方政府筹集。联邦政府的补贴只提供给那些属于照料服务提供比例范围内的机构，即1 000个70岁以上老年人中的113个提供社区照料和机构照料服务的机构的比率。用户需要进行收入和资产评估，以确定是否需要为照料提供一定的费用，有些需要交纳一定的住宿费用。2006—2007年联邦政府支付的人均高度照料费用（补贴加各种附加费用）为45 200澳元，人均低度照料费用为16 200澳元。

机构照料主要由非政府组织提供，州政府和基层政府直接运营的照料机构占全部照料机构的8%。在2006—2007年度第一次入住养老院的人群中：33%接受医院提供的高度照料服务，14.9%接受医院的低度照料服务，17.1%接受社区的高度照料服务，29.7%接受社区的低度照料服务，5.3%从其他养老机构转来。在养老机构平均停留时间为35.1个月，其中36%的人低于1年，19%的人超过5年。养老机构入住率94.5%。

(四) 法国：居家照料服务与老年人个性化自主补贴（APA）制度

1. 获得居家照料服务的条件

必须年满55周岁，而且必须有养老金、年金或补贴，月收入不超过1 860欧元/人或2 790欧元/夫妇（不包括住房补贴、退役军人补贴等）。

2. 老年人个性化自主补贴（APA）制度

该补贴帮助老年人在日常生活方面获得必要的服务，根据老年人的身体状况和丧失自主性的严重程度设定全国标准。自主性丧失的程度分为四级，最严重一级可以资助的最高限额为1 210.50欧元/月，第二级为1 039.29欧元/月，剩下2级依次为779.47欧元/月、519.64欧元/月。法国根据老年医学自主标准来评估自主性丧失的程度，评估主要基于生理和精神自主性丧失的10个“差别”变量（动作的连贯性、方向性、可以使用马桶、穿衣、就餐、排泄、站躺坐、在家活动或往返机构、不依赖任何工具出门、使用通讯工具），并根据这10个变量对老年人自主性丧失的程度进行评估。此外，还有7个“描述”变量不列入丧失程度的计算，但作为参考：管理能力、做饭、家务、乘坐交通工具、就诊治疗、购物、休闲。每个变量都被分为A、B、C三级。根据这些变量，自主性丧失程度被分成6级。

APA没有门槛限制，一般情况下，不会因为老年人的需求超过了一定标准而拒绝其申请，该补贴可以资助任何一个失去自主性的老年人，同时也应用于中度失能老人。法国有特殊赡养津贴（PSD），专门针对严重失能老人发放。

(五) 德国：《护理保险法》与养老机构护理等级划分

1. 《护理保险法》

1994年，德国颁布了《护理保险法》，规定了“护理保险跟从医疗保险的原则”。1995年1月，德国医疗保障制度中新增了长期护理保险，法定医疗保险的覆盖人群自动获得长期护理保险。1995年1月1日开始缴纳保险费，同年4月1日起开始提供与家庭医疗有关的保险给付和服务，从同年6月1日起开始提供与规定医疗有关的保险给付和服务。

国家官员、法官和职业军人由国家负责，他们患病或需要护理时有专门人员负责并由国家承担有关费用。除此之外的所有公民则纳入法定护理保险体系。护理保险费率为个人薪资总额的1.95%或2.2%（每月最多不超过80欧元），并且由个人和雇主各承担一半。

享受护理保险需要医师的诊断证明，并有严格的定义和诊断分类。护理分为家庭和住院护理两大类。按需要强度，分为三种：

第一类护理：在个人饮食、卫生、日常行动方面，一周至少需要几次服务，每天至少90分钟，比基础医护的时间多45分钟。

第二类护理：1天至少需要在三个不同的时间内3次服务。每日至少3小时，比基础医护的时间多2小时，并且一周需要几次家务服务。

第三类护理：需要日夜服务，1周需要几次家务服务，每天至少5小时，比基础医护的时间多4小时。

护理保险给付标准：居家护理津贴给付第1类、第2类、第3类每月分别是750马克、1 800马克、3 750马克，护理补贴第1类、第2类、第3类每月分别是400马克、800马克、1 300马克，住院护理补贴从2 500马克到3 300马克不等，而护理院的食宿由投保者自理，平均每月约1 500马克。

2. 养老机构护理等级划分

在德国，养老机构的护理等级，按照每位老人护理所需要服务时间划分为五级：0级—45分钟；1级—45～120分钟；2级—120～240分钟；3级—240分钟；植物人等另列为4级。对老年人的护理评估每月进行一次，级别可以上下浮动。

养老护理员与被照护老年人的比例：0级—1∶7.74；1级—1∶4.41；2级—1∶2.5；3级—1∶1.97。此标准国家每半年组织修订一次。

（六）荷兰：养老保障制度与老年人护理服务原则

荷兰养老保障制度的第一支柱是国家养老金（AOW养老金）。每一个年满65周岁的荷兰居民都有权享受。每半年对养老保障收益进行调整。91%的工作人口纳入第二支柱养老保障（产业/部门范围的养老基金和企业养老基金）的覆盖范围，其中77%的参与者都加入了具有强制性特征的部门或产业范围的养老基金。一个雇员的总体退休收入水平通常相当于其工作最后阶段收入70%的水平。第三支柱被称为个人退休储蓄计划的部分。缴纳形成的总养老金是可以进行税收抵扣的，总额大致相当于最终工薪收入的70%。

荷兰政府从2006年1月起，推行“首先是家庭，其次是社区，最后才是保险机构”的老年人护理服务原则，以形成家庭、社区、保险机构共同护理老年人的机制，支持家庭成员护理生活尚能自理的老年人，保险机构把护理重点放在重度需要护理的对象身上，以提高服务质量，减轻财政负担。

养老机构有三种：

老年公寓：主要提供生活能够自理的老人居住。

老年照料院：主要收住需要日常照料的老人。

老人护理院：主要收住需要日常大量护理服务的老年特殊群体。这些服务是家居照料服务组织无法涵盖的。住在老人护理院的老人，90%都是在那里离世。相当长时间以来，荷兰的养老服务开始了从院内照料向院外照料的转移。

（七）瑞典：福利化老年人照料服务

据经济合作组织（OECD）2005 年的报告，瑞典 GDP 的 2.8%投入于老年人照料。大多数的照料服务由税收埋单，只有 4%来源于老年人支付的费用。

从 1980 年到 2005 年，享受市政府提供的居家服务或入住老年公寓和护理院的老年人从 40 万人下降到 24.5 万人，主要原因是老年人健康状况的改善；老年照料服务的公共开支上升了 60%。

医疗和服务技术的进步，使得居家照料和门诊治疗成为可能。新千年开始，各类养老和护理机构的床位数开始大幅下降。从 1992—2005 年，省医院的床位数减少了近 50%，平均住院时间也缩短。老年病治疗所需要的床位数减少了 75%，80 岁以上老年人治疗老年病的平均住院时间从 1993 年的 21.5 天减少到 2005 年的 12 天。2005 年，接受居家照料服务的13 500名老年人中的 20%享受着每个月不低于 50 小时的服务。几乎所有的市都可以向老年人提供送达住所的熟食。

为满足老年人的学习愿望，瑞典政府取消了普通大学的入学年龄限制，一律向老年人开放。

（八）英国：贫困老年人救助与老龄服务

1. 贫困老年人救助

2006 年，基于对贫困老年人的调查，英国政府推出了“支持老年人计划”，为老年人提供健康监控、个人安全、情感支持、咨询与忠告、帮助理财和申请救助等各种服务。政府提供与个人经济状况挂钩的福利，通过为 60 岁以上老年人提供冬季取暖、为 75 岁以上老年人提供免费电视执照等方式帮助贫困人群。60 岁以上老年人可以享受的与经济状况挂钩的主要福利是养老金信用（含保证金和储蓄金）和住房福利。需要照料的残疾老人还可享受照料补贴，65 岁以下残疾老人可申请残疾生活补贴。

2. 老年人护理

2001 年，护理院由地方政府办的占 17%，民间志愿组织办的占 21%，私人办的和管理的占 63%。志愿组织服务中政府资助占第一位，达到志愿组织全部收入的

54.4%，其次是个人缴费部分，占26%。政府规定的老年护理保障津贴标准是：

受益人仅需要日间或夜间护理服务的，适用较低的收益支付水平（从2005年开始，每周40.55英镑）；

受益人需要全日夜护理服务的，适用较高的收益支付水平（每周60.60英镑）；

受益人是老年残疾者，则提供居住补贴，主要包括请人护理的费用，支付水平处在每周16.05～60.60英镑。

政府还提供护理工补贴，其主要支付对象为那些每周花费至少35个小时护理既定残疾受益者（主要包括护理保障津贴及残疾者居住津贴）的护理人员。

3. 社区老龄服务

理念：尽可能让老年人在自己的家或地方社区类似家庭的环境下，过着正常的生活；提供适当的照护和支持，协助老年人得到高度的独立自主性，并由此获得基本的生活技能，帮助他们发挥最大的潜能；给老年人对自己的生活方式和所需服务以较大决定权。

现状：目前，社区老龄服务已形成规模，每年大约有110亿英镑的产值，是一项重要的服务业。

特点：1）政策引导，政府制定社区照料这一社会福利政策，订立了具体的措施，以使社区切实承担起这一职能；2）政府出资，很多服务设施都是由政府资助的，社区、家庭和个人的支出不多；3）依靠社区，各种服务设施都建在社区中，且社区照料的方式尽量与老年人的生活融合在一起；4）体系完整，社区照料的机构既有政府出资社区举办的非营利性机构，也有私营机构。提供服务的的人员既有政府雇员，也有民间专业工作人员和志愿服务人员，形成了多层次的服务体系，满足了不同老年人的需要。

4）内容：社交及康乐服务、生活照料服务、定期保健服务。

（九）日本：完整老龄政策法规体系下的老龄服务

1. 《老人保健法》（1982）

目的是为了使国民年老以后能够保持健康，得到合适的治疗。强调家庭和社区是老人保健实施的社会基础，提出了“40岁保健，70岁医疗”的原则和2大支柱理念：1）以保持健康是个人的责任为原则；2）社会连带精神。包含2大主要内容：

医疗部分：实施主体是各级行政机关的最高长官。实施对象为75岁以上老人以及65—74岁卧床老人，后者需要最高长官的审查。本人负担：在刚开始实施的时候，考虑到老年人的承受能力，采取定额负担，2000年转换为定率负担（按收入的比例）。

医疗以外的保健事业：是指为了确保国民在进入老年以后健康得到保证而从壮年期开始的健康计划疾病预防等相关保健工作。对象为 40 岁以上居民，不能享受一般老年人保健福利的人群。

2.《长期护理保险法》(1997)

所有 40 岁以上者均为保险对象。护理保险服务的对象为 65 岁以上老年人，称为第一号被保险者。对于参加长期护理保险但不满 65 岁的中老年人，如患有老年痴呆、脑血管疾病等 15 种疾病，可以提前享受服务。

申请和服务流程：

个人向地方政府申请→市町村听取社区医生意见→调查员入户调查老年人健康状况→调查结果报长期护理认定审查委员会，30 个工作日内将判定意见和护理等级以书面形式通过市町村转告被申请人→护理师帮助申请人制定符合认定护理等级，适合老人健康状况和要求的护理服务计划，交给医疗机构→医疗机构按此计划上门护理服务，或派车接患者到相关机构服务，送回家→半年后再进行一次健康检查和重新评估，根据健康状况的改善或恶化程度，调整护理等级，制定新的计划。

3. 老年人居家护理服务

据日本厚生劳动省 2006 年统计资料，老年人中居家护理服务的人数为 109.8 万人，占 38%；走访社区保健护理服务的人数为 112.1 万人，占 38.9%；利用养老福利机构的人数为 66.8 万人，占 23.1%。[①]

4. 住房无障碍标准

《老年人居住（住宅）法》(2001 年开始实施）提出：老年人（65 岁以上）住房无障碍率达到一半无障碍率（有 2 处以上的扶手和屋内没有楼梯），从 29%（2003 年）提高到 75%（2015 年）。高度无障碍率（有 2 处以上的扶手、屋内没有楼梯、走廊可以通行轮椅），从 6.7%(2003 年)提高到 25%(2015 年)。

5. 福利用品的研究开发

1993 年实施《福利用品的研究开发及普及促进法》，目的在于减轻身心技能低下、日常生活有障碍的老年人及其照料者的负担，促进产业的发展。厚生大臣指定的法人负责研究开发、相关协助和情报收集、提供和评价。

---

① 阎永胜．中日老龄产业比较研究［J］．大连大学学报，2008，29（5）．

二、国内老龄事业发展指标[①]

国内老龄事业发展指标主要体现在各级政府编制下发的老龄事业发展规划中。文献检索发现，大约从“九五”开始，国内对“老龄事业”的提法开始统一。各级政府对统筹发展老龄事业提出了要求，部分省市从“九五”开始制定老龄事业发展规划，一般由发改委、老龄委牵头编制，以政府名义下发。综观这些规划，原则性要求比较多，具体指标比较少，与其他规划重复的指标比较多。但随着老龄事业的不断发展，发展规划逐渐细化，发展指标也逐渐增多。

（一）老龄事业发展规划的主要内容

《中国老龄事业发展“十一五”规划》是各省市区编制规划的重要依据，它将老龄事业分为6个方面，即老年社会保障（养老保障、医疗保障、社会救助、社会福利）、老龄事业基础设施建设（公共服务建设、老龄服务设施建设、住房和生活环境建设）、老龄产业（政策扶持、养老服务业、老年用品和老龄服务产品、老年消费）、老年精神文化生活（老年教育、老年文化和体育）、老年人权益保障（老年人权益法制建设、老年人法律服务与法律援助、老年人权益宣传教育、老年人权益维护）、老年人社会参与（老年人才开发）。

（二）社会养老保险指标

主要有城镇各类养老保险参保人数、退离休人数、养老保险基金总收入与总支出、企业退休人员社区管理率、月人均养老金，五保老人集中供养率，领取高龄津贴人数。养老保险覆盖率似乎只是理论指标，有关部门没有提供实际数据。江苏省：对城乡低保对象中的70岁及以上老年人，本人每月可增发保障标准金额的10％～20％保障金，将城镇户籍居民低收入住房困难家庭的纯老年人户优先纳入廉租住房保障范围。2012年，以县为单位，苏南、苏中、苏北地区新型农村社会养老保险参保率分别达到90％、80％、60％以上。[②] 山东省：全省适龄农民参加养老保险率达到70％以上，“五保”老人集中供养率达到80％。广东省：全省企业退休人员社会化管理服务率达到99％，其中社区管理服务率达到80％。

（三）老年医疗社会保障指标

参加城镇职工基本医疗保险、城镇居民医保的人数、城镇基本医疗保险报销比例，新型农村合作医疗（简称“新农合”）参合率、人均筹资水平，贫困老年人的医

① 除特别注明的以外，其他数据均来源于《中国老龄事业发展“十一五”规划》和有关省市老龄事业发展“十一五”规划。

② 参见江苏省人民政府2008年颁布的《关于加快发展老龄事业的意见》。

疗救助人数与救助标准，城乡老年人健康教育普及率，城乡社区卫生服务覆盖率，老年人健康档案建档率。上海市提出：全科医生、社区护士的老年保健知识和技能培训率达90%以上，为全市93%以上老年人建立健康档案。江苏省：到2010年参加城镇职工基本医疗保险和城镇居民基本医疗保险的老年人医保范围内报销比例分别达到80%和60%，新农合参保老年人住院费用补偿率达到50%，门诊补偿率达到30%。同时，在全省普遍建立老年人健康档案，每两年为老年人做一次健康检查，实行不间断健康管理。各市可指定1所二级以上综合医院作为老年病的防治中心，省市两级老年病医疗机构的老年病床位数达到3 000张以上。广东省：城市老年人全部纳入医疗保险，并将符合医疗保险条件的社区卫生服务机构纳入基本医疗保险定点机构。城镇老年人的健康教育普及率达到85%，农村达到55%。

（四）养老服务指标

养老机构床位数，敬老院、老年活动中心和综合性老年福利服务中心等养老服务设施建设乡镇覆盖率，老人床位占有率。北京市提出：到2010年，每100名老人平均拥有2.3张床以上，全市60%以上的街道必须至少有一个养老服务机构。社会办养老服务机构的床位数要占全市床位总数的40%。天津市要求：到2010年，全市60%的社区、40%的村建有老年服务社或老年日间照料服务站，并配有为老服务的专门人员，养老机构床位数增加到3万张，达到每千名老人17张。上海市要求：全市90%左右老年人的生活照料问题在家庭得到较好解决，养老机构床位达60周岁及以上户籍老年人口的3%以上，其中为生活不能自理的老年人提供的护理型床位约占65%，为需要一定生活照料的老年人提供的照料型床位约占30%、为自助服务的老年人提供的自助型老年公寓床位约占5%。江苏省：2012年全省基本建立居家养老服务网络和养老机构床位数达到老年人总数的3%左右。[①] 山东省："十一五"末，城市为老服务覆盖面达到80%，农村达到50%；城市机构养老床位占城市老年人口比例达到2.2%以上，农村机构养老床位占农村老年人口比例达到1.8%以上；各类老龄服务机构中要有三分之二的工作人员通过培训考试获得资格认证，持证上岗。浙江省：中心城区和县城90%以上要建起一所综合性、多功能的社区福利服务中心，80%以上的街道要建起容纳30名以上老人的住养设施。辽宁省：实现每千名老人床位28张左右，社区老龄服务设施覆盖率力争达到95%以上，服务人员培训率要达到80%以上。

---

① 参见江苏省人民政府2008年颁布的《关于加快发展老龄事业的意见》。

(五) 老年人权益保障指标

各级老年人法律援助中心、老年维权协调组织个数。

(六) 住房和生活环境建设指标

新建城市道路和养老场所无障碍率，养老场所无障碍改造率。广东省：各地新建城市道路、公共建筑和养老机构场所无障碍率达到100%；养老机构（场所）无障碍改造率达到60%。辽宁省：公交设施无障碍率达到30%以上，养老机构（场所）无障碍改造率达到60%以上。

(七) 老年教育

老年教育入学率、老年教育参与率、老年教育覆盖率。天津市：到2010年，建成覆盖全市城乡的四级老年教育网络，老年教育入学率力争达到10%，老年教育参与率达到40%，两项合计，到2010年，老年教育覆盖率达到50%以上。到2010年，市区所有街道全部开办老年学校，其他区县80%的街、乡镇开办老年学校。上海市：参加老年学校学习的老年学员占老年人总数的15%；接受多种形式老年远程教育的老年人占老年人总数的20%；通过寓教于乐等形式接受教育的老年人占老年人总数的30%。江苏省：全省老年人参加各级各类老年学校学习的人数不低于老年人总数的10%，条件好的地区力争达到15%以上。山东省："十一五"末，乡（镇）办学率达到100%，全省各类老年学员总数占全省老年人总数的6%。

(八) 老年体育

老年体育活动参与率。江苏省：经常参加体育健身活动的老年人达到50%以上。上海市：全市老年人参与体育健身的比例在巩固的基础上超过目前的63.5%。

(九) 老年人社会参与

老年人就业率、社会活动参与率、老年人协会覆盖率。上海市提出：各街道（乡镇）的社区文化中心应开设各类适合老年人学习、活动的文化艺术和读书项目，定期举办适合老年人的社区活动，进一步扩大公共文化设施对老年人开设公益场所的范围，使社区老年人的参与率达60%以上。江苏省：省老龄工作委员会设立"老有所为人物奖"，定期进行评比和表彰；建立省、市、县（市、区）、街道（乡镇）、社区（村）五级老年人协会网络，发挥老年人自我管理、自我教育、自我保护、自我服务和服务社会的作用。山东省：每个县（市、区）要有1个以上、每个市要有3个以上规范、稳定、水平较高的老年文艺团体，加强各级老年体协组织建设，省、市成立老年艺术团。

(十) 老龄宣传

媒体老龄专栏、节目设置。上海市：老年题材的电视、广播节目每周达5～10小时。山东省：各市 1～2 个、省级 2～3 个主要媒体开设老年维权栏目或节目。

（十一）老龄事业经费投入

按户籍老年人人均的社区老龄事业发展经费、老年事业专项基金。上海市提出：市、区（县）、街道（乡镇）要按本地区户籍老年人数从本级财政提取适当数额的社区老龄事业发展经费用于发展社区老龄事业，年度提取额应根据经济社会发展水平适度增长。引导社会资金投入老龄事业，福利彩票、体育彩票发行收益中要有一定比例投入老龄事业。辽宁省：建立老年事业专项基金，列入财政预算，在财政和发行的福利彩票收益中以上一年人口总数为依据，省按每位老年人不低于 0.5 元，市按每位老年人不低于 1 元的标准提取一定数额的老龄工作经费，用于增加对本地区老龄服务设施建设、老年文化教育、老龄科学研究和老年活动方面的投入。

第六章　相关发展指标的研究

课题组对社会指标研究、统计指标体系设计方法、相关事业发展指标体系进行文献搜索，旨在为构建老龄事业发展指标提供方法论基础。学术界对可持续发展指标体系的基础理论研究和指标设计及其应用比较多，对教育、文化、体育等社会事业发展指标也有比较成熟的研究成果。虽然这些领域与老龄事业并不直接关联，但是其指标设计方法很值得我们借鉴参考。

一、关于社会指标和政策指标

1966 年美国学者鲍尔出版《社会指标》一书，希望以社会指标追踪公共政策对于社会发展的影响方向。纳克迈尔斯夫妇将社会指标分为三种类型：1）描述性指标，对于社会变迁与条件的一般性测度，如教育程度的分布序列资料。2）产出叙述性指标，对于社会过程的最后产物所作的测度，如基尼系数为财富分配政策产出叙述指标；空气污染指标为空气污染防治政策产出的叙述性指标。3）分析性指标，对于社会过程的概念模式所作的测度，如空气污染指标中有关都市区或工业区的指数。社会指标是关于社会整体趋势的一种参考指标，与个别政策作为之间未必有直接因果关系，如不能以平均预期寿命来判断政府医疗政策的绩效，因为它是多因素的结果。

20 世纪 60 年代中期，美国学者开始关心除总体经济表现（如 GNP）外的社会变化趋势，倡导以客观的统计数字来反映与公众福祉有关的社会变动情形，如健康医疗、教育、住宅、就业、犯罪率等。至80年代，美国北卡罗来纳大学公共政策学者麦克瑞（Duncan Macrae）在其《政策指标》（Policy Indicators，1985）里，将政策指标定义为可将公共统计数值用于公共政策议题的衡量工具（1985），其主要目的在于利用公共部门的统计来协助政策利害关系人制定妥当的政策。政策指标实际上就是衡量政策社会效果的评价指标，通常是由专家、社团与民众共同参与确定的，包含三种类型：1）纯经济效益指标，指能够以币值换算政策价值的指标，最具代表性的是某一政策的成本效益比。一般人在考量政策利弊时，较常考虑经济性效益。2）主观性福祉指标，衡量民众（或政策利害关系人）对于某一政策感到满足或快乐的程度。经济性福利强调的是市场价值，而主观性福祉强调的是民众的感受或情绪，因此多半要以问卷调查的方式进行，而不可能以成本效益分析去估算某一政策的净效益。3）公平性指标，它所强调的并非社会福祉的综合，而是福利的分配情况；反映在政策指标上的意义，则往往是对需要者或弱势团体的考量。一个政策若仅求总效益极大化，而不考虑公平性，往往成为不可行的政策。

二、关于政策评估方法

美国“评估研究会”（ERS）将政策评估大致分为政策预评估（pre-evaluation），政策执行评估与计划监测（program monitoring）以及政策结果评估（outcome evaluation）。预评估是政策或方案尚未执行前所进行的评估，目的在政策或计划执行前得以修正其计划内容，使资源得到适当的分配。政策执行评估与计划监测，是有系统地探讨政策或计划执行过程的内部动态，主要是了解其在执行阶段是否有缺失。政策结果评估是政策评估的主体，它包括了政策影响（impacts）、政策的效益（efficiency）和效能（effectiveness）。某种意义上，老龄事业发展指标体系是对老龄政策结果的评估。

三、关于指标体系框架

在发展指标体系构建中，第一步是根据测度对象的定义确定一个框架，以界定测度的内容和所选择的指标。国外学者主要采用三种方法：1）范围法（Domain-based Framework），如按可持续发展的主要方向（经济、社会、环境等）分类，然后逐类分层定出目标，是当今采用最多的方法。2）目标法（Goal-based F ramework），首先确定测度对象要实现的若干个主干目标，然后在每一个目标下建立一个或数个目标。3）复合法（Combination Framework），即前两种方法的合成。

综合国内外的研究，关于指标体系框架设计主要有以下方法：1）综合法，即对已存在的指标群按一定的标准进行分类，使之体系化。此方法适用于对现行评价指标体系的完善和发展。2）分析法，即按评价体系的度量对象和度量目标划分成若干个不同组成部分（子系统），并逐步细分（形成各级子系统和功能模块），直到每一个部分都可以用具体的指标来描述。通常是按照度量对象的的范围来确定。3）目标法，首先确定可持续发展要实现的几大目标，然后在每一个目标下建立一个或数个子目标。如英国 1995 年提出的可持续发展指标体系共有 4 个大目标：经济健康发展，保护人类健康和环境；不可再生资源必须优化利用；可再生资源必须可持续利用；人类对环境危害的最小化。目标法多见于国家的可持续发展指标体系中，主要是因为它有助于将公众和决策者的注意力集中于国家的关键问题上。4）交叉法，通过二维、三维或更多维的交叉，派生出一系列指标，从而形成指标体系。如设计经济效益评价指标体系时，常常采用“投入”和“产出”的交叉对比，获得指标体系。交叉法常用来评价不同方面的协调性问题。以上几种方法往往是结合使用的。

四、关于指标评价方法

指标权重体现了单项指标在指标体系中的重要性，反映了各指标在指标体系中的地位，是构建指标体系最重要的环节。权重一般分为主观权重和客观权重。在社会研究领域经常使用的方法有专家直接构权法、AHP 法（层次分析法）、熵权系数法、集值迭代法、均方差法等。指标评价方法经常使用的有层次分析法（AHP）、主成分分析法、因子分析法、灰色关联度法、聚类分析法等。其中，层次分析法（AHP）是将决策者的经验给予量化，是一种定性与定量分析相结合的多目标决策分析方法，特别适用于目标结构复杂且缺乏数据的情况，在可持续发展指标体系计算中应用较多。这种方法虽然较好地考虑了各种定性与定量信息，但在应用中存在评价过程中的随机性和评价专家主观上的不确定性及认识上的模糊性。主成分分析法是根据评价指标中不同指标间存在一定相关性的特点，用较少的指标来代替原来较多的指标，并使这些较少的指标尽可能反映原来指标的信息，是在社会经济统计中应用较多、效果较好的方法。其综合因子的权重不是人为确定的，而是按照贡献率大小来确定。其缺点是要求样本量较大，过程较繁琐。另外，它假设指标之间的关系都是线性关系，若实际非线性关系，就可能导致评价结果的偏差。因子分析法是把一些有错综复杂关系的变量归结为少数几个无关的新的综合因子的一种多变量统计分析方法。其基本思想是根据相关性大小对变量进行分组，使得组内的变量之间相关性很高，不同组的变量相关性较低，是一种降维方法。

指标评价方法只是数据的综合处理方法，通过这种方法得到的综合性指标是否有意义或有效，最终还取决于指标体系本身设计的科学性。

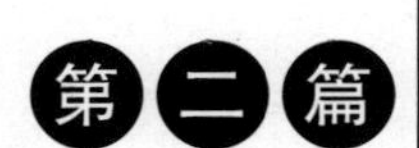

人口老龄化态势监测指标体系研究

我国自2000年前后进入老龄社会。一方面，我国人口生育水平稳定在更替水平以下，人口底部老化因素在短期内不会改变，另一方面，随着医疗卫生技术的发展，人们生活质量的提高，人口出生时的预期寿命将稳步提高，人口顶部老化的趋势不变，因此，我国人口老龄化程度不断加深将是我国人口发展的必然趋势。由于人口惯性作用，建国后三次人口生育高峰期出生的人口，从“十二五”开始逐渐进入老年期，势必出现老年人口三次增长高峰，我国将进入人口老龄化加速发展期，这是我国经济社会发展面临的一个重大国情。

为了迎接人口老龄化高峰期的到来，摸清我国老年人口的规模、身体素质和老年人口结构状况，以及老年人口的基本特征，全面、及时、准确地掌握老年人口的发展动态，为政府科学决策提供依据，建立老年人口数据信息库和人口老龄化态势监测指标体系，不但必要而且紧迫。人口老龄化态势监测指标是发展老龄事业的基础性指标，是制定老龄工作对策、老龄事业发展规划及相关政策的基本依据，具有重要的现实意义。

第一章　文献综述

人口老龄化态势监测指标设计的依据主要来自以下几个方面：分别是人口学权威教材，国家法律条文，联合国相关会议中的文件条文及统计年鉴、人口普查、1%人口抽样调查、1‰人口变动抽样调查等资料中的统计口径等。

一、老年人口起始年龄的界定

在具体阐述各项指标之前，有必要对老年人口的年龄界限做一个梳理，以统一指标的统计口径。

（一）联合国把65岁和60岁作为老年人口起始年龄的始末

最早从年龄结构研究出发定义的老年人口起点为50岁，那时对老年人口的划分主要着眼于能否生育，始见于瑞典学者桑德巴1900年发表的《人口类型和死亡率研究》一文，他根据对年龄结构与人口增长率实际联系的分析，将人口年龄结构划分为三种类型：静止型、增长型和减少型①。

① 杜鹏．中国人口老龄化过程研究［M］．北京：中国人民大学出版社，1994：22.

第二次世界大战以后，人口老龄化和老年人口问题在西方国家开始引起重视。伴随着西方国家经济的高度发展和福利国家政策的推行，人们迫切需要认识人口老龄化将会造成的社会经济影响并制定相应的对策。在这种背景下，联合国委托法国人口学学者撰写，并于1956年出版了《人口老龄化及其社会经济影响》（The Aging of Populationand Its Economicand Social Implications）一书，这是联合国出版的第一本关于人口老龄化的研究报告。该报告谈到老年人口划分的内容如下："如果人口可以被硬性地分为年轻型、成年型和老年型人口的话，年轻型则是指64岁以上人口在总人口中低于4%的比例，成年型指这一比例在4%～7%之间，老年型指这一比例超过7%的人口。"现在一些学者引用的"联合国以65岁为老年人口的标准"和"65岁及以上人口超过7%为老年型人口"基本出自这里。

在这以后，世界人口经历了急剧的变化，死亡率和生育率在发达国家已降到很低的水平；发展中国家随着医疗卫生状况的改善、人民生活水平的提高、人口平均预期寿命的延长及计划生育政策的推行，人口生育率和死亡率也不断下降，人口老龄化变成了全球的趋势。在此背景下。联合国于1982年在维也纳召开了"老龄问题世界大会"（World Assembly on Aging）。会议文件中涉及老年人口划分标准的内容如下："另一种硬性的却比较方便的办法是把60岁和60岁以上的人统一划为年长人。联合国采用了此定义，本文件亦用之。""人口的老化是以不同的指示数来衡量的，按规定已为老年人，即60岁及60岁以上或65岁及65岁以上人口占总人口的比例。""在本文件中，所用主要指示数是人口中60岁和60岁以上的人口"（中国老龄问题全国委员会编，1983，P1）。这可能是一些学者引用的"联合国规定60岁及以上人口为老年人口"的由来。

因此，"联合国使用65岁或60岁作为老年人口的起始年龄，是由于研究目的及范围的不同而形成的。我们使用时不必强求一律，而应当结合研究的需要确定是以60岁还是65岁作为老年人口的起点年龄。"①

（二）我国老年人口的起始年龄研究

在实践过程中，国家不同部委对老年人口的起始年龄有60岁和65岁二种。国家统计局出版的各类统计年鉴中，尤其是《中国人口统计年鉴》②、《中国统计年鉴》、人口普查等资料，从1990年起，人口年龄结构大类分为三组：0—14岁为少儿人口，15—64岁为劳动适龄人口，65岁及以上老年人口。所以，事实上，国家统计局老年

---

① 杜鹏．中国人口老龄化过程研究［M］．北京：中国人民大学出版社，1994：26.

② 自2007起更名为《中国人口和就业统计年鉴》。

人口的起始年龄为 65 岁。

民政部《民政事业发展统计报告》自 2007 年起，有关老龄事业的资料，同时公布 60 岁和 65 岁及以上老年人口资料，在此前，2006 年《民政事业发展统计报告》仅公布 65 岁及以上老年人口资料①。民政部有关“老年人社会福利机构基本规范”中的老年人口的界定为 60 周岁及以上的人口。

在法律上，我国老年人口的起点年龄为 60 岁。如 1996 年，我国颁布的《中华人民共和国老年人权益保障法》规定，对老年人的定义是 60 周岁以上的公民。

如何确定我国老年人口的起点年龄？本课题组认为，老年人口的起点年龄，应根据本国经济社会发展、以及人口自身发展变化态势共同来决定的。因为，老年人口规模与老年人口的起点年龄有关，老年人口社会福利和老年人口的发展，同一个国家或地区的经济社会水平紧密相联，并通过劳动年龄人口的抚养比、退休年龄、储蓄水平影响经济发展和可持续发展，老年人口的养老保险和医疗保险，通过国民收入的二次分配参与整个社会协调和谐发展，并影响政治和社会稳定。所以，60 岁还是 65 岁作为老年人口起点年龄，对经济社会发展的影响是不一样的。

首先，中国是一个发展中国家，经济社会发展水平得到长足的发展，但与发达国家相比，差距十分明显（见表 2-1-1）。根据美国人口咨询局 2009 年世界人口表的资料，2008 年，中国人均 GNI 为6 020美元（价），同期世界发达国家和地区（Moredeveloped regions）② 平均水平为32 320美元，是中国的 5.4 倍；2009 年，中国城市化水平为 46%，而世界发达国家和地区平均水平达到 75%，比中国高 29 个百分点；人口出生时的平均预期寿命中国为 73 岁，而世界发达国家和地区平均水平为 77 岁，比中国高 4 岁；2009 年，婴儿死亡率中国为 21‰，高于世界发达国家和地区 6‰的平均水平 15 个千分点（Population Reference Bureau，2009）。

表 2-1-1 2009 年中国与世界发达地区经济社会指标比较

地区	人均 GNI/美元	城市化水平/%	平均预期寿命/岁	婴儿死亡率/‰
中国	6 020	46	73	21
发达地区	32 320	75	77	6

注：人均 GNI 为 2008 年数据

资料来源：Population Reference Bureau，2009

然而，从人口的一般指标看，我国的生育水平、人口老龄化水平与发达国家和地

① 见民政部网站，http：//www.mca.gov.cn/article/zwgk/tjsj/。

② 世界发达国家和地区的分类遵循联合国的划分，包括所有欧洲和北美地区，再加澳大利亚、日本和新西兰。

区的平均水平相近（见表 2-1-2）。如我国 65 岁及以上老年人口占总人口的比例与世界发达国家和地区平均水平相当，均为 8%，我国的人口出生率和育龄妇女总和生育率（TFR）也与世界发达国家和地区平均水平持平。这一方面说明我国的人口老龄化是与我国特殊的人口政策，即计划生育政策密切相关；另一方面，也说明我国的人口老龄化是未富先老。

表 2-1-2　2009 年中国与世界发达国家和地区人口指标比较

国家或地区	出生率 /‰	死亡率 /‰	自增率 /‰	TFR	0—14 岁比例 /%	65 岁及以上比例/%
中国	12	7	5	1.6	19	8
发达国家和地区	12	10	2	1.7	17	8

资料来源：Population Reference Bureau，2009

其次，原劳动和社会保障部规定的我国退休年龄为男 60 岁，女 55 周岁。如 1999 年 3 月 9 日发布了《关于制止和纠正违反国家规定办理企业职工提前退休有关问题的通知》（劳社部发〔1999〕8 号），通知指出："国家法定的企业职工退休年龄是男年满 60 周岁，女工人年满 50 周岁，女干部年满 55 周岁。从事井下、高温、高空、特别繁重体力劳动或其他有害身体健康工作的，退休年龄男年满 55 周岁，女年满 45 周岁，因病或非因工致残，由医院证明并经劳动鉴定委员会确认完全丧失劳动能力的，退休年龄为男年满 50 周岁，女年满 45 周岁。"

事实上，实际领取退休金的年龄更低。国家发展和改革委员会经济研究所副所长杨宜勇曾在国际社会保障协会第 28 届全国大会上表示，中国现在的平均退休年龄是 51.2 岁；① 另据抽样调查资料，目前我国企业职工退休时的平均年龄只有 53 岁（白天亮，2005，人民网）。②

本课题组根据国家统计局城调总队、中国社会科学院经济研究所组织的"2002 年城镇居民生活调查"③，对城镇离退休人员的平均退休年龄进行研究。结果显示，城镇男性职工的平均退休年龄为 56.5 岁，女性为 50.3 岁，城镇职工平均退休年龄为 52.9 岁，这与前述抽样调查结果基本一致，比国家规定的男职工退休年龄提前 3.5 年，与女职工平均退休年龄相当，比女干部规定的退休年龄提前了 4.7 岁。

① 高海珊，崔清新．劳动与社会保障部：中国暂不调整离退休年龄［EB/OL］．http：//politics. people. com. cn/GB/1027/3946452. html.

② 白天亮．职工退休平均年龄 53 岁，调整退休年龄时机不成熟［EB/OL］．http：//politics. people. com. cn/GB/1027/3947006. html.

③ 原始资料来自《经济学家》网络，对原作者深表谢意。

可见，以 60 岁划分老年人口已经掩盖了近 7 个年龄组实际领取养老退休金的人口，增加了在业人口的经济负担。若以 65 岁作为老年人口的起始年龄，势必缩小了在业人口的实际养老负担，把大量已退休人员当作劳动年龄人口，甚至于当作在业人口统计，与我国实际的领取退休金的年龄相距太远，不能真实反映、严重低估了我国养老保险金的存取状况，也不能真实反映人口老龄化对经济社会的影响。

最后，从社会抚养比的角度，也将验证我国 60 岁作为老年人口的起点年龄，比 65 岁作为起点年龄更符合我国经济的现实（详见本报告第二章三）。

所以，本课题认为，人口老龄化态势监测指标的基本监测对象就是 60 周岁及以上的人口。

（三）60 岁及 65 岁老年人口划分标准值的换算

关于 65 岁及以上老年人口占总人口的比例达到 7%时，或 60 岁及以上老年人口占总人口的比例达到 10%时，人口类型进入老年型，但有学者研究发现，“将 65 岁及以上人口比例占 7%换算为 60 岁及以上人口比例占 10%的情况，与我国人口的实际状况出入较大”，二种标准出现了是否进入老年型人口矛盾现象。[①]

如何消除这种矛盾现象呢？在联合国文献中，曾提出 65 岁及以上人口占总人口 7%以上时称为老年型人口，但没有 60 岁及以上老年人口占多大比例进入老年型人口。根据杜鹏的研究，国内学者以 60 岁及以上老年人口占总人口的比例达到 10%进入老年型人口的划分标准，是受波兰学者爱德华·罗赛特的影响，他曾对 65 岁及以上人口占总人口比例 7%的标准与 60 岁及以上老年人口比例标准进行过换算，提出了 60 岁及以上人口占总人口的 10%～12%时，人口进入老年型。[②] 杜鹏本人利用 1982、1987、1990 年三年 30 个省、市、自治区 60 岁及以上老年人口比例与 65 岁及以上老年人口比例进行过回归分析。结果显示，当 65 岁及以上人口比例占 7%时，60 岁及以上老年人口比例为 10.67%；而当 60 岁及以上老年人口比例达到 10%时，65 岁及以上人口占总人口的比例为 6.5%。[③]

考虑到杜鹏利用的资料最迟是 1990 年，而那时我国人口处于成年型，进入老年型人口的省份按 7%的标准，只有上海、江苏和浙江，而按 10%的标准，增加北京和天津二市，共 5 个省、市。如今 20 年过去了，我国人口自 2000 年进入老年型，而且，我国人口年龄结构变动较大，这个换算是否合适？为了更好地估计我国各省、市、自治区人口老龄化的趋势，使不同部委公布的老年人口数可以比较，本课题组利

① 杜鹏．中国人口老龄化过程研究［M］．北京：中国人民大学出版社，1994：29.
② 杜鹏．中国人口老龄化过程研究［M］．北京：中国人民大学出版社，1994：28—29.
③ 杜鹏．中国人口老龄化过程研究［M］．北京：中国人民大学出版社，1994：29.

用1990年和2000年人口普查资料，1995年和2005年两次1%人口抽样调查资料，将全国31个省、市、自治区60岁及以上人口占总人口比例、65岁及以上人口占总人口比例，共计126个样本进行回归分析，结果见表2-1-3。

表2-1-3 中国65岁与60岁及以上老年人口比例换算 %

年龄	标准	爱德华·罗赛	杜鹏	本课题组
65岁及以上	7			
60岁及以上		10～12	10.67	10.37
60岁及以上	10			
65岁及以上		—	6.50	6.70

资料来源：本课题计算

若不注明资料来源，即为本课题组自己计算所得，以下同

从表2-1-3看到，当65岁及以上老年人口比例达到7%时，60岁及以上人口占总人口的比例大约在10.37%，高于通常10%的标准，比杜鹏研究结果低0.30个百分点；当60岁及以上人口占总人口的比例达到10%时，相当于65岁及以上人口比例的6.7%，高于杜鹏0.2个百分点，与7%的标准有一定差距。

利用这个转换关系，对人口学的规定如60岁及以上老年人口比例为10%～19%为低度人口老龄化，20%～29%为中度人口老龄化，≥30%为高度人口老龄化进行转换，即以65岁及以上老年人口为标准，低度、中度、高度人口老龄化的比例划分。研究表明，65岁及以上老年人口比例在7%～14%是为低度人口老龄化，比例在14%～21%为中度人口老龄化，比例大于22%为重度人口老龄化。结果见表2-1-4。

表2-1-4 不同老年人口统计口径下的人口老龄化类型 %

人口老龄化类型	60岁及以上	调整前65岁及以上	调整后65岁及以上
低度人口老龄化	10～19	6.7～13.7	7～14
中度人口老龄化	20～29	14.47～21.4	14～21
重度人口老龄化	≥30	≥22.2	≥22

二、人口老龄化指标

温勇、尹勤在《人口统计学》一书中，把老年人口统计指标分为基本特征统计指标、经济特征统计指标和社会特征统计指标三类。其中，基本统计指标又划分为六类，分别为老年人口总量指标、老年人口性别结构统计、老年人口年龄结构统计、老年人口的变动统计、老年人口的分布统计和老年人口的健康统计。经济特征统计指标

分为老年人口基本经济状况、老年人口抚养负担和老年人口经济密度三类。社会特征统计指标涉及文化程度、婚姻状况、家庭状况、社会密度及社会保障。①

潘纪一、朱国宏在《世界人口通论》一书中，将人口老龄化指标分为五个，分别是：少年儿童人口比例、老年人口比例、老少比、人口年龄中位数、老年抚养比。②

田雪原在《人口学》一书中提出能够反映人口年龄结构的指标，主要是老年人口比例、少年系数、老少比、年龄中位数这四个指标。把老年人口比例定义为 65 岁及以上人口数占总人口的百分比；少年系数定义为 14 岁及以下人口数占总人口的百分比；老少比定义为 65 岁及以上人数与 14 岁及以下人口数之比；年龄中位数为将总人口划分为人数相等两部分的那个年龄。③

刘铮在《人口学辞典》一书中，通过对年龄构成类型的划分，指出年老型人口是指总人口中年龄较大的人口高于一定比例时的人口年龄构成类型。用来区分人口年龄构成类型的指标有：老年人口比例，少年儿童系数，老少比，平均年龄，年龄中位数等。老年人口比例在 10%以上，少年儿童系数在 30%以下，老少比在 30%以上，年龄中位数在 30 岁以上则为年老型人口。同时认为应区分老年人口与人口老龄化，因此在注重结构性指标的同时，需要关注变动性指标。④

中国统计年鉴中对年龄结构的划分为三个部分，分别是 0—14 岁，15—64 岁，65 岁及以上，并有社会抚养比、少儿抚养比、老年抚养比等相关指标。

综上所述，人口老龄化态势监测指标应包含人口老龄化程度指标、人口老龄化速度指标。

第二章　人口老龄化态势监测指标的构成

人口老龄化态势监测指标主要分为二大类，分别是人口老龄化程度指标和人口老龄化速度指标。

---

① 温勇，尹勤．人口统计学［M］．南京：东南大学出版社，2006：174-184.
② 潘纪一，朱国宏．世界人口通论［M］．北京：中国人口出版社，1992：189.
③ 田雪原．人口学［M］．杭州：浙江人民出版社，2003：293.
④ 刘铮．人口学辞典［M］．北京：人民出版社，1986：172.

一、人口老龄化程度指标

人口老龄化程度指标，主要包括两种类型的指标，即老年人口规模指标和老年人口结构指标。老年人口规模指标主要有60（或65）岁及以上老年人规模、80岁及以上高龄老年人规模、百岁老年人规模。

（一）老年人口规模指标

1.60（或65）岁及以上老年人口规模

该指标主要是从绝对量上对一国或一地区的60（或65）岁及以上老年人口规模进行了解。即某一地区在某一时点60（或65）岁及以上老年人口总量。

2. 高龄老年人规模

根据对老年人口年龄划分，一般将老年人口划分为三个年龄组：60—69岁为低龄组；70—79岁为中龄组；80岁以上为高龄组。该指标就是指某一地区在某一时点80岁以上老年人口的总量。

3. 百岁老年人规模

百岁老年人规模是老年人健康水平统计中的常用指标，即在某一时点上该地区年龄达100周岁及以上的老年人口数。

由于老年人口规模是一个时点指标，常用的老年人口规模指标包括：年初老年人口数、年末老年人口数和年中老年人口数，可进一步计算年平均老年人口总量，代表老年人口规模在当年的一个水平。年平均老年人口总量的计算公式为：

$$\text{年平均老年人口总量} = \frac{\text{年初老年人口总量} + \text{年末老年人口总量}}{2}$$

因此，各年龄特征的老年人口平均规模可以通过以上公式得出。

（二）老年人口结构指标

老年人口结构指标主要有老年人口比例、少儿人口比例、老少比（人口老龄化指数）、长寿系数、人口年龄中位数、老年抚养比等。

1. 老年人口比例

又称老年人口比例，是指60岁或65岁及以上老年人口占总人口的百分比。在实际使用中，最为广泛使用的是联合国的划分方法，即65岁及以上老年人口占总人口比例为7%以上的是老年型人口；在发展中国家，则多采用60岁为老年人口的年龄起点，即当60岁及以上老年人口占总人口比例在10%以上的为老年型人口。该指标被视为衡量人口老龄化程度最直接、最常用也最具代表性的指标。

$$\text{老年人口比例} = \frac{\text{60(或 65) 岁及以上人口数}}{\text{人口总数}} \times 100\%$$

2. 少儿人口比例

又称少年儿童人口比例，一般是指 14 周岁及以下的少年儿童在总人口中所占的百分比。其水平的高低可以反映人口总体的年轻或年老化程度。

$$少年儿童人口系数=\frac{14\text{ 岁及以下人口数}}{人口总数}\times 100\%$$

3. 老少比

又称人口老龄化指数，是指同一人口总体中，老年人口和少年儿童人口数的相对比值。用来反映人口年龄结构上下两端相对变动的趋势。

$$老少比=\frac{60(\text{或 }65)\text{ 岁及以上人口数}}{14\text{ 岁及以下人口数}}\times 100\%\text{或}$$

$$老少比=\frac{老年人口系数}{少儿人口系数}\times 100\%$$

4. 人口年龄中位数

该指标是描述人口总体年龄构成的分布状况，按年龄标志把人口总体划分为对等两半的那个年龄值。由于年龄中位数是根据标志值所处的中点位置来确定的，不受极大或极小年龄值的影响，具有位置平均数的性质，所以可以用来反映整个人口整体的年龄水平。按照联合国划分人口年龄结构的标准，年龄中位数小于 20 岁为年轻型人口，在 30 岁以上是老年型人口，介于两者之间是成年型人口。其计算公式：

$$M_e = X_L + \frac{\frac{\sum P_i}{2} - S_{m-1}}{P_m} \times d$$

式中，M_e 为年龄中位数；X_L 为中位数所在年龄组之下限值；S_{m-1} 为中位数组之前各组人口数累计；P_m 为中位数所在组之人口数；P_i 表示年龄为 i 岁组之人数；d 为年龄组组距，通常 d=1 或 5。

5. 长寿系数

长寿系数是指老年人口中 80 岁及以上长寿老年人口所占的比例；也就是高龄组老年人口的比例。因此，这个指标既是反映老年人口年龄结构的指标，也是反映老年人口长寿水平的指标。

$$长寿系数=\frac{80\text{ 岁及以上人口数}}{60(\text{或 }65)\text{ 岁及以上人口数}}\times 100\%$$

6. 老年抚养比和社会抚养比

抚养比是指人口中非劳动年龄人数对劳动年龄人数之比，一般以百分数表示，又称抚养比、负担系数、从属比，它表明从整个社会来看，每 100 名劳动人口负担多少非劳动人口，虽反映不同人口群体之间的抚养关系，但实际上也反映了人口老龄化的程度。尤其是老年抚养比，它是判断老年人口对社会的经济负担、衡量劳动者经济负担的重要指标，也反映了老年人口对经济社会发展的影响。老年抚养比过高，不利于资金积累，不利于国民收入的合理分配，不利于生活水平的提高。而且随着人口老龄化进程的加快，老年抚养比不断升高，对代际关系、养老保险和社会稳定等一系列社会问题都会带来重大影响。

在国际上，一般以 15 岁到 64 岁为劳动年龄人口，14 岁及以下和 65 岁及以上为被抚养人口。

$$老年抚养比=\frac{65\text{ 岁及以上人口}}{15-64\text{ 岁人口}}\times 100\%$$

$$社会抚养比=\frac{0-14\text{ 岁少儿人口}+65\text{ 岁及以上老年人口}}{15-64\text{ 岁人口}}\times 100\%$$

但是，在中国，老年人口的起点年龄为 60 岁，劳动年龄人口的起点年龄为 16 岁，故劳动年龄人口是 16—59 岁，因此，人口的社会抚养比和老年抚养比应改为：

$$社会抚养比=\frac{0-15\text{ 岁少儿人口}+60\text{ 岁及以上老年人口}}{16-59\text{ 岁人口}}\times 100\%$$

$$老年抚养比=\frac{60\text{ 岁及以上人口}}{16-59\text{ 岁人口}}\times 100\%$$

如果为了比较的需要，可以选择合适的社会抚养比指标。

（三）理论社会抚养比与实际抚养比的偏离

需要注意的是，这里的社会抚养比和老年抚养比，只是理论上劳动年龄人口的抚养比。实际上，不是所有 16—59 岁（或者 15—64 岁）劳动年龄人口，都是在业人口，总有一部分人口因就学、健康、失业或下岗、家务等原因，暂时或永久地离开劳动岗位，成为非在业人口。2005 年，16—59 岁劳动年龄人口的劳动参与率为 77.9%，即 16—59 岁劳动年龄中有近 22%的人没有在业。同时，并不是所有 60 岁及以上老年人口都是被抚养人口，60 岁及以上老年人口中参加有收入的劳动或从事农业生产劳动者的比例也不少。2005 年，我国 60—64 岁老年人口的劳动参与率达到 49%（见表 2-2-1）。换言之，老年抚养比既受劳动年龄人口劳动参与率的影响（分母），又受老年人口劳动参与率的影响（分子）的影响。因此，“老年人口比例、劳动年龄人口系数、老年人口劳动参与率和劳动年龄人口劳动参与率均可能成为老年抚养比偏离的影响因素。”①

① 肖周燕．理论老年抚养比与实际老年抚养比偏离分析［J］．人口研究，2004（3）．

表 2-2-1　中国分年龄人口劳动参与率　　%

年龄组	1982 年	1990 年	1995 年	2000 年	2005 年
总计	77.04	79.17	77.05	76.82	69.73
15—19 岁	74.13	64.83	53.20	50.38	37.00 *
20—24 岁	93.34	91.15	89.16	87.81	75.41
25—29 岁	93.82	94.43	93.22	92.30	85.49
30—34 岁	94.01	94.95	93.87	93.07	87.58
35—39 岁	93.93	95.08	94.04	93.20	88.91
40—44 岁	91.84	93.69	93.58	92.00	87.91
45—49 岁	84.80	89.85	89.72	88.36	83.31
50—54 岁	72.30	78.54	80.01	79.39	75.93
55—59 岁	58.71	65.22	64.46	67.88	65.11
60—64 岁	40.26	45.76	43.74	50.05	49.11
65 岁及以上	—	19.27	17.06	25.06	19.75

注：＊2005 年为 16—19 岁年龄组的劳动参与率

资料来源：1982、1990、2000 年来自各年人口普查资料；1995 年和 2005 年为 1%人口抽样调查资料

1. 考虑劳动参与率的抚养比

那么，我国实际人口的抚养比是多少？与理论抚养比相比，差异有多大？虽然我国法定的最低劳动年龄为 16 岁，实际上，随着高中教育的普及，低龄劳动年龄人口的劳动参与率不断降低（见表 2-2-1）。如 1982 年，15—19 岁组人口的劳动参与率高达 74.12%，有近四分之三该年龄组的人口从事有收入的劳动，到 2000 年，该比例下降到 50.38%，18 年时间低年龄组劳动参与率下降 23.7 个百分点，到 2005 年进一步下降为 37%。随着低年龄组劳动参与率的下降，理论上推论初次就业的平均年龄应该在上升。

本课题组根据国家统计局城调总队、中国社会科学院经济研究所组织的“2002 年城镇居民生活调查”，对城镇 2002 年在岗人员的初次就业年龄进行测算，结果表明，城镇男性的平均初次就业年龄为 20.1 岁，女性为 20.5 岁，男女加权后合计为 20.3 岁，且假设近期城镇职工退休年龄不会有太大的改变。

由于没有农村初次就业年龄的资料，不能计算农村分性别初次就业的年龄，但考虑到城乡二元结构，农村高中就学率低于城镇，而且，农村重男轻女思想的存在，低龄女性劳动参与率高于男性，即农村女性初次就业的平均年龄低于男性。假设农村女孩初中毕业后离开学校，到龄（16 岁）进入劳动力市场，而男性则升高中，高中毕业（18 岁）后进入劳动力市场，换言之，农村男性平均初次就业年龄为 18 岁，女性

为 16 岁。根据 2002 年城市化水平作为权数，计算总人口的平均初次就业年龄为 18 岁。

2. 不同口径抚养比比较

根据劳动年龄人口起点和退出劳动年龄的不同，本课题设想4种方案(见表 2-2-2)。

表 2-2-2　2005 年不同口径劳动年龄社会抚养比的变化

	社会抚养比/%	少儿抚养比/%	老年抚养比/%	劳动年龄人口口径/岁
方案 1	40	27	13	15—64
方案 2	52	32	20	16—59
方案 3	61	40	21	18—59
方案 4	48	29	19	15—59
方案 5	83	—	—	在业人口

方案 1 是根据国内外学术界或国家统计局统计年鉴公布的统计口径，0—14 岁为少儿人口，15—64 岁为劳动年龄人口，65 岁及以上为老年人口。

方案 2 是结合我国《中华人民共和国劳动法》就业起点年龄 16 岁与我国《中华人民共和国老年人权益保障法》规定的老年人口起点年龄 60 岁，把 0—15 岁作为少儿人口，60 岁及以上人口作为老年人口，16—59 岁作为劳动年龄人口。

方案 3 结合城镇平均初次就业年龄 20 岁，与农村女初中毕业、按《劳动法》就业起点年龄 16 岁进入劳动力市场，男高中毕业后（18 岁）进入劳动力市场，按 2005 年城市化水平作权数，获得总人口初次就业平均年龄为 18 岁（18.4 岁），0—17 岁为少儿被抚养人口；老年人口起点年龄按照城镇职工 2002 年平均退休年龄 53 岁。考虑到农村老年人无退休制，根据 2006 年全国老龄办抽样调查资料显示，农村 60—64 岁老年人口仍在干活的比例达 62.7%，65—69 岁组老年人口干活的比例为 47.6%，故此，我们假设农村老年人退出劳动的年龄为 65 岁。在此基础上，根据城乡退出劳动的年龄，以 2005 年城市化水平作权数，计算全国平均退出劳动的年龄为 60 岁（59.8 岁）。即方案 3 假设的少儿人口为 0—17 岁，劳动年龄人口为 18—59 岁，老年人口为 60 岁及以上人口。

方案 4 是考虑到年度资料的可获性，我们把 0—14 岁作为少儿人口，同方案 1 的少儿人口口径，老年人口口径则是按《老年人权益保障法》规定，把 60 岁及以上人口作为老年人口，15—59 岁作为劳动年龄人口。

方案 5 是从社会抚养比的定义出发，把 2005 年的在业人口作为分母，非在业人口作为分子，计算每 100 名在业人口实际负担的被抚养人口，这是最真实反映在业人口的负担情况的指标。实际上，在业人口由三部分组成：15 岁及以下从事劳动的人口，通常所指的童工；16—59 岁年龄内从事劳动的人口；60 岁及以上继续从事劳动的人口。同时，非在业人口也是由三部分组成：0—15 岁剔除从事劳动的少儿人口，即童工；16—59 岁劳动年龄人口因种种原因未就业的人口；60 岁及以上未参加劳动的老年人口。因此，不能分离少儿和老年人口，只有社会抚养比。

从社会抚养比看，这 5 个不同的统计口径，2005 年我国社会抚养比差异较大（见表 2-2-2）。方案 1 得到的社会抚养比最小，为 40%，方案 4 其次，为 48%，方案 5 最大，达 83%，方案 5 人口的社会抚养比比方案 1 多 42 个百分点，显然方案 1 严重低估了我国劳动年龄人口的负担。故从社会抚养比的角度，再一次验证我国老年人口 60 岁的起始年龄比 65 岁更符合我国的实际。而方案 5 则有高估之嫌，因为方案 5 中有一部分人是临时失业、或在寻找工作的过程中、或接受短期培训等，因而在业人口不能完全反映当年的实际情况。

方案 2 和方案 3 的差异为 9 个百分点，最大区别在于劳动年龄人口的起点年龄，涉及到公式中的分母及少儿人口规模，方案 2 计算数据需求量较少，每年人口抽样调查即可获得，而方案 3 劳动年龄起点年龄需要定期的调整，如 5 年一次的人口抽样调查，或 10 年一次的人口普查。从理论或逻辑论证，方案 3 比方案 2 更能反映我国劳动年龄的负担状况，因为方案 3 考虑了城镇职工的实际退休年龄，城镇新增人口初次就业的年龄，农村分性别的新增人口就业或从事农活的年龄，也考虑了农村老年人口从事的农活。

方案 2 和方案 4 社会抚养比相比，仅差仅 4 个百分点，主要区别在于少儿人口不包括 15 岁，涉及到公式中的分母及少儿人口规模，15 岁按劳动年龄人口处理，因为国家每年人口变动抽样调查公布 0—14 岁资料，而鲜有公布 0—15 岁资料。

从老年抚养比看，方案 2、方案 3 和方案 4 老年人口规模都是相同的，即分子相同，老年抚养比之所以不同是由于劳动年龄人口的不同，即分母的不同；而方案 1、方案 2、方案 3 和方案 4，老年人口规模被缩小，即分子减少，而劳动年龄人口规模被放大，即分母放大，从而使老年抚养比下降。

3. 分区域不同口径抚养比比较

分省区看，2005 年全国不同口径老年抚养比和社会抚养比差异巨大。从老年抚养比看，不同方案老年抚养比最高的是四川，分别为 16.2%、26.9%和 28.2%，最小的是青海，分别为 8.6%、14.5%和 15.3%，青海的老年抚养比仅是四川省的 53%、54%和 54%（见表 2-2-3）。方案 2 与方案 3 差异较小。

从社会抚养比看，不同方案社会抚养比最高的是贵州省，分别为 57.6%、

72.8%、82.7%和68.3%，最低的是上海，分别为26.5%、35.3%、40.6%和32.9%，上海人口的社会抚养比仅是贵州省的46%、49%、49%和48%，不到一半（见表2-2-3）。方案2与方案4基本相同。关键是上海少儿抚养比仅是贵州省的26%、27%、31%和25%。

表2-2-3 2005年全国分省不同口径社会抚养比比较 %

地区	老年抚养比				社会抚养比			
	方案1	方案2	方案3	方案4	方案1	方案2	方案3	方案4
全国	12.71	19.79	20.86	19.29	40.10	52.11	60.41	48.28
北京	13.71	19.83	20.65	19.45	26.74	35.76	41.31	33.14
天津	12.48	18.89	19.82	18.46	28.79	38.83	45.67	35.64
河北	11.02	17.23	18.30	16.74	34.86	45.95	54.99	41.81
山西	10.86	16.62	17.50	16.20	40.86	51.39	59.48	47.65
内蒙古	10.57	16.28	16.98	15.95	33.32	42.68	48.81	39.80
辽宁	12.86	19.8	20.60	19.42	31.59	41.97	47.74	39.25
吉林	9.85	15.62	16.35	15.28	28.47	37.81	44.24	34.81
黑龙江	9.80	15.67	16.33	15.36	28.88	38.16	44.01	35.41
上海	15.14	21.29	22.12	20.90	26.53	35.34	40.58	32.86
江苏	14.77	22.83	23.94	22.32	35.88	48.16	55.36	44.81
浙江	14.39	20.73	21.65	20.30	36.01	46.08	52.54	43.04
安徽	15.10	24.04	25.48	23.38	49.66	64.95	74.82	60.43
福建	12.03	17.71	18.71	17.24	37.43	47.70	56.11	43.82
江西	12.69	19.61	20.62	19.14	50.45	62.96	71.37	59.06
山东	13.42	20.46	21.58	19.95	34.90	46.36	54.36	42.66
河南	11.66	18.45	19.66	17.90	41.58	54.10	64.23	49.49
湖北	12.75	20.59	21.73	20.06	39.00	51.91	60.35	48.01
湖南	14.23	21.70	22.98	21.11	40.53	53.15	62.19	48.99
广东	10.39	15.27	16.27	14.81	40.45	50.57	60.45	46.07
广西	14.32	22.27	23.61	21.66	49.92	64.06	73.93	59.54
海南	12.60	17.83	18.98	17.31	47.56	58.37	68.57	53.73
重庆	16.04	26.53	27.67	25.99	46.27	62.09	69.05	58.82
四川	16.24	26.89	28.15	26.30	48.74	65.24	73.03	61.61
贵州	12.93	21.16	22.37	20.61	57.58	72.85	82.74	68.29
云南	11.01	17.23	18.16	16.80	46.29	57.86	66.37	53.92
西藏	9.26	15.15	16.23	14.66	50.30	62.98	74.64	57.72
陕西	12.01	19.58	20.75	19.05	39.25	52.16	61.25	47.99
甘肃	10.41	17.77	18.88	17.26	44.15	57.60	67.44	53.09
青海	8.64	14.48	15.29	14.11	43.08	54.26	62.90	50.28
宁夏	8.85	14.78	15.65	14.38	46.91	58.68	68.06	54.37
新疆	9.26	15.36	16.32	14.92	42.90	54.74	64.44	50.31
均值	12.2	19.1	20.1	18.6	40.3	52.1	60.4	48.3
标准差	2.1	3.2	3.4	3.2	80.0	9.6	10.9	9.1
最大值	16.2	26.9	28.2	26.3	57.6	72.8	82.7	68.3
最小值	8.6	14.5	15.3	14.1	26.5	35.3	40.6	32.9

如果将 2005 年全国分省区的老年抚养比，计算其均值和标准差，取 1 个标准差范围，上下限范围内的概率为0.682 7，下限以下和上限以上范围的概率为0.317 6。如果将 1 个标准差的下限值以下作为低老年抚养比省区，结果表明，虽然不同方案的下限值不同，但所包括的省区基本相同，方案 3 和方案 4 完全相同，方案 1 和方案 2 只有一个省区不同，方案 1 为黑龙江，而方案 2 为广东（见表 2-2-4）。

如果将 1 个标准差的上限值以上作为高老年抚养比省区，研究发现，方案 2 和方案 4 所包括的省区完全相同；而方案 1 比方案 2、方案 4 多了上海。这说明，上海的老年理论抚养比大于实际的抚养比，因为，上海是人口净流入区，外来流入人口的年龄结构轻，降低了老年抚养比；方案 3 和方案 2、方案 4 相比，多了广西，广西是人口净流出区域，实际老年抚养比比理论还要高（见表 2-2-4）。

表 2-2-4　2005 年分省区老年抚养比分类　%

方案 1 地区	<10.1	方案 2 地区	<15.0	方案 3 地区	<16.7	方案 4 地区	<15.4
吉林	9.85	吉林	14.95	吉林	16.35	吉林	15.28
黑龙江	9.80	广东	14.39	黑龙江	16.33	黑龙江	15.36
西藏	9.26	西藏	14.20	广东	16.27	广东	14.81
青海	8.64	青海	13.75	西藏	16.23	西藏	14.66
宁夏	8.85	宁夏	14.00	青海	15.29	青海	14.11
新疆	9.26	新疆	14.51	宁夏	15.65	宁夏	14.38
—	—	—	—	新疆	16.32	新疆	14.92
地区	>14.40	地区	>21.30	地区	>23.50	地区	>21.80
上海	15.14	江苏	21.82	江苏	23.94	江苏	22.32
江苏	14.77	安徽	22.76	安徽	25.48	安徽	23.38
安徽	15.10	重庆	25.48	广西	23.61	重庆	25.99
重庆	16.04	四川	25.73	重庆	27.67	四川	26.30
四川	16.24	—	—	四川	28.15	—	—

4. 根据预测结果未来不同口径抚养比比较

根据中方案预测结果看，未来 90 年不同口径老年抚养比的变化（见图 2-2-1，详细资料见附表 2-2-1）。

从图 2-2-1 看到，方案 1（劳动年龄人口 15—64 岁）的老年抚养比最小，而这是国内学术界最常用的老年抚养比指标之一，与其他统计口径的值相差较大，与现实生活中劳动年龄的实际抚养比也有相当大的差距；方案 3（劳动年龄人口 18—59 岁）的老年抚养比最大，较符合目前劳动年龄人口的实际，但如果退休政策一改变，如延长退休年龄，则方案 3 的老年抚养比可能高估；方案 2 和方案 4 老年抚养比的值比较接近，而且，一旦退休年龄政策调整，如将女性退休年龄统一到男性退休年龄，老年抚养比的变化不会太大。

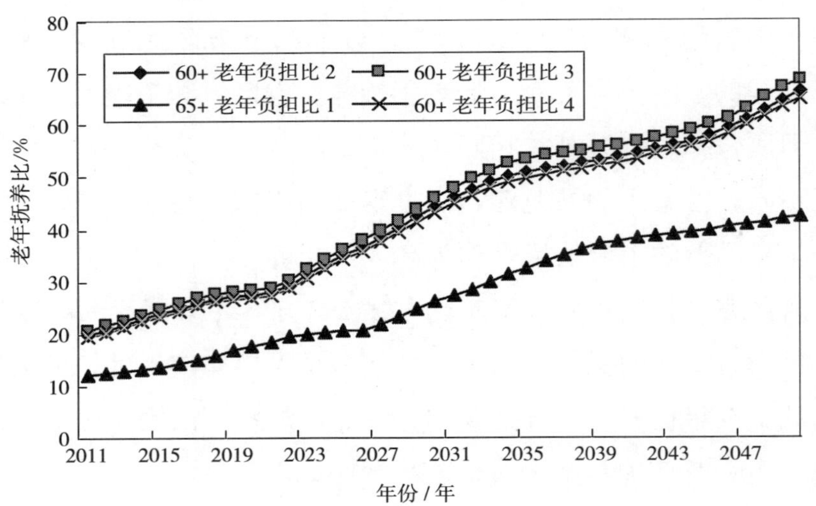

图 2-2-1 不同口径老年抚养比比较

劳动年龄人口的社会抚养比与老年抚养比曲线比较相似（见图 2-2-2）。不同方案统计口径社会抚养比变化与老年抚养比相同，只是社会抚养比的值大于老年抚养比。方案 1 和方案 3 作为社会抚养比的最小、最大值变化区间，方案 2 和方案 4 是最可能接近实际的抚养比。

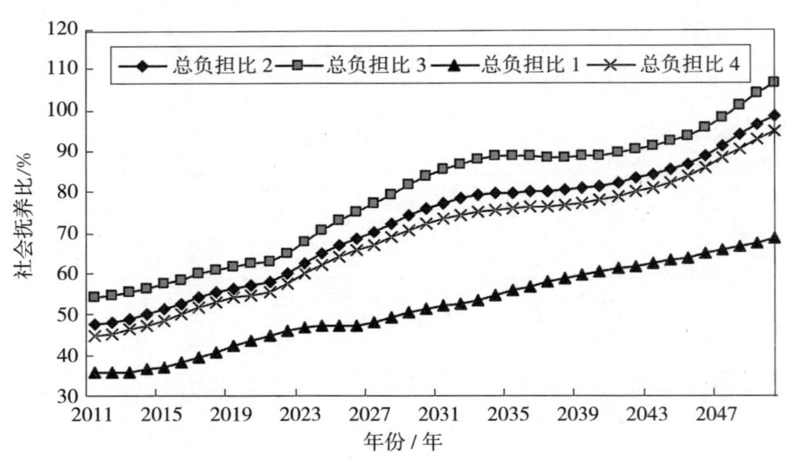

图 2-2-2 不同口径社会抚养比比较

因此，本课题组建议在计算社会抚养比时，资料允许的情况下，如普查年份或 1%人口抽样年份，采用方案 3，每年人口抽样调查资料，可以用方案 4 替代方案 2；在进行国际比较时，可采用方案 1。研究者可以根据研究的需要，选择合适的统计口径进行比较。

由于社会抚养比是由老年抚养比和少儿抚养比两部分组成，所以，在人口老龄化过程中的初期阶段，由于生育率的下降使少儿人口不断减少，人口的社会抚养比是迅速下降的，但由于初次就业年龄的后移，实际少儿抚养比的下降速度是缓慢的。只有当人口老龄化达到一定程度后，它才会由于老年抚养比的上升而逐渐回升。

二、人口老龄化速度指标

主要包括老年人口增长率、人口老龄化率、65 岁及以上老年人口比例由 7%到 14%所需时间这几个指标。

(一) 老年人口增长率

既可计算本年期末（或同期）与上一年期末（或同期）相比的老年人口（以 60 年龄起点）增长率，也可计算跨年度的老年人口增长率或年均增长率。该指标可以反映出老年人口变化的速度和方向。增长率若呈正向变动，说明老年人口数持续增加；反之则递减。《中国老龄事业的发展》2006 年白皮书显示，中国老年人口正以年均约 3%的速度增长。

$$老年人口增长率=\frac{年内老年人口新增人数}{老年人口年平均人数}\times 100\ \%$$

(二) 人口老龄化率

人口老龄化率，用老年人口（以 60 年龄起点）增长率与总人口增长率之比来表示，借以对比观测老年人口在总人口中的发展速度。当该比值大于 1 时，说明老年人口比总人口增长快，这时人口老龄化程度加深；但如果该比值小于 1 时，说明老年人口的增长速度慢于总人口，此时人口老龄化程度将会减缓。

$$人口老龄化率=\frac{老年人口增长率}{总人口增长率}\times 100\ \%$$

(三) 65 岁及以上老年人口比例由 7%到 14%所需时间

65 岁及以上老年人口的比例超过总人口的 7%就被称为“人口老龄化社会”，而超过了 14%就被称为“老龄社会”。因此，我们需要考察 65 岁及以上老年人口比例由 7%到 14%所需的时间，就是需要了解一国或地区从“人口老龄化社会”到“老龄社会”所需要的时间。从这个指标可以对人口老龄化速度有一个直观的了解。

三、人口老龄化态势监测指标体系

综合以上分析，我们将人口老龄化态势监测指标体系整理成一张表（见表 2-2-5），以便进行全国或分省区的比较。

需要注意的是，表 2-2-5 中的公安年报数是户籍老年人口资料，统计局每年人口变动调查数是常住老年人口资料，从全国范围来讲，两者差异不大，因为在中国，国际迁移可以忽略不计，人口可以作为封闭型人口对待；但在分区域比较时，户籍与常住人口的差异较大，尤其是迁流出、迁流入人口规模比较大的省区。请使用者进行比较研究时注意统计口径的一致性。

表 2-2-5　人口老龄化监测指标体系表

项目	指标	单位	指标说明	数据采集
老龄化程度	60 岁及以上人口数	万人	反映老年人口规模公安年报、统计局	每年人口变动调查
	高龄老年人规模	万人	80 岁及以上人口	公安年报、统计局每年人口变动调查
	百岁老年人规模	万人	100 岁及以上人口	公安年报、统计局每年人口变动调查
	老年人口比例	%	60 岁及以上人口/总人口	公安年报、统计局每年人口变动调查
	少儿人口比例	%	0—14 岁人口/总人口	公安年报、统计局每年人口变动调查
	老少比		老年人口/少儿人口	公安年报、统计局每年人口变动调查
	人口年龄中位数	岁	将总人口一分为二，此年龄以上为一半，以下为一半	每 10 年人口普查、每 5 年 1%人口抽样调查
	长寿系数	%	80 岁及以上人口/60 岁及以上人口	公安年报、统计局每年人口变动调查
	老年抚养比	%	60 岁及以上人口/15—59 岁人口数	统计局每年人口变动调查
	社会抚养比	%	少儿抚养比＋老年抚养比	统计局每年人口变动调查
老龄化速度	老年人口年增长率	%	年内新增老年人数/老年人口年平均数	公安年报、统计局每年人口变动调查
	人口老龄化率	%	60 岁及以上人口增长率/总人口增长率	公安年报、统计局每年人口变动调查
	65 岁及以上老年人口比例由 7%到 14%所需年	年	反映人口老龄化速度	

第三章　人口老龄化态势警戒线研究

警戒线是我们是否需要发布人口老龄化警报，是否需要采取相应措施的依据。建立人口老龄化态势警戒线研究是一种“防患于未然”的思想，其实质就是要确定一个社会可以接受的人口老龄化程度，即经济、社会能承受多高的人口老龄化程度。对于各级政府及早采到措施，完善人口生育政策、宏观调控人口迁移流动政策，为经济的可持续发展，为社会的和谐、安全稳定提供良好的人口环境有重要意义。

由于人口老龄问题的复杂性，影响人口老龄化程度因素的长期性、周期性变化，以及人口老龄化目前仍处于老化的进程中，从学术界到政府，人口老龄化对经济、社会发展的影响有多大？至今仍是一个有待解决的问题。所以，全世界没有哪个国家发布过人口老龄化态势的警戒线。但是，考虑到一国人口总量、劳动力人口以及老年人口规模及结构问题，日本、韩国、新加坡等国的人口生育政策发生了逆转，由控制生育政策转变为鼓励生育政策。

鉴于人口老龄化的成因可分为底部老化和顶部老化，归根结蒂是受人口出生率、死亡率的影响，这是人口内源性的变化，必须予以认真分析。从底部老化看，主要原因是我国计划生育政策，自1970年以来，出生人口减少带来少儿人口规模下降，少儿人口占总人口的比例降低，相对提高了老年人口占总人口比例；从顶部老化看，主要原因是死亡率的下降。事实上，死亡率对年龄结构的影响是双向的，婴儿死亡率下降使少儿人口规模增加，使人口年轻化；而老年人口死亡率的下降，必然使老年人口平均预期寿命延长，人口老龄化。

当然，如果是一个开放的区域，或国际迁移较多的国家，人口老龄化程度受人口迁移的影响。本课题从全国的层面，由于中国国际迁移规模相对于13亿人口大国，可以忽略，故不加分析，但如果分省区比较，迁移和流动人口不可忽略。迁移流动对一个国家或区域人口老龄化的影响是外生性的影响。

警戒线研究离不开指标，没有指标，预警就失去了数据基础，变得毫无根据，从而也就失去了现实意义。从理论上讲，人口老龄化态势指标如前所述，涉及到人口老龄化程度、速度和特征等一系列指标。这里主要选取60岁及以上老年人口占总人口比例（顶部老化）、0—14岁少儿人口占总人口比例（底部老化）、总人口增长率三个指标，分别进行研究。

一、设立人口老龄化警戒线的必要性

（一）人口老龄化态势警戒线应考虑的因素

国内关于人口老龄化程度警戒线的研究较少。[①] 田雪原认为，低生育水平必须控制在合理限度之内，防止超高人口老龄化的发生。为此，他认为，“按照我国的经济

① 中国知网CNKI关键词1994—2010年“人口警戒线”查询结果为0；中国人民大学报刊复印资料，1995—2010年“人口警戒线”查询结果也为0。

发展水平，人口老龄化程度不能超过发达国家的平均水平。进入21世纪，65岁以上的老年人比例不能超过26%。这是我国人口老龄化的'警戒线'"。[①]

本课题认为，人口老龄化程度警戒线的设置，应该考虑以下几方面因素：

一是当前发达国家人口老龄化的现状。因为发达国家是人口老龄化的"先驱"，中国的人口老龄化过程是步发达国家的后尘，虽然人口老龄化过程本身受时代影响因素不同而变化，但人口的生产和再生产的规律不会变。

二是人口老龄化发生的经济社会背景。经济发展的程度，养老保障制度的完善程度，以及养老方式的影响，关键是经济发展程度。

三是人口老龄化的发展趋势，中国和发达国家未来人口老龄化最严重的程度是什么样的?

四是中国未来人口老龄化程度最严重时的经济发展水平，相当于目前哪些发达国家经济发展水平？假设其他条件不变，而这些国家人口老龄化水平及对经济社会的发展带来哪些影响？如人口老年抚养比和社会抚养比如何?

（二）建立人口老龄化态势警戒线的社会经济意义

目前世界上发达国家或地区已进入老年型社会，老龄化程度没有达到警戒线的水平。但是，有些人口老龄化程度较高的国家或地区，已经显现了一系列社会经济后果，如果设立人口老龄化态势警戒线，就能起到预警的作用，提前作好准备。

1. 预防经济增长持续低迷

人口高度老龄化将给世界经济未来增长带来巨大压力，已成为国内外学者的共识（胡伟略，2010；郑秉文，2011；克里斯·库克，2009）。有学者甚至认为，人口严重老龄化是制约欧洲未来经济增长的最大因素（国际视野，2011），欧洲债务危机的根源在于人口结构老龄化（尹中立，2010），因为人口老龄化趋势日趋严重、国家的产业竞争力显著削弱，而长期富裕的生活环境养成的高消费习惯无法自动作出调整，而政治家为了选票必然通过政府举债支出来维持高生活水平与社会福利，导致财政赤字不断扩大、政府债务高居不下。人口高度老龄化将带来3个潜在风险，即经济增长减缓、财政收入减少、公共支出的增加。

从国际经验看，日本是发达国家中人口老龄化速度最快的国家，也是目前人口老龄化程度最高的国家。日本自1970年进入老年型社会，[②] 劳动人口占总人口的比例及总人口的数量从上个世纪90年代初开始出现拐点，随之出现的是日本经济持续的

---

① 田雪原．"只生一个"生育政策出台始末［N］．京华时报，2009-12-08.

② 日本1970年60岁及以上老年人口占总人口的比例达到10.7%，65岁及以上老年人口比例达到7.1%（United Nations Population Division，World Population Prospects：The 1998 Revision，第124页。）

低迷和政府债务的不断增长。

从欧洲看，无论从短期还是从长期看，人口老龄化都是悬在欧洲经济头上的一把利剑。短期来看，如何有效化解老龄化支出对财政支出造成的压力，成为影响欧债危机解决的一个关键。而从长期来看，老龄化及伴随的总人口增长停滞所造成的劳动力供给不足，将使欧洲经济复苏困难重重。

多数发达国家是在实现现代化并经济发达之后出现的老龄问题，先富后老，可是至今他们仍然感到老龄问题对经济增长的压力不小。中国经济增长倚靠的劳动力优势，在人口逐渐老去之后将成为中国经济最大的“堰塞湖”。对于目前中国的人口结构而言，未来中国经济增长将失去最强劲的动力（胡伟略，2010）。

2. 预警养老保障制度陷入债务危机

人口老龄化导致赡养率提高，社会保障支出急剧增加，加重了财政支出的压力，导致社会保障制度的可持续性发展受到严重冲击。

欧债危机、2007 年以来的全球金融危机以及经济衰退，从根源上讲，实质是快速的人口老龄化以及由此引起的社会保障和社会福利财政危机（张士斌、黎源，2011）。

在未来 50 年里，发展和维护老龄社会充足的养老金已成为欧盟各成员国的关键任务和政府间合作的核心议题。根据欧洲统计局按照目前的出生率与死亡率预计，整个欧洲将在 2015—2030 年迎来老龄化比率提升的高峰期。其中，意大利，然后是希腊、葡萄牙和西班牙将首当其冲，因为“PIGS 四国”① 的老年人所占比例高，老龄化问题突出，新增劳动力不足，深陷债务危机。其中，希腊问题最严重，已作为从福利国家到债务国家的一个反面样板。2010 年希腊公共养老金支出占 GDP 的 11.6%，2060 年将达到 24.1%（郑秉文，2011）。

中国目前的养老金个人账户基本处在空转的状态下，中国实际上还是实施的现收现付的养老保障体制。在目前适龄劳动力人口较多的情况下，仅仅勉强支撑低水平的养老保障，而且，连年的财政补贴和覆盖面的不断扩大将养老金的隐患暂时掩盖起来，表面上制度积累逐年提高，实际上养老金风险不断累积。随着人口老龄化的不断深入，随着养老保障制度扩大覆盖面机会窗口的逐渐闭合，隐性风险显性化和隐性债务货币化，现收现付体制无疑将面临越来越大的压力，中国基本养老保险制度如果不改革，将陷入养老金的危机。

---

① PIGS 四国是指葡萄牙（Portugal）、意大利（Italy）、希腊（Greece）、西班牙（Spain）四国，由其英文首字母接而的成一个词。

3. 改革社会政策以适应高度老龄化的社会

如前所述，人口老龄化是人口再生产模式从传统型向现代型转变的必然结果，也是社会经济发展的必然趋势，甚至可以说是社会现代化的一个重要标志以及一个全球性的发展特征。由于老龄化将成为一种社会常态，仅仅调整对老年人的公共政策无法应对老龄化的众多挑战，必须改革或调整人口、健康与养老服务、社会保障等诸多方面的社会经济政策。

日本的人口老龄化问题早在上世纪70年代引起了政府的重视，90年代开始采取政策措施解决这一问题，如鼓励生育，生第1、2个孩子的家庭0—9岁每月政府给补助5000日币的养育金，第3个孩子每月补助1万日币的养育金，多生孩子减免税收；公务员生孩子可休假3年，政府给40%的工资补贴；推动大企业制定支持妇女生育的计划，为妇女养育孩子创造环境等。2011年2月25日，日本总务省发布了2010年全国人口普查快报数据。数据显示：截至2010年10月1日，日本人口约为1.28亿人，比2005年增加28.8万人，增长率为0.2%，创1920年人口调查开始以来新低，鼓励生育政策效果不明显。

中国现行人口生育政策已实施30多年，实现了政策制定之初的人口目标，与此同时，该政策继续实施所导致的对人口结构等的负面影响在不断集聚，亟须根据现有人口发展态势适时调整并加以完善。

老年人的健康问题，甚至是一定程度的残障（disability），将伴随着人口老龄化而不断增加，因此人口老龄化的加速进程将加重未来健康服务的负担，包括老年人对健康护理人员的需求增加，但另一方面，家庭的小型化，家庭养老人力资源供给减少。因此，建设居家养老为基础的社会化养老服务体系，是应对人口老龄化的一项长期战略任务。建议尝试养老金与养老服务的替代功能，若群众自愿放弃部分养老金，则由政府提供等值的养老服务，这样既不会在短期内增加地方财政的负担，也不会损害老年人领取养老金享受社会保障的权益，而且对有限的养老资源是一种合理配置。

二、中国与发达国家老龄化程度现状与趋势的比较

（一）中国与发达国家老年人口比例变化比较

1. 当前中国人口老龄化程度低于发达国家的平均水平

根据世界银行提供的资料，2008年，全球有总人口统计资料的国家和地区共210个，总人口超1 000万人的有79个，其中，65岁及以上老年人口比例最大的国家是日本和意大利，2008年65岁及以上老年人口比例超过20%，分别为21.4%和

20.1%，其余前8个国家和地区分别是德国、希腊、葡萄牙、比利时、西班牙、法国、英国、匈牙利，老年人口比例均超过16%，均值为18%。这10个国家中，除日本是亚洲国家外，其余9个国家和地区均是欧洲国家。从经济类型看，所有这10个国家均为高收入国家，即发达国家和地区（见表2-3-1）。

表2-3-1　2008年65岁及以上老年人口比例最大前10个国家或地区

国家	65岁及以上比例/%	人均GDP/美元	经济类型
日本	21.4	38 454.86	高收入
意大利	20.1	38 492.32	高收入
德国	20.0	44 446.35	高收入
希腊	18.2	31 669.73	高收入
葡萄牙	17.5	22 922.92	高收入
比利时	17.2	47 084.90	高收入
西班牙	16.9	35 214.79	高收入
法国	16.6	44 507.74	高收入
英国	16.3	43 541.44	高收入
匈牙利	16.1	15 408.01	高收入
10国均值	18.0	36 174.31	—
高收入国家或地区	16.0	—	—
中国	7.9	3 266.51	中低收入

注1：指2008年总人口超1000万人的国家或地区

注2：高收入经济（High-income economies）是指2007年人均GNI超过11 456美元的经济，低收入经济（Low-income economies）是指人均GNI低于935美元的经济，中等低收入经济（Lower middle income economies）是指人均GNI为935～3 705美元的经济体

注3：人均GDP美元为现价（GDP per capita（current US$））

注4：发达国家或地区65岁及以上老年人口比例为2009年资料

注5：为了资料的可比性，此处中国人均GDP采用与其他国家统一的资料来源

资料来源：The World Bank. World Development Indicators 2009，USA

这些人口老龄化程度最严重的国家或地区，目前劳动年龄人口社会抚养比如何？

根据世界银行提供的资料表明，2008年，人口超千万且65岁及以上老年人口比例前10位国家或地区，社会抚养比为50.1%，基本上是二位15—64岁劳动年龄人口负担1位非劳动年龄人口，其中社会抚养比最大的国家是日本，达到53.5%，最低的是匈牙利，达到45.1%。总体而言，这10个国家老年抚养比大于少儿抚养比，老年抚养比为27.1%，少儿抚养比为23.0%（见表2-3-2）。

和世界其他地区相比，人口老龄化最严重国家或地区的社会抚养比，不是最严重的，甚至低于全世界平均水平3.7个百分点，与发达国家或地区平均水平持平，大大

低于不发达地区尤其是最不发达地区的平均水平。关键是不发达国家或地区由于人口高生育率，少儿抚养比大大高于发达地区，社会总抚养比高，进而影响经济的发展和人均收入水平的提高。

表 2-3-2　2008 年人口老龄化程度前 10 个国家的社会抚养比状况 %

国家	65 岁及以上比例	社会抚养比	老年抚养比	少儿抚养比
日本	21.4	53.5	32.8	20.6
意大利	20.1	52.2	30.6	21.6
德国	20.0	50.8	30.2	20.7
希腊	18.2	48.0	26.9	21.0
葡萄牙	17.5	48.9	26.1	22.9
比利时	17.2	51.6	26.1	25.5
西班牙	16.9	46.2	24.7	21.5
法国	16.6	53.8	25.5	28.3
英国	16.3	51.2	24.6	26.5
匈牙利	16.1	45.1	23.4	21.7
10 国均值	18.0	50.1	27.1	23.0

注：少儿抚养比为 0—14 岁人口/15—64 岁人口，老年抚养比为 65 岁及以上人口/15—64 岁人口，社会抚养比是少儿抚养比与老年抚养比之和

资料来源：同表 2-3-1

表 2-3-3　2008 年世界主要地区人口老龄化程度比较 %

	0—14 岁比例	65 岁及以上比例	社会抚养比	老年抚养比
世界	27.0	8.0	53.8	12.3
发达地区	17.0	16.0	49.3	23.9
不发达地区	30.0	6.0	56.3	9.4
不发达地区（不含中国）	33.0	5.0	61.3	8.1
最不发达地区	40.0	3.0	75.4	5.3
人口老龄化最严重 10 国平均	15.3	18.0	50.1	27.1
中国	19.0	8.0	37.0	11.0

资料来源：美国人口咨询局 2009 年世界人口年表，Population Reference Bureau，2009 World Population Data Sheet［DB/OL］. http//：www. prb. org

2. 2050 年中国人口老龄化程度略低于发达国家平均水平

由于人口年龄结构变化有自身的规律，人口老龄化仍将继续。根据联合国的人口预测，2050 年，全世界人口老龄化最严重国家为日本，65 岁及以上老年人口占总人口的比例达到 37.8%，其次是韩国，达到 34.2%，第三位是意大利为 33.3%，换言之，2050 年，人口老龄化最严重的国家，其总人口三分之一的人口为 65 岁及以上的

老年人口（见表 2-3-4）。

表 2-3-4　2050 年人口老龄化程度前 10 个国家的社会抚养比状况　　%

国家	60 岁及以上比例	65 岁及以上比例	社会抚养比	少儿抚养比	老年抚养比
日本	44.2	37.8	96.1	22.0	74.1
韩国	40.8	34.2	83.8	21.0	62.9
德国	39.5	32.5	82.1	23.0	59.2
意大利	39.1	33.3	88.0	25.4	62.6
葡萄牙	38.4	32.1	82.8	24.1	58.7
波兰	38.0	29.9	74.2	22.1	52.1
希腊	37.6	31.3	81.5	24.7	56.8
西班牙	37.5	31.8	87.3	27.7	59.6
罗马尼亚	37.0	28.5	71.8	22.9	49.0
捷克	34.5	27.6	75.4	27.0	48.4
10 国均值	38.7	31.9	82.0	24.0	58.1

资料来源：Population Division of the Department of Economic and Social Affairs of the United Nations Secretariat. World Population Prospects：The 2008 Revision［DB/OL］. http：//esa. un. org/un pp

根据预测，中国 2050 年按中方案 65 岁及以上老年人口比例分别是为 25.6%，略低于同期世界发达地区平均水平（26.2%），按中方案比较，低于发达地区平均水平 0.6 个百分点，低于人口老龄化最严重国家 6.3 个百分点，但高于世界平均水平（16.9%）8.7 个百分点，而 2009 年中国的人口老龄化水平与世界平均水平持平（8.0%），说明中国人口老龄化的速度快于世界平均水平。换言之，到 2050 年，若以 65 岁及以上老年人口比例来比较中国人口老龄化水平在世界上不是最严重的前 10 个国家之列，同时也低于发达国家或地区的平均水平（见表 2-3-5）。

表 2-3-5　2050 年中国与世界主要地区人口老龄化程度及抚养比比较　　%

地区	60 岁及以上比例	65 岁及以上比例	社会抚养比	少儿抚养比	老年抚养比
世界	22.5	16.9	58.1	31.4	26.7
发达地区	32.6	26.2	71.2	26.4	44.9
不发达地区	20.2	16.6	58.5	32.2	26.3
最不发达地区	11.1	7.4	52.4	41.2	11.3
人口老龄化最严重 10 国	38.7	31.9	82.0	24.0	58.1
中国（高方案）	32.9	24.7	70.7	28.5	42.2
中国（中方案）	34.1	25.6	70.1	26.5	43.6
中国（低方案）	35.3	26.6	69.6	24.6	45.0

注：此处社会抚养比为了进行国际比较，采用的是 0—14 岁少儿人口与 65 岁及以上老年人口之和与 15—64 岁劳动年龄人口之比

资料来源：国外资料同表 2-3-4；中国资料由国家老龄科研中心人口预测课题组提供

从社会抚养比看，中国老年抚养比略低于发达地区平均水平，如按中方案中国老年抚养比低于世界发达地区 1.1 个百分点，低于人口老龄化最严重 10 个国家的平均水平 11.9 个百分点；社会抚养比分别低于发达地区和人口老龄化最严重 10 个国家的平均水平分别为 1.1 个百分点和 11.9 个百分点（见表 2-3-5）。

但仅从老年人口比例和社会抚养比的比较是不够的，因为中国与世界发达国家或地区、与人口老龄化最严重 10 个国家的经济发展水平不同，养老保障制度不同，人口老龄化承受力不同。因此，有必要将与中国经济发展水平相近国家和地区的人口老龄化水平进行比较。

3. 中国的人口老龄化程度超前于经济发展水平

（1）从当前的经济发展水平看人口老龄化：超前发展

根据世界银行的资料，2008 年中国人均 GDP 为3 266.51美元，我们取这一人均 GDP 的 15%为上下限作为与中国人均 GDP 相近的国家或地区，对人口老龄化水平进行比较，结果见表 2-3-6。

表 2-3-6　2008 年中国人均 GDP 相近国家人口年龄结构比较

国家或地区	2008 人均 GDP /美元	0—14 岁比例/%	65 岁及以上比例/%	少儿抚养比 /%	老年抚养比 /%	社会抚养比 /%
中国	3 266.51	20.5	7.9	28.6	11.0	39.7
佛得角	3 193.14	36.9	4.3	62.8	7.3	70.1
刚果	2 966.16	40.7	3.8	73.3	6.8	80.2
萨尔瓦多	3 605.30	33.0	7.0	55.0	11.7	66.7
格鲁吉亚	2 969.92	17.1	14.5	25.0	21.2	46.2
危地马拉	2 848.37	42.2	4.4	79.0	8.2	87.3
约旦	3 595.92	35.1	3.6	57.3	5.9	63.1
萨摩亚	2 926.07	40.0	4.8	72.5	8.7	81.2
土库曼斯坦	3 038.96	30.1	4.8	46.2	7.4	53.6
8 国均值	3 143.00	34.4	5.9	58.9	9.7	68.9

资料来源：Population Division of the Department of Economic and Social Affairs of the United Nations Secretariat. World Population Prospects：The 2008 Revision

从表 2-3-6 看到，2008 年人均 GDP 在2 777～3 756美元之间，共有中国在内的 9 个国家和地区，65 岁及以上老年人口比例从格鲁吉亚的 14.5%，到约旦的 3.6%，人口老龄化程度差异巨大，最大与最小的差值达 10.9 个百分点，均值为 6.1%，中国的人口老龄化程度仅次于格鲁吉亚。换言之，中国的人口老龄化是超前于经济发展水平的。

从社会抚养比看，中国是这些国家中社会抚养比最小的国家，其中少儿抚养比仅高于格鲁吉亚，老年抚养比仅高于格鲁吉亚和萨尔瓦多，列第三位。说明当前的中国的人口年龄结构的负担较轻，有利于经济的发展。

（2）从当前人口老龄化角度看经济发展水平：未富先老

我们将2008年中国65岁及以上老年人口比例的15%为上下限，从6.7%～9.1%共有13个国家和地区（见表2-3-7）。

从表2-3-7看到，中国人口老龄化水平与其经济发展水平不相匹配，人口老龄化水平排在第二位，仅次于智利，而以人均GDP为指标的经济发展水平，中国仅高于斯里兰卡，列倒数第二位。即中国是未富先老，人口老龄化水平超前于经济发展水平。

表2-3-7　2008年与中国人口老龄化水平相近国家的经济发展水平比较

地区	65岁及以上比例/%	人口自增率/‰	人均GDP/美元
中国	7.9	5.1	3 266.51
阿塞拜疆	6.8	11.6	5 314.99
智利	8.8	9.5	10 084.42
萨尔瓦多	7.0	13.4	3 605.30
格林纳达	7.2	13.3	6 161.99
牙买加	7.7	10.4	5 438.48
哈萨克斯坦	7.4	13.0	8 513.11
黎巴嫩	7.3	8.8	6 978.06
毛里求斯	7.0	5.8	7 345.00
斯里兰卡	7.3	13.0	2 012.52
圣卢西亚	6.8	—	5 854.35
圣文森特及格瑞那丁	6.9	—	5 479.78
泰国	7.4	5.6	4 042.78
突尼斯	6.7	11.9	3 902.96
13国均值	7.3	10.6	5 748.7

资料来源：The World Bank. World Development Indicators 2009，USA

（3）2050年中国人均GDP水平与现行相近的发达国家人口老龄化水平的比较

据全国老龄办提供的资料，按人口中方案预测，2050年中国人均GDP可能达到41 098美元（2009年价，美元），以此为标准，在15%上下限内（人均GDP在34 933～47 263美元之间）寻找2008年符合条件的国家和地区，看看这些国家和地区的人口老龄化状况，并与我国2050年人口老龄化水平进行比较（见表2-3-8）。

从表 2-3-8 看到，中国在 2050 年时的人均 GDP 水平 15%的上下限内，在 2008 年已有 10 个国家和地区已达到，即中国经济水平落后这些国家至少 40 年时间。从老年人口占总人口的比例看，2050 年，按中方案预测，中国 60 岁及以上老年人口比例将达到 34.1%，高于 2008 年这 10 个经济发展水平相近国家 11.2 个百分点；按 65 岁及以上老年人口比例看，2050 年中国高于这些国家 9.2 个百分点。换言之，在 2050 年，中国可能达到的经济发展水平（人均 GDP）与这 10 个发达国家 2008 年相近的经济发展水平时，中国人口老龄化程度高于这些国家 10 个百分点。

表 2-3-8　人均 GDP 相当于中国 2050 年水平国家的人口老龄化比较

国家	2008 年人均 GDP/美元	2008 年 65 岁及以上比例/%	2010 年 60 岁及以上比例/%
比利时	47 084.90	17.2	23.4
加拿大	45 069.53	13.6	20.0
法国	44 507.74	16.6	23.2
德国	44 446.35	20.0	26.0
意大利	38 492.32	20.1	26.6
日本	38 454.86	21.4	30.5
新加坡	37 597.29	9.4	16.0
西班牙	35 214.79	16.9	22.4
英国	43 541.44	16.3	22.7
美国	46 350.42	12.6	18.2
均值	42 075.97	16.4	22.9
中国 2050 高方案	39 020.00	24.7	32.9
中国 2050 中方案	41 098.00	25.6	34.1
中国 2050 低方案	42 446.00	26.6	35.3

资料来源：The World Bank. World Development Indicators 2009，USA. 中国资料由国家老龄科研中心人口预测课题组提供

(二) 中国与发达国家少儿人口比例变化比较

1. 当前中国少儿人口比例高于发达国家平均水平，低于世界平均水平

根据世界银行提供的资料，2008 年，全球有总人口统计资料的国家和地区有 210 个，总人口超1 000万人的有 79 个，其中，0—14 岁及以下少儿人口比例最低的国家是日本、德国和乌克兰，2008 年 0—14 岁及以下少儿人口比例低于 14%，分别为 13.4%、13.7%和 13.91%，其余前 7 个国家和地区分别是捷克、意大利、希腊、俄罗斯联邦、西班牙、波兰、罗马尼亚，少儿人口比例均低于 14.9%。这 10 个国家中，除日本是亚洲国家外，其余 9 个国家和地区均是欧洲国家。从经济类型看，所有

这10个国家均为高收入国家，即发达国家和地区（见表2-3-9）。

2009年，中国0—14岁少儿比例为19%，高于世界发达地区平均水平（17%）2个百分点，但低于世界平均水平（27%）8个高百分点，低于不发达地区平均水平（不含中国，33%）14个百分点（见表2-3-10）。

2. 2050年中国少儿人口比例与发达国家平均水平持平，低于世界平均水平

根据联合国的人口预测，2050年，全世界少儿人口比例最低国家为日本，0—14岁少儿人口比例仅占总人口的11.2%，其次是韩国，仅占11.4%。换言之，2050年，少儿人口比例最小的国家，少儿人口所占比例不到12%。这和人口老龄化最严重的国家排序是相同的，即人口老龄化最严重的国家，也是少儿人口比例最小的国家（见表2-3-9）。

表2-3-9　0—14岁人口比例最低的前10位国家比较

国家	2008年			国家	2050年	
	0—14岁比例/%	人均GDP/美元	收入类型		0—14岁比例/%	与2008年差/%
中国	20.5	3 266.51	中低收入	中国	15.6	4.9
日本	13.4	38 454.86	高收入	日本	11.2	2.2
德国	13.7	44 446.35	高收入	德国	12.6	1.1
乌克兰	13.9	3 898.87	中高收入	韩国	11.4	—
捷克	14.1	20 672.74	高收入	捷克	15.4	−1.3
意大利	14.2	38 492.32	高收入	意大利	13.5	0.7
希腊	14.2	31 669.73	高收入	希腊	13.6	0.6
俄罗斯联邦	14.7	11 831.52	高收入	葡萄牙	13.2	—
西班牙	14.7	35 214.79	高收入	西班牙	14.8	−0.1
波兰	15.2	13 845.38	高收入	波兰	12.7	2.5
罗马尼亚	15.2	9 299.74	高收入	罗马尼亚	13.3	1.9
10国均值	14.9	22 826.60		—	13.2	1.73

注：2008年人口超千万0—14岁人口比例最低前10国家

资料来源：The World Bank. World Development Indicators 2009，USA. 中国为中方案，资料由国家老龄科研中心人口预测课题组提供

中国2050年按高中低三方案少儿人口比例分别是为16.7%、15.6%和14.5%，和同期世界发达国家和地区平均水平（15.4%）比较，基本持平，其中高方案少儿人口比例略高于发达地区平均水平1.3个百分点，低方案低0.9个百分点；与世界平均水平（19.8%）相比，中方案低于平均水平4.2个百分点，而2009年中国的少儿人口比例为19%，低于世界平均水平8个百分点。说明中国少儿人口比例下降速度快于世界发达地区的平均水平，但低于世界平均水平。换言之，到2050年，中国少儿

人口比例在世界上不是最低的前10个国家之列，但与发达国家或地区的平均水平基本持平（见表2-3-10）。

表2-3-10　2050年世界主要地区少儿人口比例比较 %

地区	2050年			2009年		
	0—14岁比例	社会抚养比	少儿抚养比	0—14岁比例	社会抚养比	少儿抚养比
世界	19.8	58.1	31.4	27	53.8	41.5
发达地区	15.4	71.2	26.4	17	49.3	25.4
不发达地区	20.3	58.5	32.2	30	56.3	46.9
最不发达地区	27.0	52.4	41.2	40	75.4	70.2
中国（高方案）	16.7	70.7	28.5			
中国（中方案）	15.6	70.1	26.5	19	37.0	26.0
中国（低方案）	14.5	69.6	24.6			

资料来源：Population Division of the Department of Economic and Social Affairs of the United Nations Secretariat. World Population Prospects：The 2008 Revision［DB/OL］. http：//esa. un. org/unpp. 中国资料由国家老龄科研中心人口预测课题组提供

3. 中国少儿人口比例低水平超前于经济发展水平

（1）从当前的经济发展水平看少儿人口比例

从表2-3-6已看到，2008年人均GDP在2 777—3 756美元之间，共有中国在内的9个国家和地区，0—14岁少儿人口比例从刚果的40.7%，到格鲁吉亚的17.1%，少儿人口差异巨大，最大与最小的差值达23.6个百分点，均值为34.4%，中国少儿人口比例仅高于格鲁吉亚。换言之，中国少儿人口比例的低水平是超前于经济发展水平的，与中国的计划生育政策密不可分。

（2）从当前少儿人口比例角度看经济发展水平

从表2-3-11看到，中国少儿人口比例与其经济发展水平不相匹配，少儿人口比例仅高于美国，低于泰国，而人均GDP略低于泰国，倒数第一。即中国生育率下降不是经济发展的自然结果，而是生育政策人为促进生育水平的下降，少儿人口比例下降先于经济发展水平。

（3）与中国2050年人均GDP水平相近发达国家现行少儿人口比例比较

据全国老龄办提供的资料，按人口中方案预测，2050年中国人均GDP可能达到41 098美元（2009年价，美元）①，以此为标准，在15%上下限内（人均GDP在34 933～47 263美元之间）寻找2008年符合条件的国家和地区，看看这些国家和地

① 中国老龄办提供，附件一，2011—2050年经济预测文稿表2-3-12。

区的少儿人口状况，并与我国2050年少儿人口比例进行比较（见表2-3-12）。

表2-3-11　2008年少儿人口比例相近国家经济发展水平比较

国家	0—14岁比例/%	人均GDP/美元	人口自增率/‰
中国	20.5	3 266.51	5.1
澳大利亚	19.2	47 369.67	7.1
智利	23.2	10 084.42	9.5
古巴	18.1	—	3.6
法国	18.4	44 507.74	4.3
朝鲜	22.2	—	3.7
荷兰	17.9	52 962.73	3.0
泰国	22.0	4 042.78	5.6
英国	17.5	43 541.44	3.5
美国	20.4	46 350.42	6.2
9国均值	19.9	35 551.3	5.2

资料来源：The World Bank. World Development Indicators 2009，USA

表2-3-12　2008年人均GDP相当于中国2050年水平国家的少儿人口比例比较

国家	2008年人均GDP/美元	2008年0—14岁少儿比例/%	2050年		
			中国	人均GDP/美元	0—14岁少儿比例/%
比利时	47 084.9	16.9	高方案	39 020	16.7
加拿大	45 069.53	16.8	中方案	41 098	15.6
法国	44 507.74	18.4	低方案	42 446	14.5
德国	44 446.35	13.7			
意大利	38 492.32	14.2			
日本	38 454.86	13.4			
新加坡	37 597.29	17.1			
西班牙	35 214.79	14.7			
英国	43 541.44	17.5			
美国	46 350.42	20.4			
均值	42 075.97	16.3			

资料来源：The World Bank. World Development Indicators 2009，USA. 中国资料由国家老龄科研中心人口预测课题组提供

从表2-3-12看到，中国在2050年时的人均GDP水平15%的上下限内，在2008年已有10个国家和地区已达到，即中国经济水平落后这些国家至少40年时间。从少

儿人口占总人口的比例看，2050年，按中方案预测，中国0—14岁少儿人口比例将下降到15.6%，低于2008年这10个经济发展水平相近国家0.7个百分点。换言之，在2050年，中国可能达到的经济发展水平（人均GDP）与这10个发达国家2008年相近的经济发展水平时，中国少儿人口比例低于这些国家近1个百分点。

三、人口老龄化态势警戒线

根据前面的分析表明，中国的经济发展水平与这10个发达国家相差40多年，而人口老龄化程度比这些国家高10个百分点左右。说明中国的人口老龄化水平超前于经济发展水平，随着人口老龄化程度的加深，老龄问题将越来越显性化，成为制约中国经济社会发展的重要因素。对此，对中国的人口老龄化程度必须设置一个警戒线，超过这个度，全社会就应该采取有效措施，缓解或化解人口老龄化带来的问题。

（一）60岁及以上老年人口比例超过33%为红色区域

考虑了我国人口老龄化的发展趋势，以及世界发达国家和地区的经验，我们认为，60岁及以上老年人口的比例在现行发达国家的平均水平及以下（22%）是没有问题的。因为总体上发达国家并没有因为人口老龄化严重地影响了经济社会的发展；而且，在有人口统计的200个国家和地区中，只有25个国家和地区60岁及以上老年人口比例大于22%，有88%的国家和地区在21.8%以下。因此，60岁及以上老年人口比例≤22%是安全区。

另一方面，60岁及以上老年人口的比例大于33%是危险区。一是日本经济发展的教训。2008年，日本人均GDP为38 454.86美元，60岁及以上老年人口比例为30.5%。众所周知，日本自90年代以来，经济出现滞胀，经济增长速度从1955—1973年的年均增长率9.22%下降为1990—2000年的年均1.1%，2000—2007年回升到1.7%。当然日本经济增长速度下降的原因很多，但与日本人口的少子老龄化不能说没有关系。二是未来人口老龄化的发展趋势。据预测，到2050年，世界发达国家和地区60岁及以上老年人口占总人口的比例平均为33%，这是一个目前任何国家都没有达到过的高度，届时只有37个国家和地区的老年人口比例超过33%，只占全世界各国和地区的18%。

（二）65岁及以上老年人口比例超过24%为红色区域

如果以65岁及以上老年人口的比例为标准，以现行发达国家的平均水平16.0%是没有问题的。一是在有人口统计的191个国家和地区中，只有19个国家和地区65岁及以上老年人口的比例大于16.0%，有90.0%的国家和地区，其人口老龄化水平在16.0%以下；二是按照60岁老年人口比例与65岁老年人口比例的换算公式，60

岁及以上老年人口比例为 21.8%，换算成 65 岁老年人口比例为 16%。因此，65 岁及以上老年人口比例≤16.0%是安全区。

另一方面，如果 65 岁及以上老年人口比例超过 24%是危险的。一是根据 60 岁与 65 岁及以上老年人口比例的换算公式，60 岁及以上老年人口比例为 32.6%，转换成 65 岁及以上老年人口比例则是 24%。二是 2008 年人均 GDP 相当于中国 2050 年水平的 10 个发达国家和地区，65 岁及以上老年人口比例均值为 16.4%，低于 24%的警戒线 7.6 个百分点。但这是中国 2050 年的经济发展水平。三是到 2050 年，65 岁及以上老年人口比例超过 24%的国家和地区共有 47 个，占所有国家和地区的 23%。

综上所述，我国老年人口的警戒线：60 岁及以上老年人口比例超过 33%，65 岁及以上老年人口比例为 24%（见表 2-3-13）。

表 2-3-13　以 60 和 65 岁老年人口为标准的人口老龄化警戒线　　%

年龄分组	安全线	警戒区域	警戒线
60 岁	≤22	22～33	≥33
65 岁	≤16	16～24	≥24

（三）中国少儿人口比例 16%为红色区域

过低的生育率也不利于社会、经济、人口的可持续性发展，由其所带来的问题的复杂性和严重性甚至可能超过由于数量而引起的问题。根据前面的分析表明，中国的经济发展水平与这 10 个发达国家相差 40 多年，而少儿人口比例与这些国家基本持平，略低 1 个百分点左右。说明中国的生育率水平下降超前于经济发展水平。

1. 0—14 岁少儿人口比例小于 16%为红色区域

考虑了我国少子老龄化的发展趋势，以及世界发达国家和地区的经验，我们认为，0—14 岁少儿人口的比例如果低于 2050 年发达国家平均水平（15.4%）是危险的。一是到 2050 年，在有 0—14 岁少儿人口统计的 201 个国家和地区中，有 35 个国家和地区 0—14 岁少儿人口比例小于 15.4%，只占所有国家和地区的 17%。因此，如果少儿人口比例在 15.4%以下是危险的。二是，2008 年人均 GDP 相当于中国 2050 年水平的 10 个发达国家和地区，0—14 岁少儿人口的比例均值为 16.3%，高于 2050 年发达国家和地区平均水平 0.9 个百分点，这是中国 2050 年的经济发展水平。

2. 0—14 岁少儿人口比例大于 20%为绿色区域

第一，2009 年，发达国家和地区少儿人口的比例为 17%，大多数发达国家政府对本国出生率太低，政府采取鼓励生育的政策，即使以前采取控制生育政策的国家，目前已改变人口政策。如 1986 年新加坡“两孩即止”的生育控制口号被“如果养得起，多生子女”的生育倡导口号所取代，并提供一系列的实惠性奖励措施，鼓励生育，以阻止生育率的进一步下滑。日本政府于1990年成立了跨部门的委员会，以营造一个有利于生儿育女的社会氛围，并以增加婴儿补贴、建立幼儿看护基金、实施儿童和家庭照料法案等方式刺激人口出生率。韩国政府从2003年开始，彻底改变了1960年代以来推行的“小规模家庭计划”，并为没有尽早鼓励生育而后悔。同样，欧洲一些国家（如奥地利、瑞典）也采取了许多鼓励生育的措施。① 第二，2008年，与中国少儿人口比例上下15%区间的国家有9个，其少儿人口比例均值为19.9%，人均GDP为35 551美元，与2050年中国人口高方案下人均GDP为39 020美元比较接近（见表2-3-14）。

表2-3-14　2008年人口自然增长率进入零或负增长的国家和地区 ‰

国家和地区	1960年	1970年	1980年	1990年	2000年	2008年
白俄罗斯	14.5	8.7	6.3	3.2	-4.1	-2.7
波黑共和国	23.6	15.8	12.3	6.0	3.2	-0.7
保加利亚	9.7	7.2	3.4	-0.3	-5.1	-4.3
海峡群岛	4.4	2.2	-0.6	1.0	0.5	-0.1
克罗地亚	7.7	5.0	3.8	0.7	-1.5	-1.9
爱沙尼亚	5.5	4.3	3.3	1.7	-3.9	-0.5
*德国	5.3	0.9	-1.1	-0.1	-0.9	-2.0
*匈牙利	4.5	3.1	0.3	-1.9	-3.7	-3.1
*意大利	8.5	7.1	1.5	0.6	-0.4	-0.1
*日本	9.7	11.8	7.4	3.3	1.7	-0.4
拉脱维亚	5.7	3.2	2.1	1.2	-5.1	-3.1
立陶宛	12.7	8.1	5.9	4.6	-1.3	-2.6
马尔代夫	13.8	8.5	9.5	8.1	-0.5	-0.7
*葡萄牙	13.3	9.7	6.5	1.4	1.1	0.0
*罗马尼亚	10.4	11.6	7.5	3.1	-1.0	-1.5
*俄罗斯联邦	—	—	4.9	2.2	-6.7	-2.5
塞尔维亚	—	—	—	—	-4.0	-4.6
*乌克兰	10.4	6.3	3.4	0.6	-7.5	-5.3

注：*代表该国2008年总人口超过1 000万人

资料来源：The World Bank. World Development Indicators 2009 [DB/OL]. http://data.worldbank.org

综上所述，我国0—14岁少儿人口的警戒线16%，如果低于此线，为红色区域，如果高于20%为绿色安全区域。

① 杨菊华．生育政策与人口老龄化的国际比较［J］．探索与争鸣，2009（7）．

四、人口自增率的警戒线

（一）中国当前的人口增长率高于发达国家平均水平，低于世界平均水平

根据世界银行的统计，到2008年底，全世界有统计的210个国家和地区当中，有18国家和地区的人口自然增长率为负增长或零增长（见表2-3-14）。人口负增长率最高的国家是乌克兰，2008年达－5.3‰，其次是塞尔维亚，人口自然增长率为－4.6‰，人口自然负增长最小的国家和地区是意大利和海峡群岛。在这18个国家和地区中，只有8个国和地区的人口超过1 000万人，其中德国人口于1972年最早进入负增长，自然增长率为－0.9‰，尔后处于波动状态，到2008年，人口自增率为－2.0‰；匈牙利继德国之后，于1981年人口自然增长率进入负增长的状态，到2008年降到－3.1‰；日本自2005年开始，人口自然增长进入负增长，到2008年人口自然增长率为－0.4‰。

值得注意的是，国外一些国家的自然增长率与人口增长率是不相同的（见表2-3-15）。如匈牙利，2007—2008年人口自然增长率为－3.1‰，但人口增长率为－1.8‰，说明该国是人口净迁入国，人口年增长率大于人口自然增长率。又如意大利，2007—2008年人口自然增长率为－0.1‰，但人口增长率为－0.6‰，说明该国是人口净迁出国，人口年增长率小于人口自然增长率。换言之，一国政府可以根据经济发展的需要，有时通过调控国际迁移流量达到合理的人口增长的目的。因此，人口增长率在估计一国人口实际增长状况上，优于人口自然增长率，对此，我们用人口增长率不用人口自然增长率。但由于中国是人口大国，国际迁移量相对较小，因此，中国仍沿用人口自然增长率指标。

表2-3-15　2008年人口超千万且人口自然负增长的国家 ‰

国家	经济类型	人口自然负增长		人口年均增长率	
		1999—2000年	2007—2008年	1999—2000年	2007—2008年
德国	高收入	－0.9	－2.0	1.5	－1.9
匈牙利	高收入	－3.7	－3.1	－2.6	－1.8
意大利	高收入	－0.4	－0.1	－4.0	－0.6
日本	高收入	1.7	－0.4	1.7	－0.5
罗马尼亚	中高收入	－1.0	－1.5	－0.7	－1.5
俄罗斯联邦	中高收入	－6.7	－2.5	0.0	－1.1
乌克兰	中高收入	－7.5	－5.3	－10.1	－5.4
葡萄牙	高收入	1.1	0.0	5.0	1.0
均值	—	－2.2	－1.9	－1.2	－1.5

资料来源：The World Bank. World Development Indicators 2009［DB/OL］. http：//data. worldbank. org

2009年中国人口自然增长率为5‰，高于发达国家和地区2‰的平均水平3个千分点，低于世界12‰的平均水平7个千分点，更低于不发达国家和地区的14‰的平

均水平 9 个千分点。

(二) 2050 年中国人口增长率低于发达国家的平均水平

根据全国老龄办提供的预测资料，2045—2050 年，按高中低三方案中国人口增长率分别为－0.1%、－0.3%和－0.4%，与同期发达国家平均水平－0.1%相比，中方案和高方案均低于发达国家平均水平；与 2008 年人均 GDP 达到 2050 年中国人均 GDP 水平的发达国家相比，除德国、日本和新加坡外，中国人口年均增长率低于其余发达国家和地区，明显超前于经济社会发展水平（见表 2-3-16）。

表 2-3-16 人均 GDP 相当于中国 2050 年水平 2008 年人口增长率

国家	2008 年人均 GDP/美元	2008 年人口增长率/%	2045—2050 年人口增长率/%
比利时	47 084.9	0.8	0.03
加拿大	45 069.53	1.0	0.43
法国	44 507.74	0.5	0.00
德国	44 446.35	－0.2	－0.56
意大利	38 492.32	0.8	－0.28
日本	38 454.86	－0.1	－0.79
新加坡	37 597.29	5.3	－0.45
西班牙	35 214.79	1.5	0.05
英国	43 541.44	0.7	0.29
美国	46 350.42	0.9	0.36
均值	42 075.97	1.1	－0.09
中国 2050 高方案	39 020	—	－0.12
中国 2050 中方案	41 098	0.5	－0.27
中国 2050 低方案	42 446	—	－0.41

资料来源：The World Bank. World Development Indicators 2009［DB/OL］. http：//data. worldbank. org. 中国资料由国家老龄科研中心人口预测课题组提供

(三) 中国人口增长率低于－2‰为红色区域

由于人口增长率主要取决于人口的出生率和死亡率，而人口死亡率的变化是渐进的，不可能在短期内出现大的革命性的变化，因此，关键取决于人口出生率。在中国，主要取决于人口的生育政策。考虑到中国是世界人口大国，从战略上看，中国人口过剩是长期的趋势，但从战术上讲，人口增长率的快速、持续下降所带来的人口结构负面效应，大大超过人口数量增长带来的负效应，处理的难度更大更复杂。因此，我们认为，中国控制人口的长期战略不会改变，但目前的生育政策应该完善。

人口减少在一定程度上会降低国家竞争力。柏林人口问题专家克罗纳特担忧地表示："当未来几十年德国劳动人口下降 30%时，德国就会变成一个经济弱国"。[①] 当一

① 莽九晨，卢昊，樊夏，等．养儿成本加剧全球"丁克潮"［N］．环球时报，2010-07-14.

种社会现象达到一定的极端化程度后，社会会自主地进行调节。

2008年人口超千万且人口负增长的国家的均值为－0.15％，而2008年人均GDP相当于中国2050年水平的发达国家，2008年人口增长率为1.13％。其中日本2008年的人口增长率为－0.05％，但日本已从控制人口生育政策到转向鼓励人口生育的政策，说明日本政府认为现时的人口增长率太低，故采取措施提高出生率，从而提高人口增长率。

到2050年，世界发达国家和地区人口增长率的平均水平为－0.07％，2008年人均GDP相当于中国2050年水平的发达国家，其2050年人口增长率为－0.09％，低于1％；不发达国家和地区的平均水平为0.41％，低于5‰。综合以上分析，我们认为，中国未来人口增长率出现较大正增长可能性较少，因此，人口增长率在10‰到1‰之间都是合理的。若人口增长率高于10‰，考虑到我国人口基数大，人口正增长将带来总人口的增长，对经济、资源环境产生压力。

此外，2008年人口超千万且人口负增长的国家中，除乌克兰的人口负增长率达到－5.4‰，其余所有国家的人口负增长率均在－2‰以上（见表2-3-15）。事实上，目前人口负增长的国家，其政府都在努力实施鼓励生育的政策，以提高出生率。即使2050年，人口负增长率在－2‰以下的有44个国家和地区，占世界201个国家和地区的21％。因此，如果人口增长率低于－2‰，我们认为将对人口自身的生产和再生产产生不利的影响，是不可持续的。

五、未来中国人口老龄化态势警戒区域分布

综合前面的分析，我们把未来中国人口老龄化态势警戒线标准归纳见表2-3-17。

表2-3-17　人口老龄化态势警戒线指标及标准

项目	60岁老年人口比例/％	0—14岁少儿人口比例/％	总人口增长率/‰	意义
绿灯区	≤22	≥20	10～1	处于适度状态
黄灯区	22～33	16～20	1～－2	人口老龄化开始攀升，局部地区达到警戒线，密切关注人口比例及增长率的变化，应及时予以解决，做好应付全国性预案
红灯区	≥33	≤16	≤－2	发出全国警报，立即采用应付全国性预案，检讨并调整相关生育政策等。

根据表2-3-17及未来中国人口预测资料，我们按老年人口比例、少儿人口比例及人口增长率三条警戒线标准，对未来中国人口老龄化态势进行预警。

（一）中国老年人口比例自本世纪中叶始进入红色区域

研究表明，不论高、中、低预测方案，中国人口老龄化程度在2027年前，都是

安全的，60 岁及以上老年人口比例小于 22%。而到了本世纪中叶，由于预测方案假设的不同，老年人口比例出现了分化，高方案在 2051—2057 年进入红色区域，比低方案的 2047 年晚 4 年，比中方案晚 2 年（见表 2-3-18，图 2-3-1—2-3-3）。

表 2-3-18　中国未来 60 岁及以上老年人口比例年份预警

指标	高方案	中方案	低方案
绿色区域	2011—2026 年	2011—2026 年	2011—2025 年
黄色区域	2027—2050 年/2058—2100 年	2027—2048 年/2065—2076 年	2026—2046 年
红色区域	2051—2057 年	2049—2064 年/2077—2100 年	2047—2100 年

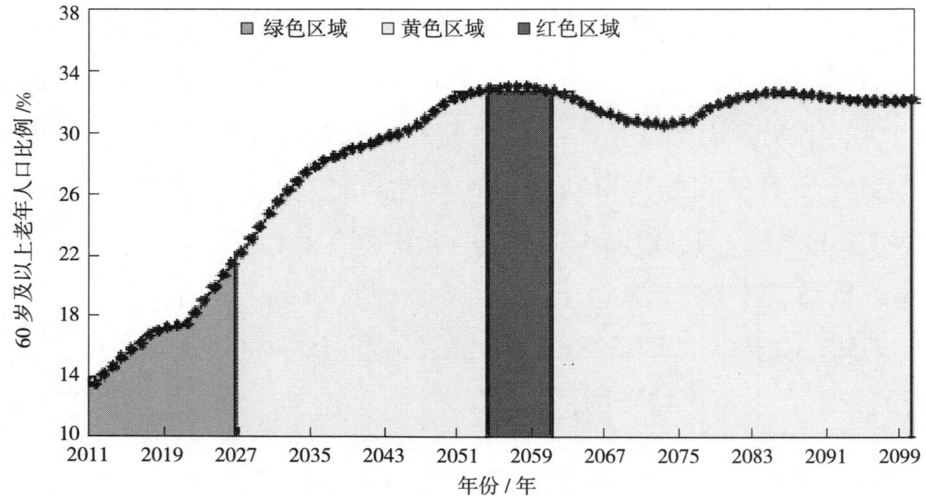

图 2-3-1　高方案下 60 岁及以上老年人口比例警戒线图

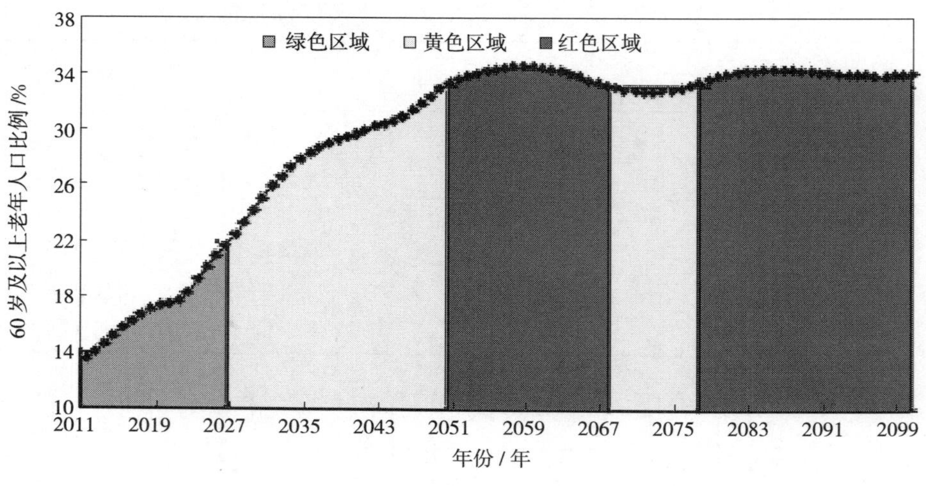

图 2-3-2　中方案下 60 岁及以上老年人口比例警戒线图

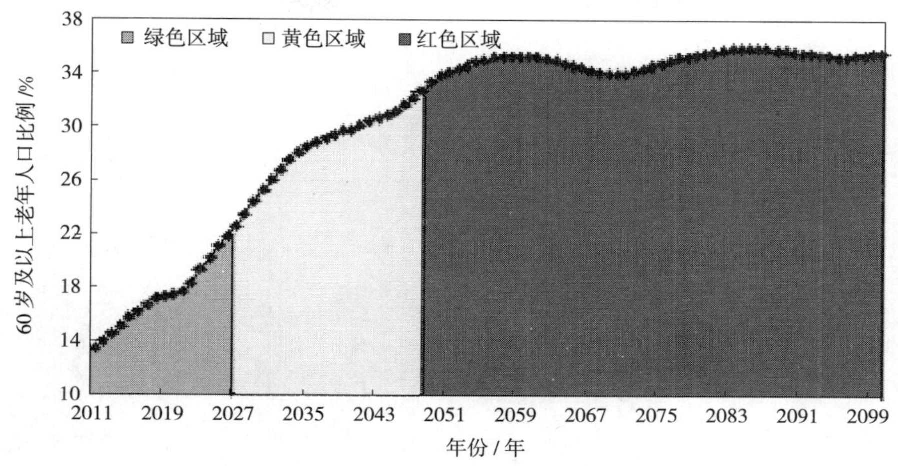

图 2-3-3　低方案下 60 岁及以上老年人口比例警戒线图

（二）中国少儿人口比例自本世纪 30 年代初进入红色区域

不论高、中、低预测方案，中国 0—14 岁少儿人口比例都在 20%以下，按照前面设定的标准，少儿人口比例已进入了黄色区域。目前，虽然在全局范围内没有到预警范围，但部分省区已在 20%以下，应采取有效措施。如果局部不采取措施，到 30 年代初，全国将进入红色预警区（见表 2-3-19，图 2-3-4）。

表 2-3-19　中国未来少儿人口比例年份预警

指标	高方案	中方案	低方案
绿色区域	—	—	—
黄色区域	2011—2033 年 2047—2060 年 2075—2090 年	2011—2031 年	2011—2029 年
红色区域	2034—2046 年 2061—2074 年 2091—2100 年	2032—2100 年	2030—2100 年

从表 2-3-19 看到，从少儿人口比例看，表 2-3-19 告诉我们，低方案对中国少儿人口发展，乃至对整个人口发展是不利的。

（三）中国人口增长率自本世纪 40 年代后进入红色区域

人口增长率警戒线，受人口预测方案设定影响最大。在高方案假设下，在本世纪中叶以前，中国人口增长率在绿色区域内，从 2051 年到 80 年代中期才会进入红色预警区域；在中方案假设下，中国人口增长率在 20 年代中期前是处于绿色区域，到 40 年代中期后进入红色预警区域；在低方案假设下，中国人口增长率只有在 2025 年前是绿色区域，从 2037 年起全国将进入红色预警区，人口增长率一直在－2‰以下，其中在 2051 年始一直在－5‰以下（见表 2-3-20，图 2-3-5）。这是到目前除乌克兰以外，世界上还没有出现过的低增长率。

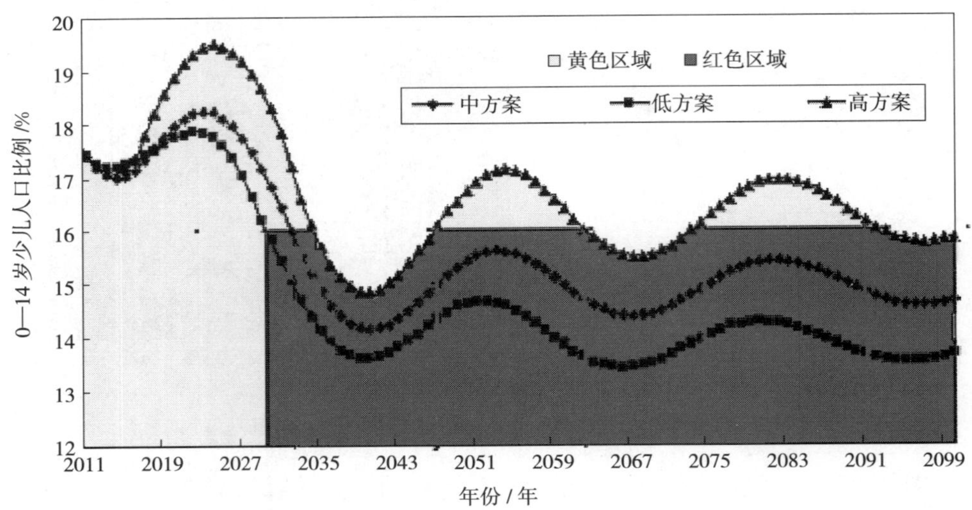

图 2-3-4 高中低方案下 0—14 岁少儿人口比例警戒线图

表 2-3-20 中国人口增长率年份预警

指标	高方案	中方案	低方案
绿色区域	2011—2027 年	2011—2026 年	2011—2025 年
黄色区域	2028—2050 年 2086—2100 年	2027—2045 年	2026—2036 年
红色区域	2051—2085 年	2046—2100 年	2037—2100 年

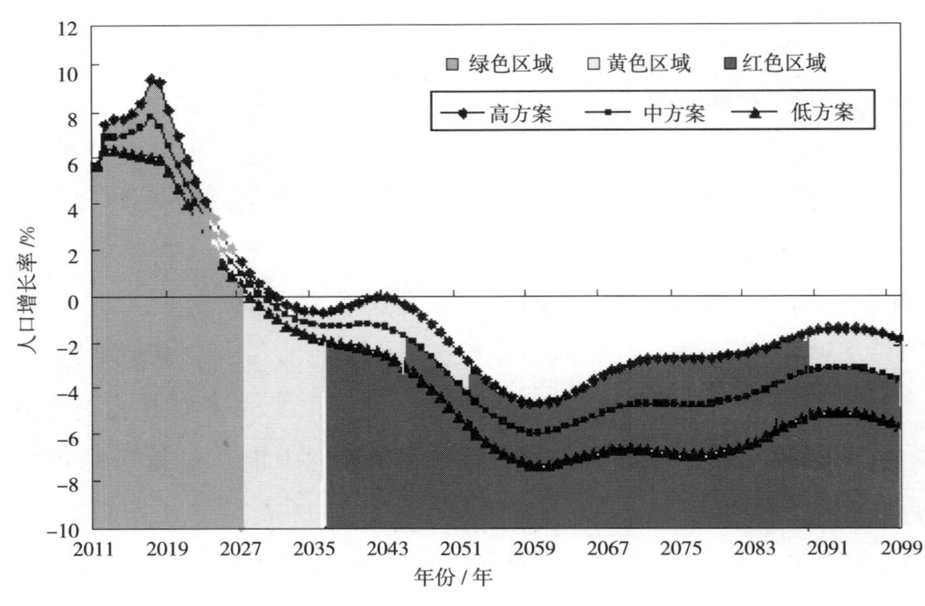

图 2-3-5 高中低方案下人口增长率警戒线图

综合比较老年人口比例、少儿人口比例及人口增长率三条警戒线，从中方案看，中国未来人口老龄化态势在2030年前不会出现大的警情。换言之，在人口老龄化进入红色区域以前，我们应对人口老龄化危机的准备时间只有短短不到20年。

附表 2-3-1　未来90年我国不同口径老年抚养比的变化（中方案）　%

年份	15—64岁		16—59岁		18—59岁		15—59岁	
	65+老年抚养比1	社会抚养比1	60+老年抚养比2	社会抚养比2	60+老年抚养比3	社会抚养比3	60+老年抚养比4	社会抚养比4
2015	14.20	37.94	23.88	51.07	25.03	56.83	23.88	49.62
2020	18.28	45.24	27.90	58.70	29.30	64.94	27.90	57.06
2025	21.31	48.96	34.95	67.57	36.90	74.92	34.95	65.71
2030	26.43	52.03	43.84	75.23	46.97	85.32	43.84	72.96
2035	32.88	55.39	50.58	78.34	54.43	89.51	50.58	76.10
2040	38.40	60.69	53.96	80.56	57.19	89.46	53.96	78.75
2045	40.93	65.13	58.22	87.02	61.30	95.20	58.22	85.38
2050	43.62	70.15	67.81	100.65	71.69	110.18	67.81	98.82
2055	50.02	78.01	70.71	104.69	75.44	116.11	70.71	102.55
2060	51.16	77.87	66.78	98.50	71.61	110.45	66.78	96.25
2065	48.02	72.90	62.48	91.86	66.72	102.69	62.48	89.78
2070	44.99	69.58	60.28	89.33	63.94	98.86	60.28	87.47
2075	43.29	68.86	62.39	93.21	66.05	102.60	62.39	91.38
2080	44.92	71.75	67.30	100.29	71.57	110.85	67.30	98.28
2085	49.15	76.48	68.34	101.34	73.03	112.86	68.34	99.18
2090	50.66	77.18	66.88	98.41	71.52	109.86	66.88	96.26
2095	49.90	75.55	65.42	95.76	69.73	106.49	65.42	93.74
2100	48.50	74.11	65.72	96.23	69.81	106.41	65.72	94.30

第三篇 老龄事业发展指标体系研究

指标体系是指为完成一定研究目的而由若干个相互联系的指标组成的指标群。指标体系由指标元素（包含指标概念、计算范围、计量单位等）和指标结构（各指标间的关系）构成。老龄事业发展指标体系就是结合老龄事业的发展规律和特点提出的定量分析老龄事业发展水平的多指标集合，其构建目的是通过建立一套可操作的、定量化的指标体系及评估方法，综合地、动态地衡量国家或地区老龄事业的发展水平。本指标体系紧紧围绕着老龄事业这个核心，由反映老龄事业各个侧面的多个指标，按一定结构层次和内在联系集合而成有机整体。

构建老龄事业发展指标体系，需要在科学界定老龄事业的内涵与外延和分析我国老龄事业发展基本状况、现实需求及未来发展方向的基础上，研究提出本套指标体系的功能和构建原则，明确指标基本框架结构和评估方法。

第一章　老龄事业发展指标体系的功能定位与构建原则

一、功能定位

进行功能定位，即明确所要构建的老龄事业发展指标体系具备哪些功能，是本项研究工作的基础。总体而言，老龄事业发展指标体系的基本功能是综合反映、定量体现国家或地区的老龄事业发展水平，并对政策的制定和实施有现实指导意义；具体而言，要具备以下功能：

（一）描述功能

全面、客观地展现老龄事业发展状态。老龄事业发展指标体系是由多级指标构成的，不同层级指标是老龄事业构成内容不断细化的体现，反映了老龄事业的框架结构，最后生成的各项具体指标都代表老龄事业一个方面的具体内容，其指标值真实反映该项指标在一个地区或全国的实现状况。描述功能是老龄事业发展指标体系诸多功能的基础。

（二）评价功能

动态反映老龄事业各要素发展状态及其协调度，这是本指标体系最基本的功能。老龄事业发展指标体系作为一种测度工具，对老龄事业发展状况能够测量和评判，以量化的方式提供直接的、准确的状态信息。通过不同指标的比较，可以判断出哪些方面发展得比较好，哪些方面还存在薄弱环节。通过地区间、地区与全国平均水平的比较，可以判断出老龄事业处于什么发展水平、位于什么发展阶段。通过不同年份的比较，可以判断出老龄事业各项指标的发展变化。

（三）解释功能

解释老龄事业发展的成绩和存在的问题。本指标体系的构建目的不仅要呈现老龄事业发展的各项指标数据，反映老龄事业的发展状态，更重要的是要对这一状态进行解释：为什么某些方面发展得好，某些方面还存在薄弱环节；为什么某些指标在各地区发展不平衡；为什么某些指标在不同阶段有起伏，等等。这些都需要通过对各项指标值的深入分析进行解释。

（四）预警功能

对老龄事业可能存在的负面问题提出早期预警。指标体系要具备对事业未来发展趋势的预见性能力。一定意义上，构建指标体系不是为了彰显成绩，而是为了显露存在的问题，分析存在的问题和不足。通过老龄事业发展指标体系所呈现的数据资料，在对过去和目前老龄事业发展发展状况进行综合分析的基础上，探索老龄事业发展规律，对未来一定时期老龄事业发展趋势作出科学的预测。

（五）决策服务功能

为各级政府发展老龄事业提供决策参考，这是构建本指标体系的终极目的。本指标体系为制定老龄事业政策提供确切的数量依据，能够促进各方面政策的完善。通过呈现老龄事业发展状况、评估老龄事业发展水平、研究分析存在的问题、提出未来发展走向，可以为各级政府确定老龄事业发展中的关键问题和优先发展领域，为决策层把握现状、处理问题、研究发展措施提供依据。

上述功能是我们所要构建的老龄事业发展指标体系必须具备的。全国各地近年来都开展了老龄事业统计年报工作。根据全国老龄工作委员会办公室《关于开展老龄事业统计工作的通知》（全国老龄办发［2004］30号），从2004年起，反映老龄事业发展的统计数据被国家统计局批准正式纳入全国民政统计指标体系。我们认为，老龄事业发展统计数据超出了民政统计范围，从民政角度统计是有局限性的。另外，这些统计数据只是一些描述性指标数据的集合，尚缺乏理论基础，没有形成理论框架，不具备监测、评判老龄事业发展水平的基本功能。我们所设计的老龄事业发展指标不同于目前各地每年填报的老龄事业统计指标，它应是衡量一个地区老龄事业不同构成部分和整体发展水平的测度指标，整个指标体系有构建的理论基础，具备描述、评价、解释、预警、决策服务等基本功能。

二、构建原则

根据老龄事业发展指标体系构建的目的及功能，在选取指标和构建指标体系时必须遵循如下原则：

（一）全面性和代表性

本指标体系要覆盖老龄事业的不同方面，比较全面地反映老龄事业发展的整体状况。但老龄事业涉及众多领域，这就要求老龄事业发展指标体系既要有足够的涵盖面，又要在全局中把握重点，不可面面俱到。既要兼顾到老龄事业的各个重要方面，对于主要内容不应有所遗漏，同时选取指标又要具有代表性，使用尽可能少的指标反映尽可能多的信息，避免指标之间关联性过强。

（二）实用性和可行性

在构建统计指标体系时，经常存在“最需要的指标”与“最易得指标”的矛盾，既不能简单化地按照“最易得指标”来构建，又不能脱离实际过于追求理想化的指标体系。指标体系的构建要尽可能全面、客观评价老龄事业各个层面的状况，同时又必须考虑统计实践的可操作性和现实数据资料支持的可行性：统计指标的信度和效度如何，统计的复杂程度和获取成本的高低，是否为有关部门和公众所接受，都是要考虑的因素。为此，应控制指标体系规模，尽力选择包含综合信息的指标，各项指标力求简单易懂，概念清晰，便于各地在应用时搜集资料。大部分指标数据应从现有统计资料获得，尽量减少搜集数据有现实困难的指标，多采用通过公开发布的资料即可收集数据的指标，计算公式和评价过程也要尽量简单可操作。

（三）可比性和可靠性

统计指标口径的可比性和资料来源的可靠性是老龄事业指标体系研究应该注意的重要环节。指标的选取应符合相关国家政策标准，能够尽量采用现有相关指标及其评价方法，与我国经济社会发展的大背景、有关政策相符合，要考虑到与其他相关社会制度的衔接和协调。要考虑各地区对指标含义、口径和范围、计算方法的一致和不同时期内的相对稳定，尽量借鉴国际国内通行的统计标准和规范。为便于横向和纵向比较，本研究数据来源一般是正式出版的统计年鉴等综合性统计出版物，或已对外发布的全国各省市区老龄办统计年报。

（四）目的性和敏感性

每项指标都要考虑符合设计的目的，明确在整个指标体系中的地位，确定其名称、涵义、计算方法、计量单位等。指标的选取必须以老年学理论和老龄事业发展实践为依据，能够反映老龄事业发展的水平和发展目标实现程度。随着形势的发展，指标体系需要更新完善，但本套指标体系要体现当前对老龄事业的最高认识水准，便于不同区域间比较。

本指标体系要有对现有政策和社会环境的敏感性。是否具有敏感性是判断一个指标体系生命力的关键。选取的指标要对老龄事业发展现状与未来走向、老龄政策法规、社会环境改变具有敏感性，对老龄事业的发展变化乃至出现的问题有一定程度的展现。缺乏对现状和发展趋势的敏感性，指标体系就会脱离实际。西方国家早在上个世纪 60 年代就建立了经济方面的“先兆”指标体系，所选用的都是敏感性的有关指标。国内学者也提出了社会方面的预警指标体系。[①]

第二章　老龄事业发展指标体系的构建方法

基于对老龄事业内涵的认识以及对我国老龄事业发展过程、现状和未来发展方向的分析，参考国内外老龄事业发展指标和相关社会事业发展指标及其构建方法，根据功能定位和构建原则，设计一套能够呈现老龄事业发展状况、评估老龄事业发展水平、指导各地老龄事业发展方向的指标体系。这个指标体系应从全局的高度、大老龄的视角，涵盖老龄事业的各个方面，紧紧围绕我国老龄事业的发展目标。设计的基本步骤是：

一、确定指标框架设计方法

考察前文的指标体系框架设计方法，结合老龄事业的发展现状和特点，在一级指标构成时，我们采用范围法和目标法相结合的方法。课题组最初拟以六个“老有”为目标构建指标体系，但在设计过程中发现细分目标存在困难，主要是由于六个“老有”作为最高目标比较抽象，而且相互关联性比较强，特别是“老有所学”、“老有所教”、“老有所乐”之间互有交融。同时，有些老龄事业发展指标对于上述几个方面都有促进作用，难以归类到一个方面。因此，我们以六个“老有”为主线，结合老龄事业的具体实践内容，按照减少关联性的原则设计出一级指标，力求涵盖和准确表达老龄事业的基本构成内容。一级指标形成以后，则采用分析法，逐步细分至具体可以赋

① 朱庆芳，吴寒光．社会指标体系［M］．北京：中国社会科学出版社，2001.

值的指标。

二、确定指标范围和内容

在前面的研究中，我们已经对老龄事业基本内涵与发展目标作了界定，这是构建老龄事业发展指标体系的基础。老龄事业是一个由多个内在联系的要素构成的有机整体，其基本框架主要包括建立养老和医疗社会保障、开展养老和医疗服务、促进老年人社会参与、开展老年人学习与社会活动、创设家庭和社会支持环境等，其最终奋斗目标是实现六个“老有”。根据老龄事业的基本内涵与发展目标，确定与发展老龄事业相关的主要领域，继而确定哪些方面有必要建立指标。同时，要力求反映不同子系统之间，同一子系统中不同要素之间层次关系，形成合理的层次结构特征。

本指标体系采用 Thomas M. Paris 和 Robert M. Kates 对指标的定义：指标是对达到（远离）既定目标的进展情况的定量测度，描述的是实际成果，不包括影响其进步的驱动力因素和政策响应因素，也不包括有益的计划。我们认为，驱动力—状态—响应（DSR）或压力—状态—响应（PSR）模型生成指标是有一定局限性的。政策制度本身只是促进事业发展的可能驱动因素，并不实际反映事业发展的水平。尤其是在一些地方，政策、计划、规划的执行力比较差，实际成效难以与其响应。实际上，所有的驱动力或压力因素最终都要体现在实际成效上。因此，本指标体系所有指标都是政策成效和老龄事业实际发展水平的指标，不采用一些地方考核老龄工作所使用的诸如“领导重视”、“出台文件”等指标。政策法规制度不纳入评价指标，而是尽量通过一些具体的成效指标反映政策执行的效果。

三、明确指标边界

在设计老龄事业发展指标体系时，需要考虑指标的空间适用单元。一般来说，指标应与行政边界一致、行业内部为单元，但有时会出现跨行政区域或跨行业的问题。本指标体系是全国老龄工作委员会委托研究的，主要目的是从全国的角度考察各地老龄事业的发展状况，我们将指标体系空间适用单元定位为各省、市、区，以省级为考察单位。以省级为考察单位，既有利于统计口径的一致性，也有利于减少有关指标数据的重叠和缺失。地级及以下行政单位若应用本套指标体系，在具体指标值和权重方面是需要修正调整的。考虑到目前统计数据的可获性以及老年人口迁移流动比例相对较低，我们以户籍人口为主要指标口径，兼顾常住人口指标。

四、考虑指标值不确定性

由于对指标临界水平认识上的差异、数据系列不完整且可信度低等因素，有些指标值具有不确定性，需要采用临界水平或数据可信度范围加以体现，如“不超过”、“低于”、“大于”等。临界水平一般采用国际或国内通行的有关指标值，有的采用平均值。本指标体系中，有些指标（主要是部分地区采用但具有导向意义的新指标）的临界水平是根据部分地区的实践经验确定的。

五、选取个体指标

个体指标的选取一般经过潜在指标的概念化、设计可供选择的指标、评估可供选择的指标、精简指标组合、确定指标等几个步骤[①]常有两类：一是自上而下法，即由专家定义指标，由决策者根据实践经验和具体需要进行修改。二是自下而上法，即由决策者选择指标向专家咨询。本课题采用的是自上而下法。课题组成员中高等院校社会建设研究领域专家和政府老龄科研机构研究人员（有多年从事老龄工作和老年学研究经验）的组合，使指标的选取融合了理论框架与实践经验，某种意义上实现了上述两类指标选取方法的结合。

根据我国老龄事业的发展特点，在具体生成事业发展指标体系时，考虑静态指标与动态指标相结合、客观指标与主观指标相结合、现实性与前瞻性相结合、普遍性与地域性相结合。在完成各层次指标设计后，对所有指标进行拟合，构成省级老龄事业发展指标体系。

第三章　老龄事业发展指标体系框架

根据老龄事业的界定、老龄事业发展指标体系的功能定位和构建原则，首先确定目标层，然后进行准则层和指标层的细分。前文对我国老龄事业发展现状及发展框架的分析，是我们构建各级指标的基础。依据以上思路和方法，我们将老龄事业发展指标体系分为“老年人收入保障指标 F1”、“老年人医疗保障指标 F2”、“老龄服务保障

---

① Sahvelson，Richard. etc. Steps in Designing an Indicator System，ERIC Clearinghouse on Test，Measurement，and Evaluation，Washington DC.

指标 F3”、“老年人社会参与保障指标 F4”、“老龄事业发展保障指标 F5”五个目标层，每个层次指标从不同方面设置准则层指标，共 26 个（见图 3-3-1），然后进一步细化到指标层，共设置了 50 个可以量化的子指标（见表 3-4-1）。

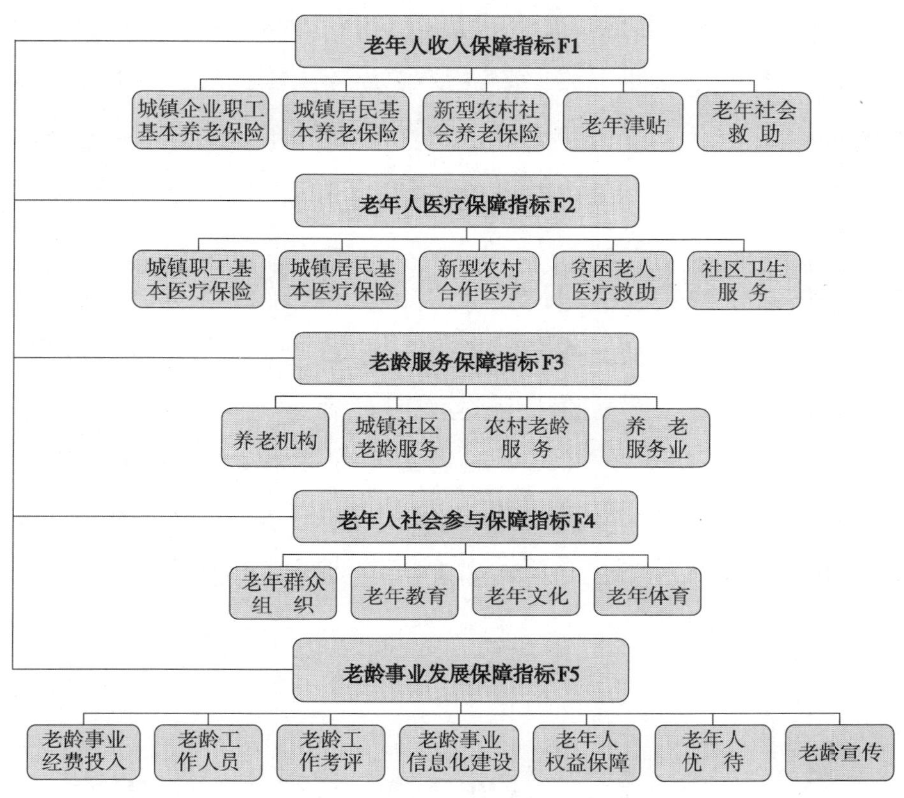

图 3-3-1　老龄事业发展指标体系

本指标框架和指标构成是基于前文所述的五项功能和四项构建原则、对国内外老龄政策指标的比较研究、对相关发展指标设计方法的借鉴、对我国老龄事业发展历程的深入分析以及与直接从事老龄工作多年人士的广泛探讨而设计的，数易其稿。“目标层”反映老龄事业发展的主干框架，其五项指标是根据我国老龄事业的发展现状和未来发展框架，采用范围法和目标法相结合的方法而设计的。老年人收入、医疗、服务、社会参与和老龄事业发展保障这五项指标及其构成涵盖我国老龄事业的主要内容、发展目标和保障措施。我们认为，这五个方面的实现程度体现了老龄事业的发展水平。

“准则层”和“指标层”除采用老龄办系统的统计指标外，其他指标尽量有可靠的文献来源验证（主要参考了小康社会指标体系、文明城市测评体系、残疾人事业测评体系及卫生、社会保障、体育统计指标）。准则层反映目标层的制度实现形式，指标层则是对实施各项制度的量化考察，是老龄事业发展水平在各方面的具体体现。在

"指标层"中，有些指标是政府综合部门和职能部门（包括老龄办）每年统计公报公布数据的，有些指标（如医疗保障方面）在政府职能部门内部管理数据中已经按不同年龄段统计但并没有按 60 岁及以上进行分类汇总，而有些指标（如低保老年人数、参加"新型农村合作医疗"老年人数）目前尚无按年龄的分类统计，另一些指标（如老年人居家死亡无人知晓事件、养老服务从业人员数等）目前还没有政府职能部门进行统计，但根据老龄事业发展的需要，有必要进行专门统计。我们希望通过设置这些指标，深化老龄事业的内涵，促进各涉老部门的工作，推动老龄事业的规范化发展。

为了提高本指标体系的科学性，课题组除召开小型座谈会进行论证外，采用了德尔菲法，充分听取有关专家的修改意见，不断完善指标，并最后根据专家评分确定各指标权重。课题组先后 2 次在全国范围内征询了 7 位资深人士①（8 年以上老龄工作经验），并在该领域有一定影响的老龄工作者和社会保障领域的知名专家，其中 6 位专家参与全过程打分）的意见。他们从各自的专业、各地的实际情况出发，对各层指标的构成及其参考值都提出了大量的宝贵的具体修改意见，大大提高了本指标体系的科学性。

第四章　老龄事业发展指标评价方法

建立老龄事业发展指标体系的最终目的是在指标框架和指标分类真实反映老龄事业发展主要内容的基础上，采用科学的评价方法，得出老龄事业综合发展指数，从而量化各地的老龄事业发展水平。评价过程中，确定指标权重、数据的标准化处理是关键的步骤。

一、指标权重的确定

借鉴各种指标权重的计算方法，我们采用德尔菲法确定权重。这种方法虽然是主观赋权，但是鉴于初次建立老龄事业发展指标体系、有关指标并未得到实践检验，我们认为专家意见咨询法是最合适的方法，也能够比较真实地反映各项指标在指标体系中的地位。将来，如果老龄事业发展指标体系能够在实践中稳定成型，可以考虑采用

① 专家介绍详见附录四。

主成分分析法、因子分析法等方法。

6 位咨询专家各自首先确定 5 个目标层的权重，然后根据目标层权重确定内部各指标的综合指数权重。课题组对每位专家的目标层、准则层和指标层赋值进行统计，每项指标得分为 6 位专家赋值的平均值。指标层子系统指标权数根据指标分值计算得出，见表 3-4-1。

表 3-4-1　省级老龄事业发展指标体系指标权重

目标层	准则层	指标层	计量单位	参考值	指标分值	子系统指标权重	变量
老年人收入保障指标 F1 (23.0)	城镇企业职工基本养老保险	老年人口覆盖率	%	≥80	3.50	15.22	X1
		年人均养老金占年城镇职工平均工资的比例	%	≥60	2.67	11.59	X2
	城镇居民基本养老保险	老年人口覆盖率	%	≥90	2.33	10.14	X3
		月人均养老金占城镇居民家庭月人均生活消费支出的比例	%	≥80	1.83	7.97	X4
	新型农村社会养老保险	基础养老金发放率	%	≥30	3.50	15.22	X5
		月人均养老金占农村居民家庭月人均生活消费支出的比例	%	≥60	3.00	13.04	X6
	老年津贴	覆盖率	%	≥60	3.00	13.04	X7
	老年社会救助	救助率	%	≥90	3.17	13.77	X8
老年人医疗保障指标 F2 (22.17)	城镇职工基本医疗保险	老年人口覆盖率	%	≥80	3.00	13.53	X9
		老年人住院费用报销比例	%	≥80	2.33	10.52	X10
	城镇居民基本医疗保险	老年人口覆盖率	%	≥90	2.17	9.77	X11
		住院费用报销比例	%	≥60	1.83	8.27	X12
	新型农村合作医疗	老年人参合率	%	≥95	3.17	14.28	X13
		住院费用补偿率	%	≥50	2.33	10.52	X14
	医疗救助	贫困老人医疗救助率	%	≥80	3.00	13.53	X15
	社区卫生服务	城镇社区卫生服务覆盖率	%	≥90	1.50	6.77	X16
		农村行政村（社区）卫生室覆盖率	%	≥80	1.67	7.52	X17
		老年人健康档案建档率	%	≥60	1.17	5.26	X18
老龄服务保障指标 F3 (24.67)	养老机构	百名老人床位数	张	≥2	1.92	7.77	X19
		国办养老机构医疗护理床位数占有率	%	≥60	1.42	5.74	X20
		民营养老机构床位数占有率	%	≥60	1.25	5.07	X21
		社区托老所(日间照料中心)覆盖率	%	≥60	1.42	5.74	X22
		服务人员配比	人	<6	1.00	4.05	X23
		入住率	%	≥80	1.17	4.73	X24

续表

目标层	准则层	指标层	计量单位	参考值	指标分值	子系统指标权重	变量
老龄服务保障指标 F3 (24.67)	城镇社区老龄服务	社区老龄服务覆盖率	%	≥80	2.67	10.81	X25
		社区助老员配比	‰	≥3	1.42	5.74	X26
		享受政府购买服务和服务补助的老人比例	‰	≥5	1.58	6.42	X27
	农村老龄服务	乡镇综合性老年福利服务中心覆盖率	%	≥80	1.92	7.77	X28
		村（社区）老龄服务机构覆盖率	%	≥30	2.17	8.78	X29
		享受政府购买服务和服务补助的老人比例	‰	≥5	1.92	7.77	X30
	养老服务业	养老服务业从业人员比例	‰	≥10	2.42	9.80	X31
		政府扶持养老服务业资金投入年增长率	%	≥GDP增长率	2.42	9.80	X32
老年人社会参与保障指标 F4 (13.33)	老年群众组织	基层老年人协会覆盖率	%	≥80	2.33	17.50	X33
		老年社团参加率	%	≥10	1.83	13.75	X34
	老年教育	县级及以上老年大学建设率	%	≥60	1.75	13.13	X35
		老年人入学率	%	≥10	1.58	11.88	X36
	老年文化	老年活动室千人覆盖率	‰	≥2	1.92	14.38	X37
		经常性老年文化活动参与率	%	≥10	1.58	11.88	X38
	老年体育	经常性老年体育活动参与率	%	≥20	2.33	17.50	X39
老龄事业发展保障指标 F5 (16.83)	老龄事业经费投入	全社会用于老龄事业支出占 GDP 的比例	%	≥3	3.00	17.83	X40
	老龄工作人员	每万名老年人配置老龄工作人员数	人	≥1.5	2.17	12.87	X41
	老龄工作考评	年度考核与评估	次/年	≥1	1.33	7.92	X42
	老龄事业信息化建设	老龄事业基本信息社会公布	次/年	≥行政区划数	1.67	9.90	X43
	老年人权益保障	老年人居家死亡无人知晓事件发生数	起	0	1.00	5.94	X44
		虐待、不赡养老年人案件发生率	起/万户	<1.5	1.00	5.94	X45
		侵犯老年人合法权益事件投诉率	起/万户	<1.5	1.00	5.94	X46
	老年人优待	老年优待证发放率	%	≥70	1.50	8.91	X47
	老龄问题研究	研究成果数	篇	≥100	1.83	10.89	X48
	老龄宣传	老年专栏（节目）、老年报刊数	个	≥最低标准	1.17	6.93	X49
		敬老主题活动评选次数	次/年	≥行政区划数	1.17	6.93	X50

二、数据的标准化处理

数据标准化处理主要包括数据同趋化处理和无量纲化处理两个方面。数据同趋化处理主要解决不同性质数据问题，对不同性质指标直接加总不能正确反映不同作用力的综合结果，须先考虑改变逆指标数据性质，使所有指标对测评方案的作用力同趋化，再加总才能得出正确结果。本指标体系中，“养老机构服务人员配比（X23）”、“老年人居家死亡无人知晓事件发生数（X44）”、“虐待、不赡养老年人案件发生率（X45）”、“侵犯老年人合法权益事件投诉率（X46）”4项为逆指标。我们采用如下方法：

当指标为正指标时：Oi＝Ci/Si；

当指标为逆指标时：Oi＝Si/Ci；

式中：Oi为i指标的趋同化处理值，Ci为指标现状实际值，Si为指标标准值（参考值）。在测评某一年度（如测评2010年老龄事业发展水平）时，Si采用目标参考值；在测评多年度（如测评“十一五”期间老龄事业发展水平）时，采用基期（2006年）值。对于目标参考值为0的指标（X44），采用当年或基期各省市平均值。

在数据同趋化处理后，进行数据无量纲化处理，主要解决数据的可比性（主要是不同计量单位的可比性），我们采用指数化处理方法。指数化处理以指标的最大值和最小值的差距进行数学计算，其结果介于0—1之间。具体计算公式如下：

$$z_i = x_i - x_{min} / x_{max} - x_{min}$$

式中：z_i 为指标的标准化值

x_i 为某省（市、区）某指标的现状值

x_{max}为所有省（市、区）中某指标的最大值

x_{min}为所有省（市、区）中某指标的最小值

经过上述标准化处理，原始数据均转换为无量纲化指标测评值，即各指标值都处于同一个数量级别上，可以进行综合测评分析。

三、综合评价得分的计算

综合评价得分是经过数据赋值、标准化处理后根据权重计算的最后得分，是众多评价因素综合作用的结果，反映老龄事业的实际发展水平。我们采用线性加权综合法进行计算，公式为：

$$F = \sum_{i=1}^{50} Wi \times Zi$$

式中：F 为老龄事业发展指数，Zi 为 Xi 的无量纲化指数值，Wi 为 Xi 的权重。

将各指标的无量纲化指数值与相应的权重相乘，然后加总，即为老龄事业各地老龄事业发展综合指数。不同地区间可以在同一年直接计算综合指数对比，也可通过计算一定期间发展指数水平进行对比。

需要说明的是，虽然本指标体系可以测评各省、市、区的老龄事业发展水平，但由于本课题是一项前瞻性的研究，其中许多指标值目前尚无法获取，而现有统计数据不足以反映老龄事业综合发展水平，因此在现实条件下，本指标体系的应用还存在一定的困难。我们认为，只要从国家层面加强老龄工作的力度，推进老龄事业的科学发展，完善老龄事业发展统计工作，将这些指标纳入到测评老龄事业发展水平的尺度，分解到各政府职能部门的工作中，指标值都是可以获取的。果如是，我国老龄事业的发展必将实现新的跨越，这也是本课题研究要实现的首要目标。课题组建议，全国老龄工作委员会能够印发本指标体系，分步骤实施老龄事业发展水平测评：要求各地各部门尽快将这些指标纳入到统计范围，确保这些指标能够有年度统计数据，争取从“十二五”开局之年（2011）建立有效的统计制度，在 2012 年实现对各地老龄事业发展水平的测评。

附　　录

附录一　《老龄事业发展指标体系》说明

【指标体系结构】指标体系包括目标层、准则层和指标层三级。目标层反映老龄事业发展的主干框架，分为 5 个方面。准则层反映目标层的制度实现形式，共有 26 项指标。指标层是对实施各项制度的量化考察，共有 50 项指标。

【指标体系测评项目】老年人收入保障指标（F1）、老年人医疗保障指标（F2）、老龄服务保障指标（F3）、老年人社会参与保障指标（F4）和老龄事业发展保障指标（F5）5 个方面。

【指标体系分值和权重构成】目标层 5 项指标总分为 100 分，各项指标分值分解到准则层指标中，然后再分解到指标层指标中。指标层指标权重为各子系统指标权重，各子系统权重合计为 100。各指标的分值及权重由专家打分法获取，见表 3-5-1。

表 3-5-1　目标层和准则层各项指标及分值分布

<table>
<tr><td></td><td>指标数量</td><td>测评项目</td><td colspan="3">分值</td></tr>
<tr><td rowspan="5">目标层</td><td rowspan="5">5</td><td>老年人收入保障指标 F1</td><td colspan="3">23.00</td></tr>
<tr><td>老年人医疗保障指标 F2</td><td colspan="3">22.17</td></tr>
<tr><td>老龄服务保障指标 F3</td><td colspan="3">24.67</td></tr>
<tr><td>老年人社会参与保障指标 F4</td><td colspan="3">13.33</td></tr>
<tr><td>老龄事业发展保障指标 F5</td><td colspan="3">16.83</td></tr>
<tr><td rowspan="14">准则层</td><td>指标数量</td><td>测评项目</td><td>分值</td><td>测评项目</td><td>分值</td></tr>
<tr><td rowspan="13">26</td><td>城镇企业职工基本养老保险</td><td>6.17</td><td>养老服务业</td><td>4.83</td></tr>
<tr><td>城镇居民基本养老保险</td><td>4.17</td><td>老年人社会组织</td><td>4.17</td></tr>
<tr><td>新型农村社会养老保险</td><td>6.50</td><td>老年教育</td><td>3.33</td></tr>
<tr><td>老年津贴</td><td>3.00</td><td>老年文化</td><td>3.50</td></tr>
<tr><td>老年社会救助</td><td>3.17</td><td>老年体育</td><td>2.33</td></tr>
<tr><td>城镇职工基本医疗保险</td><td>5.33</td><td>老龄事业经费投入</td><td>3.00</td></tr>
<tr><td>城镇居民基本医疗保险</td><td>4.00</td><td>老龄工作人员</td><td>2.17</td></tr>
<tr><td>新型农村合作医疗</td><td>3.17</td><td>老龄工作考评</td><td>1.33</td></tr>
<tr><td>医疗救助</td><td>2.33</td><td>老龄事业信息化建设</td><td>1.67</td></tr>
<tr><td>社区卫生服务</td><td>3.00</td><td>老年人权益保障</td><td>3.00</td></tr>
<tr><td>养老机构</td><td>8.17</td><td>老年人优待</td><td>1.50</td></tr>
<tr><td>城镇社区老龄服务</td><td>5.67</td><td>老龄问题研究</td><td>1.83</td></tr>
<tr><td>农村老龄服务</td><td>6.00</td><td>敬老宣传</td><td>2.33</td></tr>
</table>

【数据采集】主要采用听取汇报、材料审核方式。本指标体系测评的是老龄事业发展综合水平，其指标涉及人力资源和社会保障、卫生、民政、文化、体育、财政、宣传、广播电视、老龄办、人大、政协、文明办、老龄问题研究机构等多部门，大部分数据采用各有关政府部门统计公报数据，需要有关政府部门另行汇总的数据应提供证明材料（详见附录二“指标计算方法与数据采集方式”）。

【各项测评指标的时间界定】本指标体系主要用于测评年度老龄事业发展水平，指标中的各类数据，均测评上一年度的年末数据。如果用来测评时段老龄事业发展水平，则测评期初与期末数据。

【人口统计口径】本指标体系中的总人口与老年人口均采用户籍人口统计口径。

附表 3-5-1 指标计算公式与数据采集方式

目标层	准则层	指标层	计算公式	变量	数据采集
老年人收入保障指标F1	城镇企业职工基本养老保险	老年人口覆盖率	［（60 岁及以上领取城镇企业职工养老保险金人数＋机关事业单位离退休金人数）÷城镇老年人口总数］×100	X1	60 岁及以上领取城镇企业职工基本养老保险养老金和机关事业单位离退休金人数由人力资源和社会保障部门提供，城镇老年人口总数由统计部门或老龄办提供
		年人均养老金占年城镇职工平均工资的比例	［(月人均养老金×12）÷年城镇职工平均工资］×100	X2	月人均养老金由人力资源和社会保障部门提供，年城镇职工平均工资由统计部门提供
	城镇居民基本养老保险城镇企业职工基本养老保险	老年人口覆盖率	60 岁及以上领取城镇居民社会养老保险养老金人数÷（城镇老年人口总数—享受城镇职工养老保险和机关事业单位离退休制度的老年人口数)］×100 ［（60 岁及以上领取城镇企业职工养老保险金人数＋机关事业单位离退休金人数）÷城镇老年人口总数］×100	X3	1）城镇居民基本养老保险在大多数省市区并没有实行省级统一制度，需要各地人力资源和社会保障部门统计城镇居民基本养老保险领取人数和年发放养老金总额，以此计算实际人均养老金。 2）年城镇居民家庭月人均生活消费支出采用统计部门公报
		月人均养老金占城镇居民家庭月人均生活消费支出的比例	［月人均养老金÷城镇居民家庭月人均生活消费支出］×100	X4	
	新型农村养老保险	基础养老金发放率	（农村基础养老金领取人数÷农村老年人口总数）×100	X5	基础养老金领取人数由人力资源和社会保障部门提供，农村老年人口数由统计部门提供
		月人均养老金占农村居民家庭月人均生活消费支出的比例	（月人均养老金÷农村居民家庭月人均生活消费）×100	X6	月人均养老金由人力资源和社会保障部门提供，农村居民家庭月人均生活消费由统计部门提供
	老年津贴	覆盖率	（老年津贴领取人数÷80 岁及以上老年人口数）×100	X7	老年津贴领取人数由民政部门、人力资源和社会保障部门提供,80岁及以上老年人口数由统计部门或老龄办提供
	老年社会救助	救助率	［（60 岁及以上城市“三无”老年人＋农村“五保”老年人＋城乡低保老年人总数）÷（老年人口总数×1%)］×100	X8	城市“三无”老年人、农村“五保”老年人、城乡低保老年人总数由民政部门提供，老年人口数由统计部门或老龄办提供

续表

目标层	准则层	指标层	计算公式	变量	数据采集
老年人医疗保障指标F2	城镇职工基本医疗保险	老年人口覆盖率	[（60岁及以上享受城镇职工医疗保险人数＋机关事业单位离退休人数）÷城镇老年人口总数]×100	X9	60岁及以上享受城镇职工基本医疗保险和机关事业单位公费医疗的人数由卫生部门提供
		老年人住院费用报销比例	由各地人力资源和社会保障部门或卫生行政部门计算城镇职工医保政策范围内的城镇老年人（不含机关事业单位人员）住院费用报销比例	X10	需要各地人力资源和社会保障部门或卫生行政部门提供
	城镇居民基本医疗保险	老年人口覆盖率	[60岁及以上享受城镇居民基本医疗保险人数÷(城镇老年人口总数－享受城镇职工基本医疗保险老年人口数－享受机关事业单位离退休制度的老年人口数)]×100	X11	目前尚无省级统一制度，需要各地卫生行政部门或人力资源和社会保障部门统计
		住院费用报销比例	由各地人力资源和社会保障部门或卫生行政部门计算城镇居民医保政策范围内的老年人住院费用报销比例	X12	人力资源和社会保障或卫生行政部门提供
	新型农村合作医疗	老年人参合率	（参加新农合的60岁及以上人数÷农村老年人口总数）×100	X13	卫生行政部门提供
		住院费用补偿率	由各地卫生行政部门计算新农合医保政策范围内的老年人住院费用报销比例	X14	卫生行政部门提供。
	医疗救助	贫困老人医疗救助率	[获得医疗救助的老年人数/老年人口总数×1%×80%]×100	X15	卫生或民政部门提供当年获得医疗救助的老年人人数
	社区卫生服务	城镇社区卫生服务覆盖率	（城镇社区卫生服务覆盖的人口数/城镇人口总数）×100	X16	卫生行政部门提供
		农村行政村（社区）卫生室覆盖率	[建立卫生服务中心（站、室）的行政村（社区）数/行政村（社区）总个数]×100	X17	卫生行政部门提供
		老年人健康档案建档率	[按规范建立健康档案（含电子健康档案）的老年人数]/老年人总数]×100	X18	卫生行政部门提供

续表

目标层	准则层	指标层	计算公式	变量	数据采集
老龄服务保障指标F3	养老机构	百名老人床位数	（养老机构总床位数/60 岁及以上人口总数）×100	X19	民政部门综合民政、卫生、工商部门登记审批的养老机构数据，提供总床位数
		国办养老机构医疗护理床位数占有率	（医疗护理型床位数/国办养老机构总床位数）×100	X20	民政部门提供医疗护理型床位数
		民营养老机构床位数占有率	（民营养老机构床位数/养老机构总床位数）×100	X21	民政部门提供民营养老机构床位数
	养老机构	社区托老所（日间照料中心）覆盖率	（建立托老所（日间照料中心）的社区（村）个数/总社区（村）总个数）×100	X22	民政部门提供社区托老所（日间照料中心）床位数
		服务人员配比	收养老人数/养老机构服务人员数	X23	民政部门提供养老机构服务人员数与收养老人数。
		入住率	（实际收养的老年人数/总床位数）×100	X24	民政部门提供所有养老机构实际收养的老年人数和总床位数
	城镇社区老龄服务	社区老龄服务覆盖率	（开展实质性老龄服务的社区个数/总社区数）×100	X25	各地老龄办或民政部门提供
		社区助老员配比	（社区助老员人数/城镇老年人口数）×1000	X26	民政部门提供所有社区助老员总数
		享受政府购买服务和服务补助的老人比例	（享受政府购买服务或服务补助的老人数/城镇老年人口数）×1000	X27	民政部门提供政府购买服务和服务补助的老人数
	农村老龄服务	乡镇综合性老年福利服务中心覆盖率	（已建并实际运营的综合性老年福利服务中心的乡镇个数/总乡镇个数）×100	X28	民政部门提供乡镇综合性老年福利服务中心数和乡镇个数
		村（社区）老龄服务机构覆盖率	［已建并实际运营的老龄服务机构的村（社区）个数/村（社区）总个数］×100	X29	民政部门提供村（社区）老龄服务机构的村（社区）个数
		享受政府购买服务和服务补助的老人比例	（享受政府购买服务或服务补助的农村老年人口数/农村老年人口总数）×1000	X30	民政部门提供政府购买服务和服务补助的农村老人数
	养老服务业	养老服务业从业人员比例	（养老服务业从业人员数/老年人口数）×1000	X31	民政部门或老龄办提供
		政府扶持养老服务业资金投入年增长率	（本年度政府扶持养老服务业资金－上一年度政府扶持养老服务业资金）/上一年度政府扶持养老服务业资金）×100	X32	民政部门或老龄办统计

续表

目标层	准则层	指标层	计算公式	变量	数据采集
老年人社会参与保障指标F4	老年群众组织	基层老年人协会覆盖率	［已建老年人协会的村（社区）个数/村（社区）总个数］×100	X33	老龄办提供数据
		老年社团参加率	（参加各类老年社团的老年人数/老年人口总数）×100	X34	老龄办提供数据
	老年教育	县级及以上老年大学建设率	［县级及以上老年大学（分校）个数/县级及以上行政区划个数］×100	X35	老龄办提供综合数据
		老年人入学率	（注册老年学员人数/老年人总数）×100	X36	老龄办提供综合数据
	老年文化	老年活动室千人覆盖率	［老年活动室（中心、站）个数/老年人口总数］×1000	X37	老龄办提供老年活动室（中心、站）个数
		经常性老年文化活动参与率	（经常性参加文化活动的老年人数/老年人口总数）×100	X38	老龄办、文化部门提供综合数据
	老年体育	经常性老年体育活动参与率	（经常性参加体育活动的老年人数/老年人口总数）×100	X39	体育部门提供综合数据
老龄事业发展保障指标F5	老龄事业经费投入	全社会用于老龄事业支出占GDP的比例	［（老龄事业财政投入＋老龄事业公益金投入）/地区GDP总额）］×100	X40	财政部门提供综合数据
	老龄工作人员	每万名老年人配置老龄工作人员数	（老龄工作人员数/老年人口总数）×10000	X41	老龄办提供综合数据
	老龄工作考评	年度考核与评估	每年分别进行1次对省级老龄委成员单位老龄工作评估、对地（市、州）老龄工作综合考核	X42	老龄办提供考评制度（含考评指标）和考评结果
	老龄事业信息化建设	老龄事业基本信息社会公布	以县级及以上老龄委通过信息统计平台收集、汇总和分析数据，每年向社会公布老龄事业基本信息1次为标准，按行政区划个数计算	X43	查阅媒体公布的完整老龄事业基本信息。
	老年人权益保障	老年人居家死亡无人知晓事件发生数	以实际发生的老年人居家死亡无人知晓事件发生数统计	X44	除各级老龄办提供汇总数据外，查阅媒体相关信息以及其他有关部门工作信息。
		虐待、不赡养老年人案件发生率	虐待和不赡养老人案件数量÷居民户数（万户）×100%	X45	全国文明城市测评体系采用此指标，各地文明办提供
		侵犯老年人合法权益事件投诉率	侵犯老年人合法权益事件数量÷居民户数（万户）×100%	X46	以各级老龄办及其基层组织收到的投诉为准
	老年人优待	老年优待证发放率	（领取老年优待证的老年人人数/老年人口总数）×100	X47	各地老龄办提供

续表

目标层	准则层	指标层	计算公式	变量	数据采集
老龄事业发展保障指标 F5	老龄问题研究	研究成果数	国内外报刊、出版社发表的学术研究成果（含省级以上内部刊物发表和学术研讨会论文、调研报告）和县（市、区）级以上“两会”期间人大代表、政协委员提交的涉老提案数量。公开出版的专著每本按 10 篇论文计，人大、政协涉老提案每项按 5 篇计	X48	各地老龄办综合统计汇总数据，并提供相关证明材料
	老龄宣传	老年专栏（节目）、老年报刊数	以省级举办一家老年报刊、一个广播或电视节目专栏、一家广播电台节目专栏、一家老年网站，地（市、州）开办一个老年专栏（报纸、电视台或广播电台）为标准，按行政区划个数统计	X49	各地老龄办综合统计汇总数据，并提供老年报刊、电视电台节目专栏、网站名称
		敬老主题活动评选次数	指县级以上政府机构开展的各类旨在弘扬新型孝道文化的敬老主题评选活动评选次数，按行政区域个数统计	X50	各地老龄办综合统计汇总数据

附录二　指标设置说明与指标含义

【X1 城镇企业职工基本养老保险老年人口覆盖率】指领取城镇企业职工养老保险金的人数和机关事业单位退离休人数之和与城镇老年人口数之比。

讨论养老金覆盖面时，受益人群常常指领取养老金的人。但覆盖率有 2 个阶段：第一阶段是在经济活动人口中的覆盖率，第二阶段是在退休老年人中的覆盖率。但在有关统计公报中，通常公布的是参保人数和离退休人数，而未提供应参保人数。比较可行的是计算老年人口覆盖率，即享受城镇职工基本养老保险和机关事业单位离退休制度的老年人口数与所有城镇老年人口数之比。在我国多层次养老保障制度中，这两项制度代表了最高水平，在城镇基本实现了全覆盖。

【X2 年人均养老金占年城镇职工平均工资的比例】指当年享受城镇企业职工基本养老保险的退休人员人均养老金占城镇职工平均工资的百分比。我国东部、中部和西部经济发展水平和居民生活水平差异较大，年人均养老金水平也有较大差异，而且要衡量老年人是否能够享受经济社会发展成果，必须与在职职工工资水平相比较。因此，测评养老金水平的高低，不能仅看绝对数，还要有比较指标。考虑到养老金替代率的实际因素，我们没有将年人均养老金与城镇居民年人均纯收入比较，而是采用与年城镇职工平均工资比较。

【X3 城镇居民基本养老保险老年人口覆盖率】城镇居民基本养老保险指专门对城镇未享受职工基本养老保险和机关事业单位退离休待遇的老年人实施的基本养老保障。根据全国不同地区实施养老保障制度的情况，城镇居民养老保险老年人口覆盖率计算：

领取城镇居民社会养老保险（含部分省市实行的城乡一体化居民养老保险、已转为城镇户籍的被征地农民养老保险等强制性养老保险保险）养老金的人数与未享受城镇职工养老保险和机关事业单位离退休制度的老年人口数之比。

【X4 城镇居民基本养老保险月人均养老金占城镇居民家庭月人均生活消费支出的比例】指城镇居民基本养老保险月人均养老金占城镇居民家庭月人均生活消费支出的百分比。

城镇居民基本养老保险金水平与企业职工养老保险金水平差距较大，在一些地区不足以维持基本生活。根据《中国小康社会指标体系》，城镇居民家庭年人均生活消费支出目标值为12 000元，即月人均1 000元。课题组起初拟考虑采用月人均1 000元作为城镇居民基本养老保险月人均养老金的参考值。但考虑到全国大部分地区目前及未来一段时期内还难以达到这个水平，我们采用了月人均养老金占城镇居民家庭月人均生活消费支出的比例这个相对数。月人均养老金的计算需要各地人力资源和社会保障部门提供城镇居民基本养老保险养老金领取人数和年发放养老金总额。

【X5 新型农村社会养老保险月人均养老金基础养老金发放率】指按现行政策，每月领取不少于 55 元基础养老金的 60 岁及以上农村居民人数（不含计划生育家庭奖励扶助补贴）与农村老年人口数之比。浙江、江苏等省已实现全覆盖，但多数省、市、区新型农村社会养老保险实际覆盖率不高，根据有关规划，2020 年在全国实现全覆盖。考虑到各地实施了其他形式的养老保障制度，在统计时包含未实施新型农村社会养老保险地区各类领取固定养老金（不低于每月 55 元）的农村老年人口数。参考值暂为 30%。

【X6 新型农村社会养老保险月人均养老金占农村居民家庭月人均生活消费支出的比例】指所有新型农村社会养老保险养老金领取者（含基础养老金领取者和部分省市实施的城乡居民养老保险农村居民领取者）月人均养老金占农村居民家庭月人均生活消费支出的百分比。目前及未来一段时期内，新型农村社会养老保险的待遇水平还比较低，在许多地区还不足以保障基本养老。根据《中国小康社会指标体系》，农村居民家庭年人均生活消费支出目标值为4 800元，2008 年实现程度已达到 76.26%。我们原计划采用月人均 400 元作为新型农村社会养老保险月人均养老金的参考值，但由于多数地区难以达到，仍然采用了相对数。

月人均养老金的计算需要各地人力资源和社会保障部门提供新型农村社会养老保险（城乡居民养老保险）农村老年人领取养老金人数和年发放养老金总额。

【X7 老年津贴覆盖率】指享有县级及以上政府颁布的对 80 岁及以上老人发放的生活或护理津、补贴的高龄老人数占高龄老人总数的百分比。老年津贴包含城乡各类社会养老保险制度中对 80 岁及以上老人的特别保障待遇，不含村集体发放的补助。考虑到这一制度目前尚未在全国全部推行，但多数地区已执行百岁老人长寿津贴或其他形式的局部范围的津贴制度，因此在计算享受人数时采取累加的方式。设置这个指标是基于高龄老人患病率高、生活成本提高以及我国对高龄长者敬老传统的认识。

【X8 老年社会救助率】指城市“三无”老年人、农村“五保”老年人、城乡低保老年人总数（不含慈善救助和医疗救助人数）占贫困老年人口的比例。

因疾病、自然灾害、子女残疾或伤亡等各种原因，老年人口中会有少数贫困老人。老年人口贫困率能够有效反映收入保障状况，但数据难以获得，我们采用近几年经过部分地区调查获得的经验数字。根据全国老龄办的调查，贫困老年人口数占老年人口总数的比例超过 1%。我们将老年人口总数的 1%作为贫困老年人口基数。

【X9 城镇职工基本医疗保险老年人口覆盖率】指享受城镇职工基本医疗保险和公费医疗制度的老年人数（含机关事业单位离退休人数）占城镇老年人口的百分比。

反映医疗保障水平的指标有人均公共卫生费用、医疗保险参保率、社区卫生服务覆盖率、个人医疗费用占卫生总费用的比例等多种。根据 2010 年医保改革方案，各地要求的的城镇职工和居民医保参保率均在 90%以上，新农合参合率在 85%以上。我们采用老年人口医疗保险覆盖率指标，更直接地反映老年人的受益面。

2009 年 3 月 17 日《中共中央国务院关于深化医药卫生体制改革的意见》指出：建立覆盖城乡居民的基本医疗保障体系。城镇职工基本医疗保险、城镇居民基本医疗保险、新型农村合作医疗和城乡医疗救助共同组成基本医疗保障体系，分别覆盖城镇就业人口、城镇非就业人口、农村人口和城乡困难人群。

【X10 城镇职工基本医疗保险住院费用报销比例】指享受城镇职工基本医疗保险的老年人（不含机关事业单位人员）医保政策范围内的住院费用报销比例。这项指标反映城镇职工基本医疗保险的保障水平。住院费用是影响居民生活水平的大额医疗开支，其报销比例是关键性指标。

【X11 城镇居民基本医疗保险老年人口覆盖率】指未享受城镇基本医疗保险和公费医疗制度的老年人中纳入城镇居民基本医疗保险（包含一些地方实行的城乡居民基本医疗保险制度）的百分比。作为城镇居民第二层次的医疗保障制度，城镇居民基本医疗保险应覆盖所有未享受城镇基本医疗保险和公费医疗制度的居民。但由于各种因素，城镇居民医疗保险覆盖率还难以达到100%。如同X9，测评城镇居民医疗保险老年人口覆盖率，能够直接反应城镇老年人的受益面。

【X13新型农村合作医疗老年人参合率】指农村老年人口中参加新型农村合作医疗制度（包含一些地方实行的城乡居民基本医疗保险制度）的百分比。

【X15贫困老人医疗救助率】指获得救助的老年人数占贫困老年人中患病人数的百分比。贫困老年人口数按X8计算口径，即老年人口总数的1%。根据2006年全国城乡老年人口状况抽样调查，老年人口患病率为80%。因此，我们将贫困老年人口数的80%作为应获得医疗救助的基数。

【X18老年人健康档案建档率】指由基层卫生服务机构按规范建立健康档案（含电子健康档案）的老年人占老年人总数的百分比。健康档案，是记录每个人从出生到死亡的所有生命体征的变化，以及自身所从事过的与健康相关的一切行为与事件的档案。具体的内容主要包括每个人的生活习惯、以往病史、诊治情况、家族病史、现病史、体检结果及疾病的发生、发展、治疗和转归的过程等。国家卫生部2009年启动全民健康档案计划。计划要求2009年底，中国农村居民健康档案试点建档率达到5%，城市地区居民健康档案建档率达到30%；到2011年，农村达到30%，城市达到50%；到2020年，初步建立起覆盖城乡居民的，符合基层实际的、统一、科学、规范的健康档案建立、使用和管理制度。2009年12月，卫生部发布《关于规范城乡居民健康档案管理的指导意见》。该意见指出，要优先为老年人等特殊人群建立健康档案。逐步建立电子健康档案信息系统。电子健康档案信息系统要逐步与新型农村合作医疗、城镇职工和居民基本医疗保险信息系统以及传染病报告、免疫接种、妇幼保健和医院电子病例等信息系统互联互通，实现信息资源共享，建立起以居民健康档案为基础的区域卫生信息平台。

【X19百名老人床位数】指每百名老人拥有的床位数。床位数指经过民政、卫生、工商部门登记、审批的以老年人为收住对象的养老机构或老年医疗护理机构总床位数，包括敬老院、养老院、托老所、老年护理院、老年公寓、老年人病康复中心、社会福利院、革命伤残军人休养院、复员军人慢性病疗养院、光荣院等单位床位数，不包含综合性医院老年病科床位数。

【X20国办养老机构医疗护理床位数占有率】指所有国办养老机构床位数中专门收住失能失智老人的床位数所占百分比。医疗护理床位数既包含一般养老机构中此类床位数，也包含专门收住老年病患者的老年医院、关怀医院、专业老年护理院床位数，不包含综合性医院老年病科床位数。当前不少养老机构主要解决收养老人的吃住等日常生活需要，而缺乏医疗护理业务。从发达国家的经验看，政府为老年人居家养老提供支持，养老机构主要是收住失能失智的高龄老人，这符合家庭和老年人的迫切需要，同时也会节省有限的资源。提高医疗护理床位数占有率代表养老机构的未来发展方向。上海市《老龄事业发展“十一五”规划》要求：2010 年为生活不能自理的老年人提供的护理型床位约占 65%。

【X23 养老机构服务人员配比】指所有养老机构收养老人总数与服务人员总数之比。不同护理级别的老人对服务人员的需求不同，考虑到目前多数养老机构服务人员短缺、难以达到较高服务水平的实际情况，我们对服务人员数不实行分类统计。随着服务专业化水平的提高，将来本指标需要考虑医护人员配比情况。

【X25 城镇社区老龄服务覆盖率】指开展实质性老龄服务的社区个数占社区总个数的百分比。社区老龄服务分为集中服务和上门服务两种。实际统计时，以“有专门人员或服务机构为老年人提供生活照料或护理服务”为标准。专门人员指社区为老年人提供上门或集中服务的人员，服务机构指社区建立的为老年人提供日常生活服务的机构，有养老服务站、托老所（日间照料中心）、老年食堂（助餐服务点）等多种形式，不含老年文化、教育、体育设施，但包含综合性服务机构。

【X26 社区助老员配比】指每千名老人配备助老员（经过岗位培训）的比例。助老员是指由政府委托社区管理并提供待遇的上门为老年人提供生活照料的服务人员，也包括社会组织、企业、民办非企业单位为政府购买服务对象提供服务的社区为老服务人员。近年来，上海、宁波等地出台了居家养老服务评估制度，提出了“社区助老员配比”指标，如宁波市确定社区专职服务人员数占户籍老年人口数的比例达到 0.3%为 A 级。

【X28 乡镇综合性老年福利服务中心覆盖率】指已建并实际运营的综合性老年福利服务中心的乡镇个数占总乡镇个数的百分比。综合性老年福利服务中心集院舍住养和社区照料、居家养老等多种服务功能于一体。

2008 年全国老龄办等 10 部委《关于全面推进居家养老服务工作的意见》提出，“十一五”期末，全国城市社区基本建立起多种形式、广泛覆盖的居家养老服务网络，力争 80%左右的乡镇拥有一处集院舍住养和社区照料、居家养老等多种服务功能于一体的综合性老年福利服务中心，1/3 左右的村委会和自然村拥有一所老年人文化活动和服务的站点。

【X29 村（社区）老龄服务机构覆盖率】指建立老龄服务机构的村（社区）个数占村（社区）总个数的百分比。老龄服务机构指村（社区）建立的为老年人提供日常生活服务的机构，有养老服务站、托老所（日间照料中心）、老年食堂（助餐服务点）等多种形式，不含老年文化、教育、体育设施，但包含综合性服务机构。

【X31 养老服务业从业人员比例】指养老服务业从业人员数占老年人口数的比例。养老服务业从业人员指各类面向老年人服务的养老服务业从业人员数，包括养老机构、居家养老服务中心（站）、老年大学（学校）、老年家政服务公司、老年人用品流通企业、老年媒体工作人员。

【X32 政府扶持养老服务业资金投入年增长率】指政府用于扶持养老服务业发展的资金投入年增长率。政府用于扶持养老服务业发展的资金包含购买养老服务、养老机构建设资金、养老床位补贴资金。本项指标参考值为 GDP 年增长率。

【X33 基层老年人协会覆盖率】指已建老年人协会的村（社区）个数占城乡社区（村）总数的百分比。纳入统计的老年人协会必须经当地民政部门依法登记或备案管理，有章程、有制度、有活动场地，并开展经常性活动。

【X34 老年社团参加率】指参加各类老年社团的老年人数占老年人口总数的百分比。老年社团指经过民政部门注册或备案登记的老年人社会组织，既包括注册登记的老年人体育协会、老教授协会、老卫生工作者协会等大型专业性社团，也包括在民政部门备案的合唱队、舞蹈队等小型专业性社团，不含老年人协会。

【X35 县级及以上老年大学建设率】指县级及以上建成的老年大学（分校）占该省（市、区）县级及以上行政区划个数的百分比。老年大学包括省级、地级和行业举办的各类老年电视、广播、网络大学，不含乡镇（街道）老年学校和老年大学教育点。

【X36 老年人入学率】指参加各级各类老年大学（含老年电视大学、网络大学及其分校、教学点）学习的注册学员人数占老年人口总数的百分比。注册学员是指有正式的教学管理，能够获颁毕业（结业）证书的老年学员。

【X37 老年活动室千人覆盖率】指每千名老人拥有的老年活动室（中心、站）个数，目标值为 2‰，即每 500 名老人拥有一个老年活动室。老年活动室可分为综合性老年活动中心（站、室）和小型老年活动室两类。综合性老年活动中心（站、室）可设立茶室、食堂、图书阅览室、老年学校教室、棋牌室、健身房、乒乓球室、门球场、音像放映室、练功房、舞蹈厅、演艺室、谈心室等。小型老年活动室可只设立茶室、棋牌室。综合性老年活动室面积一般在 300 平方米以上，小型老年活动室以 50～100 平方米为宜。每个老年活动室要有管理制度，有专人负责管理。

【X38 经常性老年文化活动参与率】指经常性参加各类文化活动的老年人数占老年人口总数的百分比。老年文化活动既包括政府部门和社会团体组织的专业性区域老年文化活动，也包括定期或不定期组织活动的民间松散性组织（如腰鼓队、合唱队、骑游队等）开展的非正式的老年人文化活动。经常性指每周参加文化活动 1 次以上、每次 30 分钟以上。

【X39 经常性老年体育活动参与率】经常性参加各类体育活动的老年人数占老年人口总数的百分比。经常性指每周参加体育锻炼 3 次以上、每次锻炼 30 分钟以上。

【X40 全社会用于老龄事业支出占 GDP 的比例】指各地用于老龄事业的支出占地方 GDP 的百分比。全社会用于老龄事业支出既包括政府财政投入，也包括社会各界用于老龄事业设施设备、场所建设、慈善捐款、慈善救助等方面的投入。老龄事业财政投入指直接用于老年人项目的事业经费，包含由财政支出的城乡养老保险事业经费、国有养老机构事业经费（含敬老院建设经费、扶持社会力量兴办养老机构补助经费）、居家养老服务中心（站）建设、老龄办工作经费、老干部局、总工会退休职工管理经费、老年社团补助经费。有些经费如医疗保险事业经费用于相关老龄事业难以拆分，不计算。公益金投入指当年体育彩票公益金、福利彩票公益金直接用于老年项目的经费支出。目前，每年财政性教育事业经费约占我国 GDP 的 4%，公共卫生事业经费按人均 15 元的标准投入，约占 GDP 的 5%。

【X41 每万名老年人配置老龄工作人员数】指每万名老年人配置的老龄工作人员数量。老龄工作人员是指各级老龄办专兼职工作人员（含所属财政供养事业单位工作人员）、政府各涉老部门直接从事以老年人为服务对象的工作人员以及各级政府、基层政权组织配置的老龄服务管理人员和助老服务人员。

【X42 年度考核与评估】指每年分别进行 1 次对省级老龄委成员单位老龄工作评估、对地（市、州）老龄工作的综合考核。对省级老龄委成员单位的老龄工作评估、对地（市、州）的老龄工作综合考核，都要有包含考评指标的考评制度，并有考评结果。省级老龄委应委托有资质的第三方机构进行考评。

【X43 老龄事业基本信息社会公布】指县级及以上老龄委每年向社会公布 1 次老龄事业基本信息。为了及时、准确地发布老龄事业基本信息，需要利用现代信息技术，建立反映本地老年人口和老龄事业基本信息，具有数据采集、传输、分析功能的信息统计系统。通过该系统，区域内老年人口和老龄事业基本信息能够完整地收集，能够快速地汇总和分析。该系统信息每年需要更新一次以上，及时向社会发布。

【X44 老年人居家死亡无人知晓事件发生数】指老年人居家死亡超过 12 小时无人知晓的事件起数。这项指标主要是为了考察老年人特别是患病、失能老年人被照护的状况，促进家庭和社会对于空巢、独居、高龄老人的关心。这项指标的统计上报有一定困难，需要社区层面及时上报。最近几年，通常是新闻媒体报道此类事件。老年人居家死亡超过 12 小时（12 小时内临时无人知晓有老人突发疾病、子女上班等客观因素）的情况无人知晓事件是不应发生的，因此，这项指标是一项关键性指标。

【X45 虐待、不赡养老年人案件发生率】指每万户居民家庭中发生的虐待、不赡养老年人案件起数。虐待和不赡养老人案件数量以法院统计的立案数为准，经过二审以及依据审判监督程序重新审判的案件不重复计算。本项指标参考了全国文明城市测评体系采用的标准。

【X46 侵犯老年人合法权益事件投诉率】指各级老龄办及其基层组织收到的投诉起数占居民家庭户数的比例，以每万户为单位。侵犯老年人合法权益事件数量以各级老龄办及其基层组织收到的投诉为准。此项指标能够直接反应老年人权益保护的实现程度，其设置参照全国文明城市测评体系采用的“侵犯残疾人合法权益事件投诉率”指标。

【X47 老年优待证发放率】指根据县级及以上人民政府实施的优待政策领取优待证的老年人人数占老年人口总数的百分比。

【X48 老龄问题研究成果数】指在国内外报刊、出版社发表的学术研究成果和县（市、区）级以上“两会”期间人大代表、政协委员提交的涉老提案数量。设置这项指标是考虑到对老龄问题的认识需要进一步深入和提高。老龄问题研究成果数暨包含公开性报刊、省级以上内部刊物发表和学术研讨会论文、调研报告（须列明论文名称、作者单位、发表刊物、时间），研究内容应针对本地的老龄问题。公开出版的专著每本按 10 篇论文计，人大、政协涉老提案每项按 5 篇计。涉老提案数指县（市、区）级以上“两会”期间人大代表、政协委员提交的涉老提案合计数。

附录三　《老龄事业发展指标体系》咨询专家

桂世勋　华东师范大学人口研究所教授、博士生导师，著名人口学家、社会保障专家

何文炯　浙江大学公共管理学院风险管理系主任、教授

党俊武　全国老龄工作委员会办公室政策研究部主任，1992 年从事老龄工作至今。

牛飚　江苏省老龄工作委员会办公室副主任，1985 年从事老龄工作至今。

陈谊　北京市老龄工作委员会办公室副主任，1998 年从事老龄工作至今。

殷志刚　上海市老龄科学研究中心副主任，1988 年从事老龄工作至今。

左建一　浙江省宁波市老龄工作委员会副主任，2002 年从事老龄工作至今。

第四篇 老年人生活质量监测指标体系研究

第一章　老年人生活质量监测指标体系设计的基本理念

作为老龄事业发展指标体系的有机组成部分，老年人生活质量监测指标体系在设计中坚持贯彻老龄事业发展指标体系构建的基本原则。与此同时，在设计老年人生活质量监测指标体系时，我们突出以下基本理念。

第一，平等。即老年人是我们整体社会的有机组成部分，具有和其他社会群体一样的、共享既有的社会经济发展水平所能提供和保障的生活质量的平等权利，坚决拒绝将老年群体边缘化。

第二，差异。承认老年人的平等权利并不等于可以无视或不承认老年人群体的特殊性，或者说，和其他群体相比的差异性，相反，真正的平等的生活质量的实现，必须立足于现实的差异，无视老年人群体在生理、心理、社会等方面的特殊性，而给予跟其他社会群体一样的无区别的对待，必将导致老年群体的边缘化。马克思曾经在一般的意义上指出，真正要实现所有社会成员在现实生活中的平等，“权利就不应该是平等的，而应当是不平等的。”[①] 也就是说，社会——作为一个真正的共同体——必须认真面对社会成员之间各种天赋的、后天的、自然的、社会的差别，并根据这些差别给予适当区别的对待，而不能无视这些实质性的差别而只给予形式上的所谓“平等权利”。因此，在评估衡量老年人的生活质量时，就必须考虑到老年人群体的特殊性。这实际上要求我们在承认老年人具有和其他社会群体一样的、共享既有的社会经济发展水平所能提供和保障的生活质量的平等权利时，不能仅仅停留于形式上的平等，而必须进一步进入到实质性的平等。惟有如此，才能真正体现联合国老年人原则，即“独立、参与、尊严、照料、自我实现”——事实上，原则中的“照料”本身即是基于对老年人群体之特殊性的认识与肯定。

第三，实践取向。老年人生活质量监测指标体系的设计，必须在坚持科学性的基础上，即能够切实地描述、反映、评估、监测老年人生活质量及其变化的前提下，紧紧围绕我国老龄事业、老龄工作的实践需要，服务于老龄政策的制定和调整。正是基于实践取向，我们一方面在对生活质量概念的界定和理解上更突出了客观性因素的地

① 马克思．哥达纲领批判［M］//马克思恩格斯选集：第3卷．北京：人民出版社，1995：305.

位（见下文），另一方面，在思考指标体系的构成时，紧紧围绕老龄事业的范畴来展开。

第二章　老年人生活质量的界定

"生活质量"（Quality of Life，缩写 QOF）这一概念最早由美国学者加尔布雷斯于 1958 年提出，这与当时美国一些社会学家的下述认识有关，即发展不等于经济增长，"社会的"发展与经济增长具有同等重要的地位，经济增长如果不能促进社会成员之幸福感的普遍提高，则这种经济增长是有问题的。生活质量这一概念提出后，率先在欧美发达国家流传开来。许多学者和社会机构都曾从不同的角度试图对生活质量做出界定。美国社会学家 K. 苏斯耐和 G. A. 费舍曾将界定、理解生活质量的这些角度归纳为经济学的角度、社会心理学的角度和生态学的角度三大类，① 而我国年轻的研究者孙鹃娟博士则进一步根据这三种角度梳理分析了包括我国一些学者所提出的定义在内的对于生活质量的各种不同理解。经济学角度的定义强调有用的资源、条件和生活质量的关系，社会心理学的定义突出人们的需求和主观体验到的幸福之间的密切关系，而生态学的理解则倾向于折中，立足于生活的环境条件与生活感受之间的联系而从客观生活条件和人们主观感受两个方面来理解生活质量。② 不过，总的来看，欧美发达国家的学者对于生活质量的定义一个大趋势是侧重于社会成员对于生活的主观体验，即生活的幸福感和满意度，③ 这一点，又尤其以美国更为突出：A·米克劳斯曾对 1969—1972 年发表在美国《论文摘要》、《心理学文摘》、《社会学文摘》上有关生活质量的论文做过一个统计，其中有 1238 篇使用"满意度"和"幸福感"作为关键词。④ 这种倾向，事实上当加尔布雷斯于 1958 年首创这一概念时即已表现出来。而目前比较有代表性的、同时也是流传较广的是 1993 年由二十多个国家和地区参与的世卫组织（WHO）生活质量研究组所给出的定义，该定义认为：生活质量是不同文化和价值体系中的个体对于与他们的目标、期望、标准以及所关心的事情有关的生

---

① K. 苏斯耐，G. A. 费舍．生活质量的社会学研究［J］．国外社会科学，1987（10）．

② 孙鹃娟．中国老年人生活质量研究［M］．北京：知识产权出版社，2007：29—36.

③ 刘渝琳．养老质量测评——中国老年人口生活质量评价和保障制度［M］．北京：商务印书馆，2007：44—45.

④ A·米克劳斯．生活质量的国际研究［J］．国外社会科学，1990（4）．

活状况的体验。

我国对于生活质量的研究起始于20世纪80年代，迄今已经过了二十多年的发展历程。在对生活质量的理解方面，基本上呈现出承袭外国研究者的定义同时结合中国社会文化的特点而加以提炼的共同倾向，但与此同时，不同学者对生活质量的理解也各有侧重。根据这种侧重的不同，有人认为，关于生活质量的理解，大体上可以分为主观派、客观派和综合派。[①] 主观派强调从社会成员对生活的主观感受来理解生活质量。如较早向国内引入生活质量研究的美籍华裔社会学者林南认为：生活质量是“对于生活及其各个方面的评价与总结。”[②] 不过，在国内学者中，纯粹从主观方面来理解生活质量这一概念的不是很多。稍为普遍一些的是客观派的观点。按照这派观点，生活质量应从社会成员的生活条件和状况来认识和界定。如经济学家厉以宁认为，生活质量是“反映人们生活和福利状况的一种标志，它包括自然方面和社会方面的内容。生活质量的自然方面是指人们生活环境的美化、净化等；生活质量的社会方面是指社会文化、教育、卫生、交通、生活服务状况、社会风尚和社会治安秩序等。”[③] 再如冯立天认为，生活质量是“一个国家或地区人们生活条件的优劣程度。”[④] 不过，在国内学者中，持论最普遍的是所谓综合派的观点。在这种观点看来，生活质量既包含主体所拥有的生活条件、生活能力等客观要素，也离不开主体对于生活的主观感受。这派中比较有代表性的是社会学者周长城的观点，他认为：“生活质量就是环境提供给人们生活条件的充分程度以及人们生活需求的满足程度，是在一定物质基础之上，社会成员对自身及其所处各种环境的感受和评价。”[⑤]

本课题研究者基本赞同综合派的观点，这不仅仅是因为这是国内学界最普遍的观点，更主要是因为，对于生活质量的理解离不开人的需要、满足需要的资源和现实条件、对需要满足程度的感受之间的关系及其变化，甚至可以说，这个概念只能在这种关系中来提出和定义。不过，在基本赞同综合派观点的同时，我们又要指出，对于生活质量的理解应该在兼顾社会成员对于自身生活状况的主观感受的同时，更强调客观要素。原因是：尽管生活质量离不开对于生活的主观感受（并且最终可能体现为幸福感的高低），就此而言，客观生活条件的拥有并不一定能保证一个人获得幸福感，但是，另一方面，有一点却可以肯定，即如果一个人缺乏某些基本的生活条件和生活能

---

① 刘渝琳．养老质量测评——中国老年人口生活质量评价和保障制度［M］．北京：商务印书馆，2007：45．上海老龄科学研究中心课题组．上海老年人生活质量指标体系研究．

② 林南．生活质量的结构与指标——1985年天津千户问卷调查资料分析［J］．社会学研究，1987（6）。

③ 厉以宁．社会主义政治经济学［M］．北京：商务印书馆，1986：523.

④ 冯立天．中国人口生活质量再研究［M］．北京：高等教育出版社，1996：8.

⑤ 周长城．社会发展与生活质量［M］．北京：社会科学文献出版社，2001：60.

力，则他一定会陷入不幸。而如上所述，我们的研究强调实践取向，强调服务于政府和社会的老龄事业、老龄工作，而政府与社会的职责，不是要（也不可能）保证每个社会成员的幸福，而是要尽可能使每个社会成员免于不幸。特别是对于经济社会发展尚处在较低阶段的我国社会而言，国家在制定社会发展的战略时，中心目标应该是为国民的生活提供基本的物质保障、客观条件，以保障国民的生活需求得到适当而充分的满足，因此，对于生活质量的理解和研究应该侧重于客观方面，当然，这并不是说可以完全不管主观方面。

再进一步具体到关于老年人的生活质量，正如有学者指出的那样，虽然十余年来不少学者对老年人生活质量的含义作了不同角度与不同程度的研究，但对于“老年人口生活质量的定义迄今在国内外都是罕见的”。① 不过，正如我们在前面指出的那样，作为整体社会的有机组成部分，老年人具有平等地享有既有的经济社会发展水平所能提供和保障的生活质量的权利，就此而言，我们认为，从根本上讲，老年人的生活质量概念就其含义本身来说和一般的生活质量概念应该是一致的。所不同的只是，由于老年人口在生理、心理、社会等方面所自然发生的一些特殊性以及由这种特殊性所产生的特殊需要，政府和社会必须针对老年群体的这些基本特性和需要，为他们提供与经济社会发展水平相应的、相对充分的生活条件，来保障其享有与其他社会成员平等的生活质量。② 由此，我们可以参照上述周长城的定义而将老年人的生活质量界定为：政府与社会从保障老年人平等共享与经济社会发展水平相应的生活质量出发，针对老年人口的基本特征而提供给老年人的生活条件的充分程度和老年人生活需求的满足、满意程度。当然，基于与前面所说的同样的理由，在对老年人生活质量的具体理解——特别是体现在衡量指标上——我们在兼顾主观因素的同时，更强调客观因素。

---

① 刘渝琳．养老质量测评［M］．北京：商务印书馆，2007：45.

当然，这并不是说对于老年人生活质量的相对明确的定义完全没有。事实上，2002 年全国老龄工作委员会在《提高老年人生活质量行动建议》中就提出过一个自己的界定：“老年人的生活质量是指一定生活条件下老年人在物质生活、精神生活、健康状况和生活环境等方面的客观状况及老年人自我感受的总和。”（赵宝华．提高老年生活质量对策研究报告［M］．北京：华龄出版社，2002.）

② 关于老年人口的特殊性，学者大都倾向于认为主要反映在老年人口对健康的关注和需求上。如：蒋志学，等．老年人生活质量指标体系探析［J］．市场与人口分析，2003（3）．刘渝琳．养老质量测评［M］．北京：商务印书馆，2007：59.

第三章　老年人生活质量指标体系研究略述

一、生活质量指标体系的研究

（一）国际上的探索

在国外，关于生活质量的研究实际上是随社会指标运动的展开而兴起的，因此，一开始，生活质量研究就与对生活质量评估指标体系的研究探讨紧密地、不可分割地联系在一起。自20世纪60年代以来，在学者和一些社会机构几十年的研究和实践中，曾形成和使用过多套有影响的或比较权威的生活质量评估指标体系。在此，我们选择几套有代表性的简单介绍如下。

1. 物质生活质量指数（PQLI）

为了顺应社会发展战略向满足人的基本需要的转移，1975年，在M.D.莫里斯博士的主持指导下，美国海外开发委员会提出了物质生活质量指数（Physical Quality of Life Index），并于1977年正式公布。该指数由15岁以上成人识字率、婴儿死亡率和1岁人口平均预期寿命三个指标组成。物质生活质量指数的最终计算公式是：

PQLI值＝（成人识字率指数＋婴儿死亡率指数＋预期寿命指数）/3

莫里斯曾对70年代初世界150个国家的PQLI作了计算并排序，排在最前面的几个国家为瑞典、挪威、冰岛、丹麦、日本，排在最后的是几内亚比绍，中国在150个国家中排在第68位。

PQLI的主要缺陷在于：第一，作为衡量生活质量的指数，对于发达国家和地区缺乏敏感性；第二，过于简单粗糙。

2. 人类发展指数（HDI）

联合国开发计划署自1990年开始每年出版年度《人类发展报告》，其中生活质量的考察是该报告的主要任务，而根据1993年提出的公式计算而得的HDI已成为衡量生活质量的一个非常流行的指数。HDI由预期寿命指数、教育指数和调整后的人均GDP指数三个指标构成，并通过计算它们的算术平均数而获得。

相比于PQLI，HDI增强了对于生活质量变化的敏感性，提高了不同国家和地区生活质量的可比性，但同样过于简略。

3. 欧洲生活质量指标体系

欧洲生活质量指标体系的主要目的是监测和评估欧洲居民的福利水平及其变化。在90年代，把福利的个人层面和社会层面整合起来，以寻找更全面、更综合的研究视角是福利研究的主要趋势。这方面影响最大的就是上述联合国开发计划署提出的“人类发展”概念。“欧洲生活质量指标体系”的概念框架主要建立在三种福利概念之上：生活质量、社会凝聚力和可持续发展。其中，以个人福利为中心的生活质量概念是最基本的出发点。该指标体系的生活质量概念包含了客观生活条件和主观福利两方面的内容，其目标维度是要提高在不同生活领域里个人的客观生活条件和主观福利。生活领域的选择主要依照欧洲政策目标，同时还增加了诸如住房、休闲和家庭、参与、社会融合等有关个人福利的重要方面，体现为13项指标。

欧洲生活质量指标体系的概念框架和结构的特点，主要体现在对生活质量、社会凝聚力和可持续性概念之间存在的交叉联系的认识和肯定，由此，生活质量概念不仅包括居民个人的客观生活条件和主观福利，而且也包括社会凝聚力和可持续性概念所特别强调的种种社会质量。

4. 世界银行的生活质量指标体系

在1998—1999年的《世界银行发展报告》中，世界银行用了7个指标来评估世界各国的生活质量状况。这7个指标是：1）人均私人消费增长；2）儿童营养不良状况；3）5岁以下儿童死亡率；4）出生时预期寿命；5）成人文盲率；6）城市化水平；7）城市地区获得环卫设施服务的人口。

与物质生活质量指数一样，世界银行的生活质量指标体系的最明显的问题，是只适用于在今天看来属于相当落后的国家或地区，对于即使想中国这样并不属于发达国家的社会，也已失去了敏感性。

除了上述几种评估衡量生活质量的指标体系，国际上曾经出现过的较有影响的生活质量指标体系或包含生活质量评估指标的指标体系还有ASHA（美国社会卫生组织American Social Health Association）指数、社会进步指数（Index of Social Progress)、社会福利指数等。

（二）国内的探索

如上所述，我国学界对于生活质量的研究起步于20世纪80年代，在对我国不同地区居民生活质量进行实证研究的过程中，不可避免地包含了对于生活质量指标体系的思考探索。如林南、卢汉龙的上海城市居民生活调查提出13项具体指标：家庭生活、经济生活、职业社会性、居住条件、人际关系、公共关系、公共设施、闲暇生活、子女教育、生理感觉、人际经验感觉、心理感觉、社会期望行为、个体自觉性行为。林南、王玲等的天津调查提出22项具体指标：工作、劳动形式和程度、工作环境和条件、职业的社会声望、工作的社会贡献、工作的复杂性、工作单位地点远近、工作给予你的权利、工资收入、工作的福利待遇、工作晋级和提升机会、身体状况、家庭经济状况、同事关系、和领导关系、朋友交往、家庭生活、家庭成员间的关系、住房情况、居住环境、业余生活、邻里关系等。卢淑华在北京、西安、扬州三地的调查提出了“总体生活满意度”，具体包括了13个指标：家庭收入、吃、健康、文化实用程度、家庭生活、住房、家务、用、交通服务业、业余生活、居住本市、工作、存款等。总体上，学者们的这些探索都表现出了借鉴国际经验，同时结合中国经济、社会和文化现实的倾向，对于我们思考构建中国人生活质量指标体系，进而对于我们探索中国老年人的生活质量监测指标具有一定参考价值。不过，需要指出的是，上述学者们（其他则还有叶南客、朱庆芳、胡荣、易松国、赵细康等）的探讨基本上都是联系结合于某项针对特定地区居民生活质量的实证研究项目的，其直接目的并不是构建指标体系。由此导致的结果是不同学者（不同项目）所选取的指标彼此之间差异很大，甚至同一学者所主持的不同项目所选取的指标也极为不同。

除了学者们结合于具体实证研究项目的、比较个性化的探讨，我国关于生活质量指标体系的探索的另一个方面存在于具有明显政府背景的社会发展指标体系、特别是小康社会指标体系的研究之中。社会发展指标体系（小康社会指标体系）基本上都包含生活质量指标。举其要者如：

（1）1952—1988年社会发展指标，其中生活质量12个具体指标：居民平均消费水平、人均收入、人均住房面积、恩格尔系数、人均能源消费量、10种耐用消费品占消费零售额比例、每万人有商业网点、平均每万人口有电话机、全民职工人均劳保费、平均每百人每天有报纸、人均储蓄余额、零售物价指数。

（2）城市小康社会发展指标（1990—2000年），其中生活质量26个具体指标：城镇居民人均生活费收入、职工平均工资、城镇居民消费水平、食品占消费支出比例（即恩格尔系数）、猪肉人均消费量、食用植物油人均消费量、食糖人均消费量、各种布人均消费量、人均衣着消费额、彩色电视机每百户拥有量、电冰箱每百户拥有量、人均生活能源消费量、人均生活用电量、每百人电话机拥有量、每万人拥有公共车辆、人均居住面积、住的支出占消费支出比例、燃气普及率、居民非商品支出比例（其中文娱文化支出）、每万人口拥有影剧院、每万人口拥有商饮服务网点、每万人拥有商饮服务人员、人均储蓄余额、工业废水处理率、废气净化处理率、工业固体物综合利用率。

（3）2000年全国小康社会指标体系，其中生活质量22个具体指标：城镇居民生活费收入、职工平均工资、农民人均收入、居民消费水平、职工人均社会保障支出、食品占消费支出比例、猪牛羊肉人均消费量、人均每日摄取热量、人均纺织品占有量、人均各种布消费量、人均居住面积、电视机每百户拥有量、电冰箱每百户拥有量、每人乘坐车船、飞机人次、每百人电话机拥有量、人均生活能源消费量、人均生活用电量、每万人口拥有商、饮、服务网点、居民非商品支出比例、人均储蓄余额、职工每周工作时间、“三废”处理率、农村饮用清洁水占农村人口比例。①

（4）根据十六大提出的全面建设小康社会的发展目标而提出的小康社会标准。十六大提出的全面建设小康社会的发展目标，有关部门参照国际上常用的衡量现代化的指标体系，考虑我国国情，提出了全面实现小康社会十个基本标准，其中7项直接体现生活质量：城镇居民人均可支配收入1.8万元（2000年不变价，下同）、农村居民家庭人均纯收入8 000元、恩格尔系数低于40%、城镇人均住房建筑面积30平方米、居民家庭计算机普及率20%、每千人医生数2.8人、城镇居民最低生活保障率95%。②

从以上列举的我国社会发展（小康社会）指标体系所包含的生活质量指标可以看出，其所重视的是客观指标，这和我们在上面所表达的观点应该说是一致的。不过从科学地反映评估生活质量的角度看，这些指标又明显存在着琐碎和不全面并存的问题，同时，我们也不赞成其完全忽略主观指标的做法。

二、老年人生活质量指标体系的研究

对于本课题而言，更具有直接参考意义的无疑是关于老年人生活质量指标体系的研究。当然，如上所述，从根本上讲，老年人的生活质量概念和一般的生活质量概念是共通的，因此，一般的生活质量指标体系和老年人生活质量指标体系也应基本相通，但同时，亦如上所述，为了保障老年人切实享有与其他社会成员平等的生活质量，政府和社会须根据老年人口所自然产生的特殊性来为他们提供与经济社会发展水平相应的生活条件，这反映在老年人生活质量指标体系的研究中，就是要在考察分析和参照一些比较权威的一般生活质量指标体系的基础上，针对老年人口的基本特征，突出某些方面，调整指标体系（当然，这同时还要联系指标体系所施用之地区的经济社会文化特征）。其根本目的，就是要引导政府与社会根据老年人的特点而有针对性地强化某些方面的供给与工作。

---

① 以上（1）—（3），参见：罗萍，等．国内生活质量指标体系研究现状评析［J］．武汉大学学报，2000（5）。

② 小康社会十项基本标准［EB/OL］．中国发展门户网，http：//cn.chinagate.cn/economics/xkjc/2007-07/31.

不过，在国际上，我们并没有查阅到直接以老年人命名的生活质量指标体系。当然，这并不意味着这方面的资料完全阙如。实际上，鉴于与健康相关的生活质量（HRQOL）评估一直是老年人生活质量研究的重点，因此，国际上现有的一些聚焦于健康维度的生活质量量表常常被直接用于老年人生活质量的评估。比较有代表性的如："医疗效果研究 36 项条目短表"（Medical Outcome Study 36-Item Short Form）（SF-36）、"世界卫生组织生活质量量表"（WHOQOL—100）、"个人生活质量评估量表"（Schedule for Evaluation of Individual Quality of Life）等。以 WHOQOL 为例，该量表根据世卫组织对于生活质量的定义，从身体健康、心理健康、独立性、社会关系、环境和精神六个领域（Domain）、并细分 24 个方面（Facet）来对老年人的总体生活质量进行评估。每个方面有 4 个问题，再加上 4 个有关总体健康和总体生存质量的问题，共包括 100 个具体问题。[①]

需要指出的是，以上量表均属一般意义上的总体评价量表，除此之外，还有特别针对患有某种疾病之人群而设计的量表，以揭示特定病患人群生活质量的特点。如欧洲癌症研究和治疗组织（EORTC）设计的 QLQ-C30 生活质量量表、神经病患者生活质量量表（QOLIE-89）等。不过，所有不同的生活质量量表也均有其共同之处，一是它们均既包括一个或少量总体问题也包括许多比较具体的问题。二是福康（Well-being）越来越受到重视，福康在生活质量中的权重越来越大，而对福康的测量，则主要侧重于主观层面，一般包括生活满意度和幸福感、总体健康自评。[②]

上述国际上的这些量表无疑可以启发我们思考评估、监测老年人生活质量指标的思路。与此同时，随着老年人的生活质量问题越来越引起学界和政府的重视，与老年人生活质量研究的拓展与深入同步，我国不少学者和有关机构展开了对于老年人生活质量指标体系的探讨。如郭永松教授，曾结合 S. R. Walker 和 D. R. Patrick 的研究，提出老年人生活质量应由（内部）躯体、（内部）精神、（外部）物质和（外部）精神四个方面组成。[③] 再如杨中新认为，我国老年人生活质量可以分解为 10 个方面，即经济生活质量、家庭生活质量、婚姻生活质量、健康生活质量、教育生活质量、情趣生活质量、从业生活质量、环境生活质量、政治生活质量、人文生活质量。[④] 李永胜则将老年人生活质量的量化指标分解为物质生活类质量指标、精神生活类质量指标和

---

① 除了原版的 100 个问题，中文版根据中国社会文化的特征还附加了 3 个问题，即家庭摩擦影响您的生活吗？您的食欲怎么样？如果让您综合以上各方面（生理健康、心理健康、社会关系和周围环境等方面）给自己的生存质量打一个总分，您打多少分？（满分为 100 分）[J]．

② 参见：曾毅，等．老年人生活质量研究的国际动态 [J]．中国人口科学，2002（5）．

③ 郭永松．老年人生活质量构成与保健模式探讨 [J]．医学与社会，1995（4）．

④ 杨中新．构建有中国特色的老年人生活质量体系 [J]．深圳大学学报，2002（1）．

社会生活类质量指标三大类。[①] 而蒋志学等认为老年人生活质量指标体系应由客观生活条件指标、主观满意度指标和人的素质指数组成。[②] 其他还有不少学者，如刘雪琴（2002）、刘晶（2005）等也都进行了各自的研究。而比较近的则有刘渝琳的研究，她将老年人生活质量分解为健康生活质量、物质生活质量、家庭生活质量、精神生活质量、生活环境质量这样五个方面，每个方面选取 3 至 6 个不等的指标组成老年人口生活质量指标体系。[③]

除了学者们的研究，一些具有政府背景的机构也进行了这方面的探讨。比较有代表性的如由上海市老龄科研中心研究提出的上海老年人生活质量指标体系。该指标体系从经济状况、健康状况、生活环境、文化和精神状况四个方面，共用 19 个具体指标来评估上海老年人的生活质量。进而，从实际操作的简便可行出发，又从这 19 个指标中抽炼出研究者认为最能影响老年人生活质量的 6 项指标构成上海老年人生活质量综合指数指标，这 6 项指标是：老年人的月经济收入替代率、养老保障覆盖率、医疗保障覆盖率、健康状况自我评价、居住安排、与家人的关系。[④]

从上述学者和机构对于老年人生活质量指标体系的研究中，我们至少可以看出两点大体相同的倾向，一是在构建老年人生活质量评估指标体系时，一般都先进行生活领域的划分，再进一步选取反映各生活领域的具体指标；二是大都强调和突出健康因素在老年人生活质量中的影响。不过，在这两点大体相同的倾向之下，各自在具体生活领域的划分、具体指标的选择以及相应的指标数量（多者数十个，少者只有五个）上，又表现出巨大的分殊。此外，还有一点区别是，学者们相对比较独立的研究一般表现出比较明显的学术取向，而具有政府背景之机构的研究则体现出更强的实用取向，更强调指标的简便易行，因而容易迁就于现有数据的可获性。

第四章　老年人生活质量监测指标体系

正是在参考、吸取以上国内外关于生活质量、特别是老年人生活质量指标体系研究成果的基础上，立足于前面所指出的平等、差异和实践取向的理念，同时考虑到指

① 李永胜．老年人生活质量指标体系的构建设想［J］．四川行政学院学报，2003（1）．
② 蒋志学，刘丽，赵艳霞．老年人生活质量指标体系探析［J］．市场与人口分析，2003（3）．
③ 刘渝琳．养老质量测评——中国老年人口质量评价和保障制度［M］．北京：商务印书馆，2007.
④ 上海老龄科学研究中心课题组：上海老年人生活质量指标体系研究．

标体系的逻辑自恰性（主要表现在生活领域的划分），并尽可能兼顾科学性和数据的可获性（当然，这并不等于迁就于现成的统计指标或其他直接可获的现成数据）、推广使用的可能性，我们研究拟订了以下老年人生活质量监测指标体系。

一、老年人生活质量监测指标体系的构成

跟绝大多数关于老年人生活质量指标体系的研究一样，在考虑设计老年人生活质量监测指标体系的构成时，我们也首先分解了老年人的生活领域。我们将老年人的生活划分为三大领域，即健康生活、物质生活和精神生活，其中精神生活又进一步细分为家庭、社会、文化三个方面。三大领域中，健康生活是基础，物质生活和精神生活是老年人是否与其他社会成员一样享有既有的经济社会发展水平所许可的生活质量的基本体现。

在选取具体指标时，我们还贯彻了以下思考：即 1）绝对性指标与相对性指标的结合；2）指标所考评的生活领域对于老年人生活的重要性；3）指标在反映生活质量方面的综合性。

表 4-4-1　老年人生活质量监测指标体系表

领域	权重分配	指标	权重
健康生活质量	39.3	1. 平均健康预期寿命指数	5.7
		2. 体质达标指数	3.7
		3. 常见老年病发病指数	4.1
		4. 生活自理水平	6.4
		5. 心理健康水平	4.3
		6. 社会医疗保险水平	5.0
		7. 就医方便度	4.0
		8. 健康状况自我评价	6.0
物质生活质量	31.0	9. 老年人人均可支配收入（农村为人均纯收入）达标水平	3.9
		10. 老年人相对人均可支配收入（农村为人均纯收入）	3.7
		11. 社会养老保险水平	4.6
		12. 贫困老年人救助率	3.4
		13. 居住水平	3.4
		14. 老年人生活服务机构覆盖水平	3.7
		15. 老年人恩格尔系数达标水平	4.0
		16. 物质生活满意度	4.3

续表

领域		权重分配	指标	权重
精神生活质量	家庭	15.3	17. 有偶率	5.4
			18. 无子嗣老人比率	4.3
			19. 家庭关系满意度	5.6
	社会	7.0	20. 社会活动参与度	2.8
			21. 公共选举参与度	2.0
			22. 受社会歧视感指数	2.2
	文化	7.4	23. 文化程度	2.6
			24. 业余爱好指数	2.1
			25. 文化娱乐生活满意度	2.6

在具体研究过程中，本课题组采取了以下步骤：先在参考、吸取国内外已有研究成果的基础上，初步拟出老年人生活质量监测指标体系的基本构成，然后就此向有关专家咨询，根据咨询结果调整并确定指标构成，再采用专家咨询法（德尔菲法）确定各指标的权重。①

通过以上过程，我们设计确定老年人生活质量监测指标体系如表 4-4-1 所示。

二、指标释义和计算方法

1. 健康预期寿命指数

作为综合反映社会成员健康水平的指标，多数生活质量指标体系均将“平均预期寿命”作为健康生活质量的评估指标之一。平均预期寿命是指同年出生人口平均可生存的年数，其中包括疾病缠身、乃至生活不能自理的时间；而平均健康期望寿命则指完全健康状态的期望寿命。因此，“平均预期寿命”主要反映的是生命的数量，而“健康预期寿命”则更反映生命的质量。因此，尽管健康预期寿命的测算很复杂、目前国内也没有普遍地展开这方面的统计测算（不过也已开始关注），但从更科学地反映健康生活质量而言，选用平均健康预期寿命为指标无疑更理想。

① 在研究过程中，我们所咨询的专家包括：南开大学人口所教授陈为民，南开大学周恩来政府学院副院长、社会心理学系教授汪新建，南京大学社会学院社会工作系主任陈友华教授，浙江大学人口所周丽苹教授，浙江工商大学社会工作系高燕副教授，杭州师范大学护理学院陈雪萍副教授，浙江工商大学社会工作系主任马良教授，浙江工业大学方巍教授。

关于权重的确定，还需要说明一下的是，我们所咨询的 8 位专家中，其中 7 位对于健康生活、物质生活、精神生活三个领域的权重分配意见基本一致（其中有 5 位完全一致，均为 40、30、30，另两位为 35、35、30 和 40、31、29），而有一位（高燕副教授）与其余五位的差异较大，她给三个领域的权重分配是 20、60、20。在我们计算权重时，没有将最后一位计算在内。

为解决数据的可比性，同时能够计算反映老年人生活质量总体水平的综合指数，需要对数据进行指数化处理（以下所有指标同此）。参照联合国开发计划署人类发展指数关于人均预期寿命指数的计算公式：（实际平均预期寿命－25）/（85－25）×100%，[①] 本指标体系老年人平均健康预期寿命指数值可按下述公式计算：

（测评地实际平均健康预期寿命－所有测评地平均预期健康寿命最小值）/（所有测评地平均预期健康寿命最大值－所有测评地平均预期健康寿命最小值）×100%×本指标权重

2. 体质达标指数

国内不少老年人生活质量指标体系都有反映营养水平的指标，但具体选用的指标则各不相同，有的用每日的蛋奶保证，有的用日热量摄入。这些指标一方面在数据获取上显得麻烦，另一方面在反映营养水平上的科学性也有争议。而体质指数（BMI）则是临床上判断营养状态与体态的最重要、最常用手段，其计算方法也比较简便，BMI＝体重（kg）/身高（m）的平方。按我国的标准，BMI在18.5～24之间为正常，低于18.5为低体重，属于营养不良，营养不良分为3级：17～18.4为I级、16～16.9为II级、<16为III级。BMI超过24即为超重，27～30为肥胖I级，30～40为肥胖II级，超过40为肥胖III级。BMI不仅可以反映营养状况，还与肿瘤发生率密切相关（研究表明，BMI在超过24以后的增加与男性直肠癌、结肠癌、皮肤癌，及女性乳癌、胰腺癌、甲状腺癌、结肠癌有关），并且在一定程度上可用于预测寿命与手术死亡风险（研究表明：BMI<16和>40者，其健康生存超过65岁的可能性、他们对手术的耐受力均显著低于BMI正常者），为此，本指标体系选用体质指数作为反映营养水平等的综合指数。体制达标指数的计算方法如下：

体质达标老人数/总老人数×100%×本指标权重

3. 常见老年病发病指数

本指标直接描述老年人的生理健康状况。各种常见老年病直接影响着老年人的健康生活质量。这些常见老年病包括高血压、心脏病、脑卒中风、慢性胃炎、慢性支气管炎、肺气肿、骨关节炎、糖尿病、前列腺炎（男）、白内障、结石、恶性肿瘤等。由于慢性疾病的发病率与地区地理环境和社会环境有很大相关性，因此在测算本指标值时，可根据测评地的实际情况，选取发病率高且对老年人健康影响大的10种慢性病作为统计因素，来计算当地老年人的平均患病数量[②]。这样，每一测评地的平均常

① 85为平均预期寿命最大值，25岁为最小值。

② 参见：刘渝琳．养老质量测评——中国老年人口质量评价和保障制度［M］．北京：商务印书馆，2007：120—121.

见老年病的患病数的最高极限值是10，最低极限值是0。由此，常见老年病发病率计算公式是：常见老年病实际人均患病数量/10×100%。由于本指标是逆向指标，需转换成正向值，因此本指标值的最终计算公式应为：

（1－常见老年病人均患病数量/10）×100%×本指标权重

4. 生活自理水平

本指标描述与身体健康状况紧密相关的生活能力，这种生活能力直接体现并影响着生活质量。我们采用国际通用的WHO“日常生活活动能力量表”来测定老年人的生活自理能力。WHO日常生活活动能力量表的测定分为两个方面，即日常生活自理能力（ADL）和社会服务设施利用能力（IADL），前者针对80岁以上老人设计，后者针对60—79岁老人设计，如表4-4-2、表4-4-3所示：

表4-4-2 社会服务设施利用能力量表（IADL）：您能否独立完成下述活动（60—79岁者回答）

活动	剪脚趾甲	做饭	理财	乘车外出	购物	步行及上下楼
能						
否						

表4-4-3 日常生活自理能力量表（ADL）：您能否独立完成下述活动（80岁以上者回答）

活动	洗澡	穿衣	上厕所	室内活动	吃饭	控制大小便
能						
否						

对表中所列各项活动，凡作出肯定回答者，得1分，作出否定回答者，得0分。这样，IADL和ADL平均分的最高极限值都是6分，最低极限值都是0分，由此，老年人生活自理水平指数的计算公式为：

（IADL的实际平均值/6＋ADL的实际平均值/6）/2×100%×本指标权重

5. 心理健康水平

完整的健康概念应该包括心理健康。心理健康状况是健康生活质量的一个值得注意的方面，跟老年人的总体生活质量也密切相关。关于心理健康，目前还没有公认的、简便易行的评价指标。不过，许多学者认为，老年人的心理健康基本上可以从性格、情绪、社会适应、人际关系、认知等方面来衡量，并围绕这些方面来选取评价测试的指标。① 在这些研究的基础上，同时兼顾到测试评估的尽可能简便易行，我们选

① 参见：周丽苹．老年人口健康评价与指标体系研究［M］．北京：红旗出版社，2003：41．刘渝林．养老质量测评——中国老年人口质量评价和保障制度［M］．北京：商务印书馆，2007：125．孙鹃娟．中国老年人生活质量研究［M］．北京：知识产权出版社，2007：138．

取以下标准作为测试老年人心理健康水平的指标。

（1）性格开朗达观

（2）很少有孤独感

（3）没有明显感到跟不上社会发展

（4）喜欢结交朋友

（5）记忆力没有感到明显衰退

以上五项，回答“是”得1分，回答“否”得0分。由此，心理健康水平平均得分的最高极限值为5分，最低极限值为0分。老年人心理健康水平指数的计算公式为：

心理健康实际平均得分/5×本指标权重

6. 社会医疗保险水平

健康生活不仅体现在身体本身健康与否，也体现在能否获得令人满意的医疗服务以维护健康。而要获得令人满意的医疗服务需要两个最基本的条件，一是是否有钱购买，二是就医是否便利。社会医疗保险水平反映的就是第一个方面的情况。而下一个指标反映的则是第二个方面的情况。目前我国各地存在着许多不同的医疗保险系统，如城镇职工医疗保险、城镇居民医疗保险、城乡居民医疗保险、新农合等，但其中最基本的是城镇职工医疗保险和新农合，但这两种医疗保险的缴费和补偿水平是不一样的。因此，为了体现这种水平的差异，我们给它们赋予不同的值，给城镇职工医疗保险（包括补偿水平还要高于它的公务员公费医疗）赋值2分，给新农合（包括其他医疗保险如城乡居民医疗保险等）赋值1分，给没有参加任何社会医疗保险的赋值0分。这样，医疗保险水平平均分最高极限值为2分，即所有人（在此处是所有老年人）都参加城镇职工医疗保险。最低极限值为0分。老年人的社会医疗保险水平指数是以老年人口的实际医疗保险水平平均值除以理想医疗保险水平（即最高平均值），再乘以本指标的权重而得，计算公式为：

[参加城镇职工医疗保险的老年人（含享有公务员公费医疗保障老年人）占总老年人的百分比×2+（参加新农合及其他医疗保险体系的老年人占老年人总数的百分比×1)] /2×本指标的权重

7. 就医方便度

如上所述，本指标反映的是作为健康生活质量外部条件之一的就医便利程度。和下一个指标“健康状况自我评价”一样，本指标数据的获取采用主观评定法，即将老年人对就医是否方便的判断分为三个等级，即“方便、一般、不方便”，每个等级分别依次赋予2分、1分、0分的值。这样，老年人对于就医方便程度评价之平均分的最高极限值为2分，最低极限值为0分。由此，就医方便度指数的计算公式是：

老年人对就医方便程度评价的实际平均分/2×本指标权重

8. 健康状况自我评价

无论是国际上还是国内，在评估老年人的健康生活质量时，均非常且越来越重视老年人自己对自身健康状况的主观评价。作为体现老年人健康生活质量的主观指标，作为老年人健康生活质量的综合反映，老年人的健康自评在许多老年人生活质量量表或指标体系中均占有相当的权重。本指标体系也不例外。为获取本指标的数据，我们把老年人对自己健康状况的评价分为五个等级，即“好、较好、一般、不太好、不好”，每个等级分别依次赋予4分、3分、2分、1分、0分的值。这样，老年人健康状况自我评价平均得分的最高极限值为4分，最低极限值为0分。由此，老年人健康状况自我评价指数的计算公式是：

老年人健康自评的实际平均得分/4×本指标的权重

9. 老年人人均可支配收入（农村为人均纯收入）达标水平

收入是物质生活质量的基础性因素。衡量老年人的收入状况须从绝对水平和相对水平两个方面着手。本指标反映的是老年人的绝对收入水平状况。要测算达标水平，首先必须设定标准。前面曾提到根据党的十六大提出的全面建设小康社会的发展目标而提出的小康社会标准，其中关于居民收入的两项是：城镇居民人均可支配收入1.8万元，农村居民家庭人均纯收入0.8万元（按2000年不变价）。我们不妨就以此为标准。由此，老年人人均可支配收入（农村为纯收入）达标水平指数的计算公式是：

（城镇老年人人均年可支配收入/1.8＋农村老年人年人均纯收入/0.8）/2×本指标权重

10. 老年人相对人均可支配收入（农村为人均纯收入）

物质生活质量不仅受绝对收入水平的制约，同时也受相对收入水平的影响，特别是对于自身经济地位的感受，以及与这种感受相联系的收入满意度，更受相对收入水平的影响。本指标反映的即是老年人的收入水平与当地平均收入水平相比而获得的相对收入水平状况。计算公式为

（城镇老年人人均年可支配收入/当地人均年可支配收入＋农村老年人人均年纯收入/当地人均年纯收入）/2×本指标权重

11. 社会养老保险水平

如果说，收入是物质生活质量的基础，那么，社会养老保险是现代社会中老年人收入的基本保障，在许多老年人生活质量指标体系中，社会养老保险水平在反映老年人物质生活质量的指标中都占有一个相当重要的位置，本指标体系也不例外。跟社会

医疗保险一样，目前我国也存在着多种社会养老保险，而根据其缴费和享受水平，大体可分为两类，一是以城镇职工基本养老保险为主体的较高水平的社会养老保险系统（包括公务员和参照公务员的养老保险系统），一是各种双低（低缴费、低享受）为取向的社会养老保险系统，如各地形式不同的农村养老保险制度（包括根据 2009 年《国务院关于开展新型农村社会养老保险试点的指导意见》而最近建立的“新型城乡居民养老保险制度”、农民工养老保险制度等）。参照上述医疗保险水平指数的计算方法，老年人社会养老保险水平指数的计算方法是：

［参加城镇职工基本养老保险的老年人（包括公务员及参照公务员标准享有养老保险的老年人）占总老年人口的百分比 × 2 ＋ 参加其他各类社会养老保险的老年人占总老年人口的百分比 ×1］ /2× 本指标权重

12. 贫困老年人救助率

本指标反映的也是对老年人收入的一种社会保障，不过这是对一个特定老年人群的保障，体现的是政府对贫困老年人口的责任。贫困老年人口救助率指数的计算方法为：

获得救助之贫困老年人数/贫困老年人总数 × 本指标权重

13. 居住水平

居住状况是反映生活水平、生活质量的一个标志性指标。不少指标体系用人均居住面积来表达居住水平，但我们认为，相比于面积，是否拥有相对独立的居室更能反映老年人的居住质量，因此，本指标体系关于本指标值的计算公式如下：

拥有单独居室（含与配偶共居一室）的老年人数/老年人总数× 本指标权重

14. 老年人生活服务机构覆盖水平

如果说收入是物质生活质量的基础，那么，只有当收入转化为生活的消费和享受时，它才真正体现为现实的生活质量。在这种转化过程中，老年人群体，特别是高龄体弱的老年人，需要更多的帮助。作为帮助实现这种转化的因素，老年人生活服务机构的覆盖水平是影响老年人物质生活质量的一个重要因子。本指标值的计算方法是：

（农村行政村老年人服务机构覆盖率＋城市社区老年人生活服务机构覆盖率）/2 × 本指标权重

15. 老年人恩格尔系数达标水平

恩格尔系数是反映社会成员物质生活质量的一个通用指标。这是一个逆向指标，即恩格尔系数越高，表明社会成员的物质生活水平越低。我们可以将它转换成表示社会成员物质生活水平的正向数值，即“1－恩格尔系数”。跟“老年人人均可支配收入（农村为人均纯收入）达标水平”一样，要测算达标水平，首先必须设定标准。我们同样采用根据十六大提出的全面建设小康社会的发展目标而提出的小康社会标准，其中关于恩格尔系数的标准是“低于40%”。由此，我们得出老年人恩格尔系数达标水平指数的计算公式为

（1—老年人口实际平均恩格尔系数）/（1—40%）×本指标权重

16. 物质生活满意度

作为体现老年人物质生活质量的主观指标，物质生活满意度是老年人物质生活质量的综合反映。可将老年人对自己物质生活状况的评价分为五个等级，即“满意、较满意、一般、不太满意、不满意”，每个等级分别依次赋予4分、3分、2分、1分、0分的值。这样，老年人物质生活满意度平均分的最高极限值为4分，最低极限值为0分。由此，老年人物质生活满意度指数的计算公式是：

老年人物质生活满意度的实际平均得分/4×本指标的权重

17. 有偶率

家庭是由婚姻和血缘两种纽带联系而成的群体，夫妻关系以及父母与子女的关系是完整的家庭生活最基本的要素。因此，本指标和下一个指标所反映的就是这两个最基本的要素。对老年人来说，配偶既可以在日常生活中相互照顾扶持，更能彼此慰解精神的寂寞，所谓少年夫妻老来伴。因此，有无配偶、配偶是否健在是影响老年人家庭生活质量的一个重要因子。有偶率指数的计算方法是：

有配偶的老年人数/老年人总数×本指标权重

18. 无子嗣老人比率

有无子嗣，对于老年人，特别是中国老年人的生活来说，是一个非常重大的影响因子。无子嗣老人（包括无生育且无领养者，以及曾有生育或领养而今子嗣已去世者）的比率可以用无子嗣老人数除以老年人总数获得。由于本指标对于老年人生活质量来说是一个逆向指标，因此，可以下述公式转换成正向指数：

（1—无子嗣老人数/老年人总数）×本指标权重

19. 家庭关系满意度

作为体现老年人家庭生活质量的主观指标，家庭关系满意度是老年人家庭生活质量的综合反映。这也是不少老年人生活质量指标体系都选用的指标。① 为获取本指标的数据，可将老年人对自己家庭关系状况的评价分为五个等级，即“满意、较满意、一般、不太满意、不满意”，每个等级分别依次赋予4分、3分、2分、1分、0分的

① 不同指标体系因在侧重上有所不同因而对该指标的措辞也有所不同，有的用“子女孝敬满意度”，有的用“家庭生活满意度”，有的并用“婚姻满意度”和“子女孝敬满意度”两个指标。

值。这样，老年人家庭生活满意度平均得分的最高极限值为 4 分，最低极限值为 0 分。由此，老年人家庭生活满意度指数的计算方法是：

老年人家庭关系满意度的实际平均得分/4×本指标的权重

20. 社会活动参与度

社会生活是老年人精神生活质量的又一个体现方面，它反映老年人与外部世界的关系，反映出老年人是作为社会的一个有机部分融入社会的，还是受到社会的排斥而被边缘化的。我们用两个客观指标和一个主观指标来测度老年人的社会生活状况。本指标反映的是老年人对于老年组织及其活动的参与度。关于本指标，有两点需要说明，其一，是否参与某老年人组织，以老年人是否时常参与该组织的活动为标准，而不以办理过什么手续为标准；其二，所谓老年人组织不一定是政府推动组建的正式组织，也可以是老年人自发形成、但相对稳定的群体。本指标值的计算方法：

至少参与一个老年组织的老人数/老年人总数×本指标权重

21. 公共选举参与度

这是从另一个维度，即对于各项正式的直接选举活动的参与状况，来反映老年人对于老年群体之外的更广阔的社会的介入程度。公共选举包括村委会选举、社区居委会选举、人大代表选举（含乡镇人大代表选举和县市区人大代表选举）。公共选举参与度以过去 3 年中至少参加了上述选举活动中的其中一项的老年人数来测度。① 故，本指标值的计算方法是：

过去三年中至少参与一项选举活动的老年人数/老年人总数×本指标权重

22. 受社会歧视感指数

这是反映老年人社会生活状况的主观指标。在西方国家，除了 racism（种族主义，种族歧视）、sexism（性别歧视），还出现 ageism 一词，即年龄歧视，年龄歧视主要针对两个年龄群体，即年轻人和老年人，其中又尤其针对老年人。测度老年人受社会歧视感的方法：根据测试对象对“您是否感受到外界社会对老年人的歧视?”这一问题的三种答案（a、经常有 b、偶尔有 c、没有）的选择来计算本指标得分。依次分别赋予三种选择 0 分、1 分和 2 分的值，这样，老年人受社会歧视感的平均得分之最高极限值为 2 分（即所有的老人都认为没有感受到来自社会的歧视），最低平均得分为 0 分（即所有老人都认为经常感受到来自社会的歧视）。由此，本指标分值的计算方法是：

老年人受社会歧视感的实际平均得分/2×本指标权重

---

① 因此，严格意义上，本指标只能针对 63 岁以上的老年人。

23. 文化程度

体现老年人精神生活质量的最后一个方面是文化娱乐生活。我们同样用两个客观指标和一个主观指标来反映老年人的文化娱乐生活状况。在现代社会，文化程度既是一个人文化素质的一个标志，也直接制约着一个人能不能获得有品质的文化娱乐生活。为测算本指标值，我们将文化程度分为五个等级，即“文盲、小学、初中、高中（含中专）、大专及以上”，依次分别赋予 0、1、2、3、4 的分值。这样，老年人文化程度的平均分的最高极限值为 4 分（即所有老年人的文化程度均为大专及大专以上），最低极限值为 0 分（即所有老年人均为文盲）。由此，本指标值的计算方法是：

老年人文化程度的实际平均分/4×本指标权重

24. 兴趣爱好

兴趣业余爱好是消除生活的单调乏味、使生活生色的重要因素，对于大都业已退休赋闲的老年人来说，更是如此。因此，有无相对稳定的业余爱好，是老年人文化娱乐生活质量的一个重大影响因子。需要说明的是，关于本指标，有的学者用业余爱好广泛度来表达，并给 0 项、1 项、2 项、3 项、4 项等不同数量的爱好赋以不同的分值，爱好越广泛，分值成正比提高。我们认为，兴趣爱好之有无与兴趣爱好之多少具有完全不同的意义，并且，只有一项稳定的兴趣爱好的人在生活上并不一定比具有多项兴趣爱好的人更加单调，因此，我们选用以下方法来计算本指标值：

至少有一项稳定兴趣爱好的老人数/老年人总数×本指标权重

25. 文化娱乐生活满意度

这是反映老年人文化娱乐生活质量的主观指标。测算方法：将老年人对自己文化娱乐生活状况的评价分为五个等级，即“满意、较满意、一般、不太满意、不满意”，每个等级分别依次赋予 4 分、3 分、2 分、1 分、0 分的值。这样，老年人文化娱乐生活满意度平均分的最高极限值为 4 分，最低极限值为 0 分。由此，本指标值的计算方法是：

老年人文化娱乐生活满意度的平均得分/4×本指标的权重

以上所述，即为本指标体系每项具体指标的释义和计算方法。而将根据每一个指标的计算方法计算所得的各指标值相加，所得即为“老年人生活质量的综合指数”。需要说明的是，由于第 8、第 9、第 15 个指标的得分均有可能超过这些指标的权重，因此，纯粹从理论上讲，老年人生活质量的综合指数是有可能超过 100 的。

三、简化的指标体系

我们认为，以上由 25 个具体指标构成的指标体系可以全面、科学地评估、监测老年人的生活质量及其变化。不过，从监测评估的成本、监测评估的简便易行、以及由此决定的指标体系推广使用的可能性、特别是当前使用的可行性出发，上述指标体系在目前看来存在着一定困难。即以第一个指标“平均健康预期寿命指数”为例，尽管“健康预期寿命”无疑要比“平均预期寿命”更能反映健康生活质量，但是健康预期寿命的测算相当复杂，目前国内也极少有机构展开这方面的统计测算，因此，目前使用本指标是有困难的。有鉴于此，在从“应然”的角度建构提出上述我们认为比较“理想”的指标体系的同时，本课题组又吸取有关专家（包括本课题中期评议会议上有关专家）的建议，对上述指标体系进行进一步提粹凝练，从中提炼出我们认为最能反映老年人生活质量的10个指标构成一个相对简化的老年人生活质量监测指标体系，如表4-4-4所示。

表4-4-4　简化的老年人生活质量监测指标体系表

领域	权重分配	指标	指标权重
健康生活质量	39.3	1. 平均预期寿命指数	9.7
		2. 生活自理水平	10.9
		3. 社会医疗保险水平	8.5
		4. 健康状况自我评价	10.2
物质生活质量	31.0	5. 经济收入满意度	9.8
		6. 社会养老保险水平	11.3
		7. 恩格尔系数达标水平	9.8
精神生活质量	29.7	8. 家庭关系满意度	15.3
		9. 社会活动参与度	7.0
		10. 文化程度	7.4

关于上述简化的指标体系，有几点需要说明如下：

(一) 关于指标的提炼选取。

反映健康生活质量的4个指标中，“平均预期寿命指数”是基于现实条件而对“平均健康预期寿命指数”的替换。“生活自理水平”是老年人口健康现状的综合反映。“社会医疗保险水平”体现了政府和社会在保障老年人口的健康水平方面的责任担当程度，也即老年人口从政府和社会那里获得的健康保障。“健康状况自我评价”则是老年人口对自身健康状况的主观评价，是健康生活质量的综合体现。

反映物质生活质量的3个指标中，“经济收入满意度”是从收入方面来反映老年人的物质生活质量，它是原指标体系中第9、第10两个指标的综合（之所以采取这种综合，是因为在目前，要想比较准确地了解农村老人的人均纯收入是很困难的），同时，作为反映物质生活之基础的主观指标，它在一定程度上也可以代替原指标体系中第16个指标的功能。“社会养老保险水平”体现的是政府和社会在保障老年人口基本物质生活方面的责任担当程度，即老年人口从政府和社会那里获得的基本生活保障程度。“恩格尔系数达标水平”则是从消费方面来反映老年人的物质生活质量。

反映精神生活质量的3个指标分别对应原指标体系中体现精神生活质量的三个方面，即家庭生活、社会生活和文化生活，具体指标的选取则主要根据原指标的权重来确定。

（二）关于权重的确定

体现生活质量的各领域（包括体现精神生活质量的三个亚领域）的权重分配依旧按原指标体系的分配，保持不变。具体指标之权重的确定，则根据所选取的指标在“原指标体系中的权重”，占该生活领域所选取的指标之权重的总和的比例，来推算分配。如“平均预期寿命指数”之权重即以下述方式确定：先计算“平均预期寿命指数”、“生活自理水平”、“社会医疗保险水平”、“健康状况自我评价”这四个指标在原指标体系中之权重的总和，即5.7＋6.4＋5.0＋6.0＝23.1，然后再按比例计算“平均预期寿命指数”的权重X，即5.7/23.1＝X/39.3，X＝39.3×5.7/23.1＝9.7。其余大多数指标以此类推。

关于指标权重的确定，还有两点需要说明。其一，“经济收入满意度”在“原指标体系中的权重”取的是原指标体系中第9、第10、第16个指标之权重的平均数；其二，反映精神生活质量的三个指标的权重直接取原指标体系中体现精神生活质量之三个亚领域的权重分配。

（三）关于指标值的计算

经过简化的指标体系除了第1和第5个指标，其余均为原指标体系中所有，它们的计算方式也不变。

第1个指标即“平均预期寿命指数”可直接参照联合国开发计划署人类发展指数的计算公式来计算，即：

（实际平均预期寿命－25）/（85－25）×100％×本指标权重

第5个指标即“经济收入满意度”的测算方法与“健康状况自我评价”、“家庭关系满意度”等主观指标的测算方法一样，将老年人对自己经济收入状况的评价分为五个等级，即“满意、较满意、一般、不太满意、不满意”，每个等级分别依次赋予4分、3分、2分、1分、0分的值。这样，老年人对自己经济收入状况满意度平均得分的最高极限值为4分，最低极限值为0分。由此，老年人对自己经济收入状况满意度指数的计算方法是：

老年人对自己经济收入状况满意度的实际平均得分/4×本指标的权重

最后，将根据每一个指标的计算方法计算所得的各指标值相加，所得即为根据简化的指标体系检测评估所得的“老年人生活质量的综合指数”。同样需要说明的是，由于第7个指标的得分有可能超过该指标的权重，因此，老年人生活质量的综合指数纯粹从理论上讲也是有可能超过100的。

第五篇 老龄事业发展效益研究

第一章　概　　述

一、老龄事业发展效益研究的重要意义

如何促进老龄事业的进一步发展应以老龄事业的发展现状为基础，通过科学方法客观分析与评价，在此基础上为老龄事业的发展方向提供指导。科学评估老龄事业的发展现状，不仅需要宏观把握，更需要充分的数据支撑，将老龄事业的投入与产出作相关分析，分别考察老龄事业的投入现状与产出现状，还要将两者相结合进行老龄事业投入产出的总体评估。对老龄事业发展的此种投入产出分析理念将促进老龄事业资源投入的合理化配置，从而提高老龄事业的效率。

老龄事业方面的定量分析的文献匮乏，究其原因是专门针对老龄事业的统计数据可得性较差，且统计口径不一致，这正是定量研究的瓶颈所在。基于其他子课题中老龄事业指标研究的成果，本子课题查阅了国家和部委的统计数据，尽可能多地获得老龄事业发展状况的基础数据，对老龄事业发展状况进行了定量分析和科学评估，并提出进一步提高老龄事业发展效益的政策建议。

二、老龄事业投入产出分析的主要思路和方法

首先将所有指标按投入、产出分类，便于下一步研究，然后分别考察老龄事业的投入现状和产出现状，并对投入产出的关系进行阐述，最后对老龄事业投入提出合理的政策建议。

由于投入与其产出，在很多情况下不是分子与分母的关系，给评价效益带来很大的难度；同时，由于投入的滞后性和交叉性，很难将单个投入与产出进行评价。因此，我们将投入与产出效益结合起来做一个描述性的分析评估。在评估的基础上，提出老龄事业投入优化配置方案。

第二章　投入、产出指标分类

一、投入指标

老龄事业效益研究中投入部分的指标，主要选取了以下四大类指标：第一类反映

老年收入保障投入的基本养老保险支出情况；第二类反映老年人口健康方面投入的医疗保险支出状况；第三类反映老年服务保障投入的养老服务机构的床位数历年变化状况；第四类则是反映老年文化生活相关投入的老年活动室、老年大学分布变化。研究结果显示，第一是我国对老龄事业的投入不断在增加，并且增长明显；第二是城乡差异较大，需要提高对农村老龄事业的关注与投入力度。

二、产出指标

产出指标与效益指标的选取主要参照了人类发展指数（Human Development Index，HDI）的构成指标。人类发展指数是1990年联合国开发计划署创立的。自创立以来，联合国开发计划署每年都发布世界各国的人类发展指数，所以HDI在世界许多国家或地区颇有影响。该指数是以“预期寿命、教育水准和生活质量”三项基础变量按照一定的计算方法组成的综合指标。

人类发展指数是平衡人类发展三大基本维度平均成就的综合指数，这三大基本维度即健康长寿的生活、知识以及体面的生活水平。具体指数几乎涵盖了经济和社会生活的多个方面，因而排名可以比较完整地反映出各国人民的生活现状。因此，为了全面有效地反映我国老龄事业的发展效益，可以借鉴HDI的构成指标对老龄事业的产出指标和效益指标进行设计，即选取的指标要能综合体现老年人的生命健康水平、物质生活和精神生活状况。

实际上，我国老龄事业发展的“老有所养、老有所医、老有所为、老有所学、老有所教、老有所乐”的目标，与HDI的构成指标具有很强的一致性，是HDI构成指标在老年人这一群体发展状况方面的具体体现。因此，本文参照HDI的构成指标以及老龄事业发展的目标，选取了以下四个层面的产出指标：老年人的健康状况、物质生活水平、精神文化生活水平以及心理满足程度。其中，前三个指标与HDI的构成指标基本一致，而考虑到老年人的主观心理感受是衡量老龄事业发展效果的最终综合体现，本文又增加了第四个层面的指标——心理满足程度。具体来看，每个层面的指标细分如表5-2-1所示。

表5-2-1 老龄事业产出指标分类

一、健康状况指标	预期寿命	
	失能发生率	
	看病的方便程度	

续表

二、物质生活水平指标	生活设施指标	自来水
		煤气
		暖气
	家用电器指标	电话
		电视机
		洗衣机
		冰箱
		空调
三、精神文化生活水平指标	老年活动室参与情况	
	老年大学参与情况	
	运动场参与情况	
四、心理满足程度	对生活满意情况	

第三章 主要投入的现状分析

依照前面第二章对于投入指标的分类，投入部分的指标主要有四大类。下面分别对上述四大类指标的投入现状进行分析。

一、收入保障投入

我们以基本养老保险支出来反映老年人收入保障投入的情况。从图 5-3-1 中分析来看，可以得出以下两个主要结论：第一，城市养老保险支出增长稳定，在 2004 年以后增长速度加快，2009 年时已经达到11 491亿，增长显著；

第二，农村的基本养老保险虽然有微小的增长，但与城市相比，两者相差悬殊，在 2009 年时仅达到 681 亿，仅占城市的 6%还不到。

二、健康保障投入

对老年人健康方面的投入，我们以基本医疗保险支出状况作为衡量指标。图 5-3-2 中分析来看，我们可以得出以下结论经：首先，城市基本医疗保险支出在 2000 年之前增长比较缓慢，在 2000 年之后增长基本呈指数型，在 2009 年时已经达到2 797亿，这与我国政府相关部门的重视有直接关系；其次，农村医疗保险起步较晚，新农

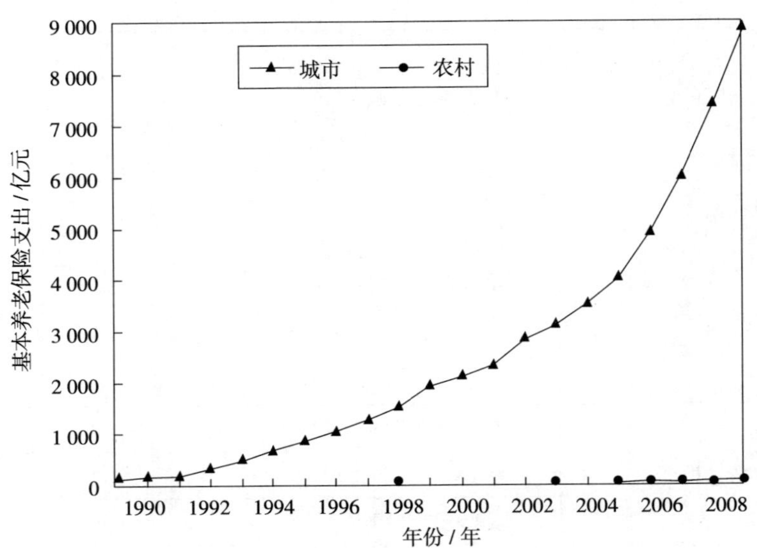

图 5-3-1 基本养老保险的支出情况

资料来源：《国家统计年鉴》，其中农村部分年份的数据缺少

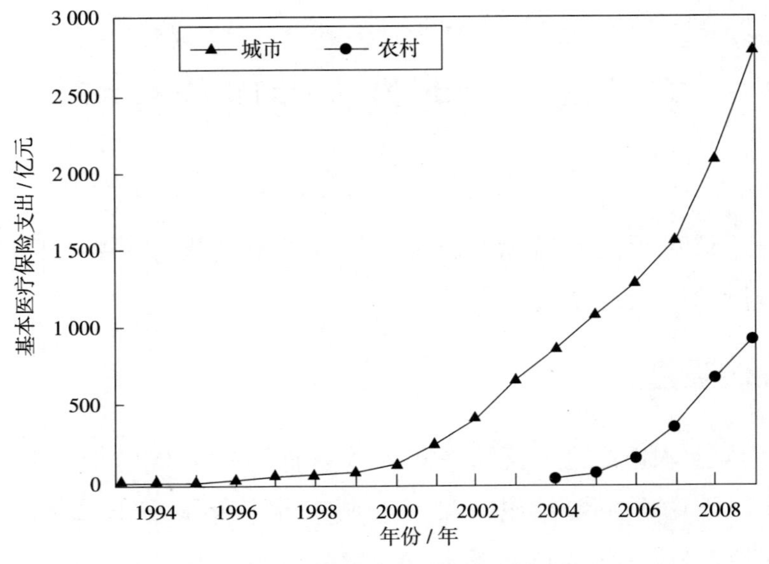

图 5-3-2 基本医疗保险支出情况

资料来源：《国家统计年鉴》

村合作医疗保险开始于 2004 年，增长速度比较快，2009 年时达到 923 亿。

综合来看，两者均有明显的增长，但城乡发展差异巨大。一方面，农村的增速明显低于城市；另一方面，占我国绝大多数人口的农村的医疗保险支出却占了很小的比例，在 2009 年时，农村医疗保险的支出只占了城市的三分之一左右。

三、服务保障投入

老年服务保障的投入，我们选取养老服务机构的床位数历年变化状况作为衡量指标。从图 5-3-3 分析来看，主要可以得出以下三个主要结论：

第一，城市养老服务机构的床位数没有明显的变化，在 2009 年时可提供的床位数为 49.3 万张；农村则有明显的增长，在 2009 年时收养人数已经达到 208.8 万张。

第二，城市和农村在养老服务机构的状况依然存在巨大的差异。原因一方面是农村人口的绝对数量远远多于城市；另一方面，城市老年人本身养老与医疗保障较好，不需要去养老服务机构，这与前面的医疗保险和养老保险相关。

第三，总的来看，养老机构收养老年人数的总和所占我国老年人总数依然很小。这与我国传统的观念相关。

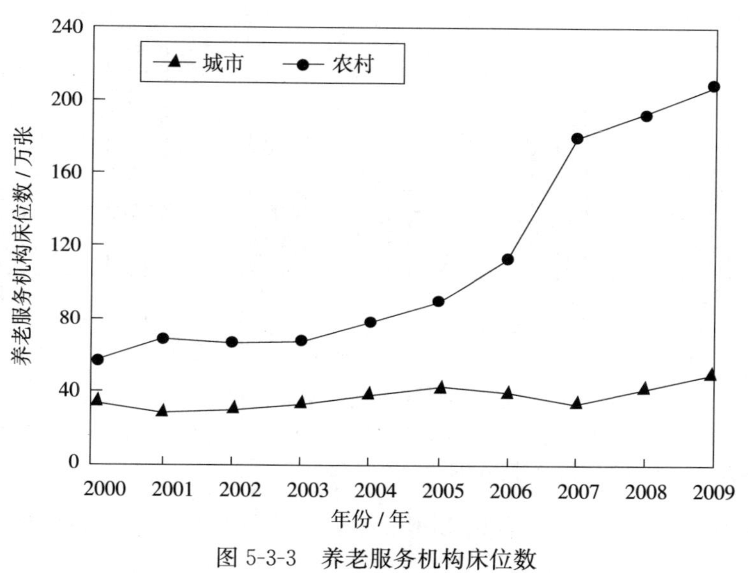

图 5-3-3　养老服务机构床位数

资料来源：《国家统计年鉴》

四、老年文化生活投入的情况

老年文化生活状况是反映老年人生活质量的一个重要衡量指标。由于数据获取的局限，老年文化生活的衡量指标主要是老年活动室和老年大学的分布情况。图 5-3-4、图 5-3-5 分别反映了上述两个指标。

第一，反映老年生活文化情况的两个指标年都有了明显的增长，其中老年活动室的分布最广，2006 年时，大约有一半左右的老年人口表示其居住附近有老年活动分布室；老年大学从总体上看，也有了明显的增长，2006 年相比 2000 年，增长了大约 7%；

第二，对比城市和农村具体分布的情况，我们可以发现城乡之间依然存在很大的差异，城市里的老年活动室已经近于普及的程度，但是农村的增长却很微小。比如老

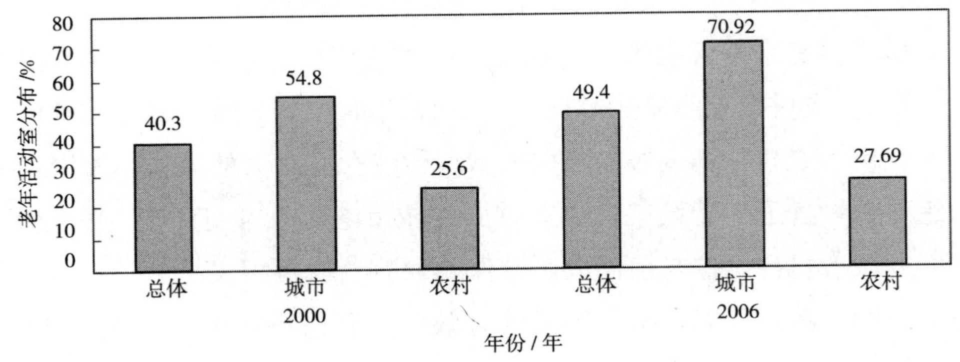

图 5-3-4 老年活动室分布情况

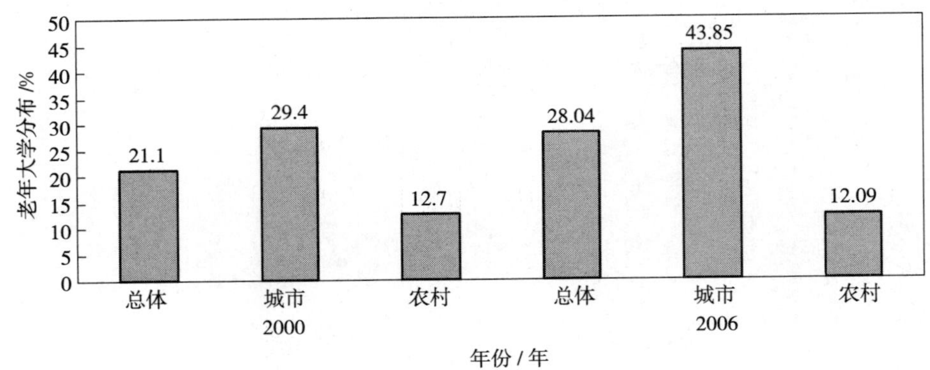

图 5-3-5 老年大学分布情况

资料来源：图 5-3-4 至图 5-3-5 均为《中国城乡老年人口状况一次性抽样调查数据分析》、《2006 年中国城乡老年人口状况追踪调查数据分析》

年活动室的分布情况，从 2000 年到 2006 年，城市有 16%左右的增长，但是农村却只有 2%左右。

第四章 主要产出的现状分析

一、健康状况现状分析

我们从老年人口的平均预期寿命变化和失能发生率两个维度对老年人的健康状况进行了考察。

通过图 5-4-1，可以看出从 1982 年到 2000 年，我国的人口平均预期寿命从原来的 67.77 岁提高到 71.4 岁，10 年内共提高了 3.63 年。这与我国经济的发展和人民生活水平的提高密切相关，也是老龄事业发展的成果之一。

失能发生率是指丧失生活自理能力的老年人的比率，从图 5-4-2 可知，2004 年，

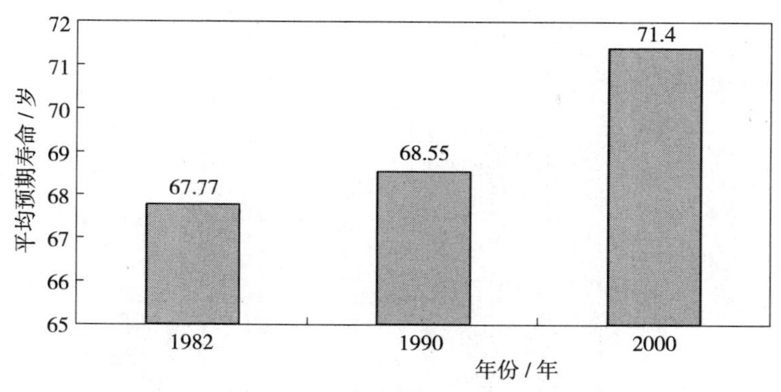

图 5-4-1　平均预期寿命的变化

数据来源：《国家统计年鉴》

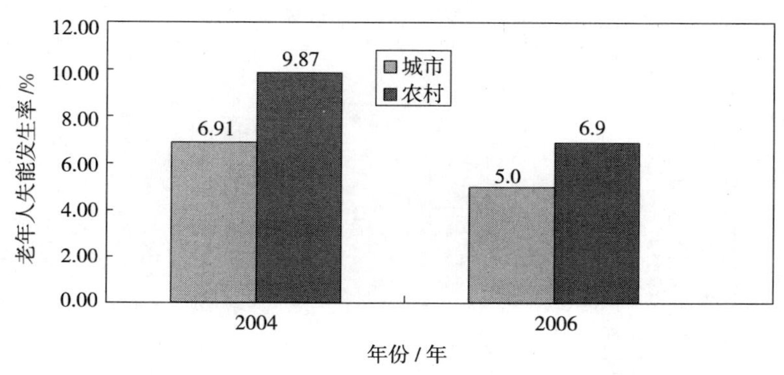

图 5-4-2　老年人失能发生率变化情况

数据来源：《2009 年度中国老龄事业发展统计公报》

我国城乡 60 岁老年人的失能发生率分别为 6.91％和 9.87％，而在 2006 年，这一比率分别下降到 5％和 6.9％，即在两年内分别下降了 1.91％和 2.97％，说明我国老年人的身体健康状况有所改善，这与老年人的医疗保障水平提高有密切关系。

二、物质生活水平现状

物质生活水平体现了老年人的基本生活保障状况，我们选取了生活设施这个指标衡量老年人的物质生活水平。

如图 5-4-3、图 5-4-4 可以发现，从 2000 年到 2006 年，我国城乡老年人的生活设施条件都有所改善，其中农村水、暖、气的覆盖率的提高幅度远大于城市，这体现出农村老年人的生活设施条件在五年内有了较大的改善。但是农村老年人的生活设施情况与城市相比还是有相当大的差距，表现在自来水、暖气和煤气的覆盖率上，都与城市存在很大的差距，其中自来水在农村的普及程度仅有 58％，这给老年人的生活用水带来了极大的不便；同时，农村暖气和煤气的覆盖程度尚不足城市的二分之一，这种状况令人堪忧。

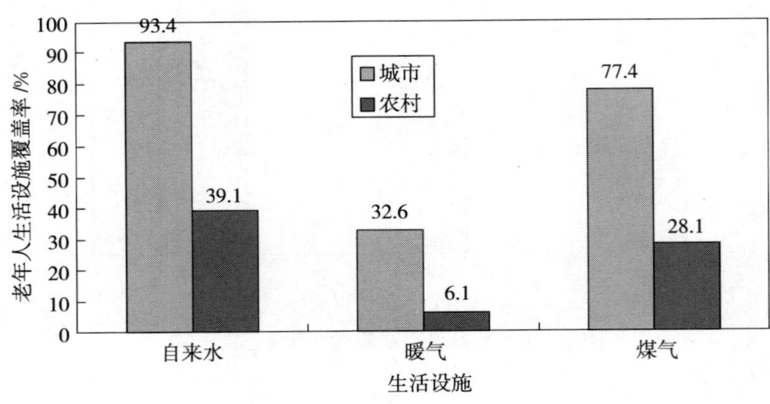

图 5-4-3　2000 年老年人生活设施覆盖率

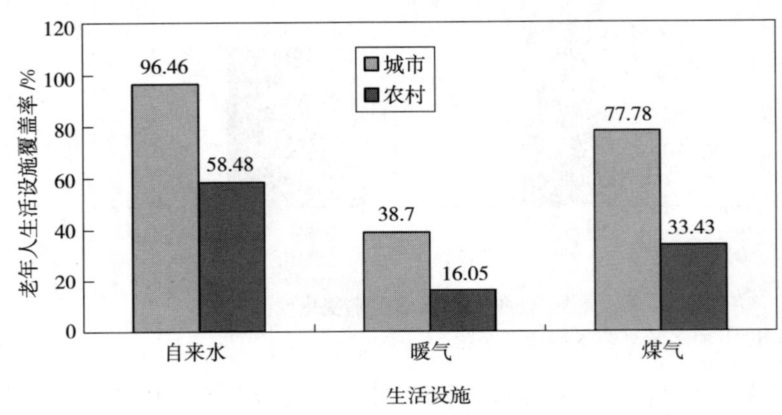

图 5-4-4　2006 年老年人生活设施覆盖率

数据来源：图 5-4-3 和图 5-4-4，《中国城乡老年人口状况一次性抽样调查数据分析》、《2006 年中国城乡老年人口状况追踪调查数据分析》

三、精神文化生活水平现状

社区的老年活动室是老年人日常娱乐的主要场所，从表 5-4-1 可知，城乡老年人参加老年活动室的比例在上升，但幅度都很小，整体参与水平也比较低，到 2006 年，城市老年人参加活动室的比例为 66.78%，而农村为 87.84%。表 5-4-2 体现的是老年大学的参与情况。虽然从 2000 年到 2006 年参加老年大学的城乡老人比例都在增加，但是增加幅度很小，而且整体水平过低，参加过的人甚至不足 10%。此外，城乡差距依然较大。

表 5-4-1　2000、2006 年老年人活动室参与率　%

年份	分类	偶尔参加	经常参加	从不参加
2000 年	总体	8.8	5.9	79.5
	城	11.7	9.1	74
	乡	5.9	2.7	85.1
2006 年	总体	12.54	7.95	77.81
	城	18.13	12.3	67.88
	乡	6.91	3.56	87.84

表 5-4-2　2000、2006 年老年大学参与率　%

年份	分类	从不参加	偶尔参加	经常参加
2000 年	总体	89.7	0.8	0.8
	城	87.8	1.3	1.4
	乡	91.6	0.2	0.2
2006 年	总体	93.28	2.04	1.81
	城	90.21	3.42	3.22
	乡	96.65	0.63	0.39

资料来源：表 5-4-1 和 5-4-2 的均为《中国城乡老年人口状况一次性抽样调查数据分析》、《2006 年中国城乡老年人口状况追踪调查数据分析》

四、心理满意程度现状

表 5-4-3　2000、2006 年老年人心理满意情况　%

年份	分类	很不满意	不太满意	一般	比较满意	非常满意	未做答
2000 年	总体	4.4	6.4	25.1	48.5	15.3	0.3
	城	4.7	5.4	22.1	49.7	17.8	0.2
	乡	4.1	7.4	28.1	47.3	12.8	0.3
2006 年	总体	4.72	7.97	37.73	41.33	8.01	0.23
	城	4.73	6.76	33.26	45	10.09	0.16
	乡	4.71	9.18	42.25	37.64	5.91	0.3

资料来源：《中国城乡老年人口状况一次性抽样调查数据分析》、《2006 年中国城乡老年人口状况追踪调查数据分析》

老年人的心理满意程度是衡量老年人心理健康状况的一个重要指标。从表 5-4-3 中可以看出，2000 年到 2006 年，城乡老年人的心理满意程度在不断地下降，而农村老年人下降的幅度远高于城市。虽然老年人的物质生活水平在不断地提高，精神生活也在慢慢地丰富起来，但是老年人的心理满足感却没有相应的上升，尤其是农村的老年人，超过半数的人对生活不满意。这可能与社会关注不够、子女关怀不足、农村大量留守老人的存在等许多情感因素有关，提醒我们的社会应该给予老年人更多的关怀，不仅在物质上，更要注意加强对老年人的情感关怀。

第五章　投入产出的现状评估

通过对上述老龄事业主要投入指标与产出指标的分析，我们可以发现投入与产出之间存在的密切关系，总体上来看是呈现较一致的正相关性，但也存在一些不足。具体从投入与产出间的关系来看：

首先，是对老年人收入保障方面的投入稳定增长，这与老年人物质生活的水平提高呈正相关。基本养老保险支出增长迅速，特别是最近 10 年增速更为明显，为老年人的物质生活的提高提供了有利保障。

第二，加大对老年人健康保障方面的投入使得老年人健康状况有了明显改善。其中人口平均预期寿命的增长和失能发生率降低与基本医疗保险和卫生费用开支以及医疗技术的改善直接相关。

第三，老年文化生活投入的增长与老年人精神文化生活水平的提高相一致。但总体来看，其比例还是很低的，特别是农村。政府及有关部门除了关注物质和健康方面的投入之外，也要加强对老年人精神文化生活的投入，使得老年人的生活质量有整体改善。

第四，我们需要关注到，老年人的心理满意程度有了下降，我们应当对当前工作中的不足有所反思。虽然老年人的物质和文化生活都有了提高，但在感情方面还是存在缺失。这也提醒整个社会要加强对老年人的感情关怀。

最后，整个老龄事业投入城乡差异巨大。除了养老服务机构外，其余均表现出对城市的投入远远高于农村。农村的产出效应也并不很理想。这要求我们当前发展老龄事业的工作重心应适当向农村倾斜，加大对农村老龄事业的投入，关注农村老年人的生活状况。

第六章　政策建议

一、政府投入的政策建议

（一）关注农村老年人的生活质量，加大对农村老龄事业的投入

一方面要尽快健全新型农村社会养老保险制度；另外一方面，要继续完善农村老年医疗保障制度，并提高其覆盖率。此外，还要加强对农村老年人文化生活设施的相关投入。

（二）扩大养老服务机构的数量，并提高其服务水平

结合我国国情可以将社会福利社会化、养老事业社会办，要重视发展民办养老服务机构，充分满足老年人对机构养老服务的需求。

（三）积极打造有中国特色的老年人精神文化生活和社会参与体系

对于老年人文化生活相关的投入，我们要更加注重其产生的社会效应。务必有利于为老年人创造良好的活动环境，有利于老年人身心健康，同时也有利于整个社会环境的和谐。

（四）建立健全多渠道的老龄事业投入机制

除了政府投入之外，也要积极鼓励企业、慈善机构、集体和个人对老龄事业的投入。其中，政府应当做好模范带头作用，加大投入力度。同时，投入方式可以多元化，可运用投资、资助、捐赠等多种方式支持老龄事业的发展，促使老龄事业的投入稳步增长。

（五）增加老龄事业的文化宣传投入，弘扬敬老爱老的传统文化

加强政府、社会以及家庭对老年群体的人文关怀，政府的优待、社会的关爱、家庭的情感和睦是老年人最重要的情感需要。只有解决老年人情感空虚的心理问题，才能提高老年人对生活的心理满足感。

二、建立健全老龄事业的指标统计制度

建立健全老龄工作体系，其中最重要的一点就是要建立一套明确的老龄事业指标体系。指标体系应具备内容上的完备性和操作上的可行性，既能够全面反映老龄事业的发展状况，又可以通过调研获取到具体的数据。

此外，应进一步加强对老龄事业相关指标的调查、统计、数据收集和信息处理工

作。数据采集的频率应适当提高，做到每 2—3 年统计一次，以便于老龄事业的绩效评估，及时反映问题，以及老龄事业的科研工作开展。另外，应逐步建立老龄工作信息平台，与政府以及有关部门互联互通，实现信息资源共享。以提高发展老龄事业的决策、执行、指导、监督能力和水平，提高老龄工作效率。建立健全老龄事业相关指标的统计制度，一方面能反映出老龄事业的投入状况和发展效益；另一方面也能反映出资源分配状况如何，以便于下一步投入的资源进行优化配置，以实现最优的产出效应。

三、机制创新与优化配置

对于老龄事业发展效益如何，一直没有建立官方的统计制度，这也是本文在获取数据时的最大难处。对于老龄事业投入产出效益如何，应当选取有代表性的指标按一定的时间进行统计，如文中所选取的投入产出指标，这些都能反映出老龄事业的发展状况。建立健全老龄事业相关指标的统计制度，一方面能反映出老龄事业的投入状况和发展效益；另一方面也能反映出资源分配状况如何，以便于对下一步投入的资源进行优化配置，以实现最优的产出效应。

老龄问题不再仅仅是家庭问题，它涉及政治、经济、文化等诸多领域，是关系到国家稳定和社会健康发展的大问题。为此，要建立健全老龄工作体系，完善对老龄事业相关指标的统计，推动老龄事业的新发展。

四、加强老龄事业公共服务均等化的财政投入测算工作

在前面几章中我们通过简单的数据分析表明老龄事业的公共资源投入在城乡之间存在很大的不均等，为了实现投入均等化，并逐步实现产出均等化，国家财政应该创新资源配置方法，优化资源配置的城乡布局，建议加强老龄事业公共服务均等化的财政投入和相关测算工作。我们把老龄事业看作政府提供的一项基本公共服务，这项公共服务的发展需要政府提供大量的财政资源。

由于数据可得性所限，本报告暂时不能提供老龄事业公共服务均等化的具体财政投入方案，本报告以在“十二五”末部分实现老龄事业公共服务均等化为目标，提供老龄事业公共服务均等化财政投入方案的测算步骤思路。

步骤一：测算“十二五”期间城乡老龄事业财政投入增长率

经济总量是财政投入的基础，首先，在对未来经济预测的基础上，结合城乡财政投入历史增长率测算未来 5 年城乡老龄事业财政投入的预期增长率，最终要使得城乡老龄事业公共服务财政需求的总和与每年老龄事业的财政供给相平衡。

步骤二：测算“十二五”期间每年城乡老龄事业人均财政经费

该数据反映的是：按照现有中央、地方财政投入的趋势，不施加任何额外的政府财政措施，未来老龄事业这项基本公共服务财政投入的城乡不均等化程度。

步骤三：测算“十二五”末城乡老龄事业财政投入的均等化标准

假设政府工作的目标是：通过财政的转移支付，使得城乡人均老龄事业公共服务财政投入的差距在2020年末缩小到10%。在未来数据可得的情况下，可以通过每年转移支付额的调整来实现该目标，同时可以测算到2015年末城乡老龄事业公共服务财政投入的均等化标准。

步骤四：测算“十二五”末城乡老龄事业公共服务投入产出指标的均等化标准

财政投入决定城乡老龄事业公共服务指标的变化。在步骤一到步骤三的基础上，我们可以测算“十二五”末老龄事业公共服务投入产出指标在城市与农村的均等化程度的标准。

参考文献

第一篇

[1] 李允杰，丘昌泰．政策执行与评估［M］．北京：北京大学出版社，2008.

[2] 杜鹏．欧盟国家的老龄问题与老龄政策［M］．北京：中国人口出版社，2000.

[3] 张恺悌．中国老龄事业五年回顾：马德里国际老龄行动计划五周年回顾［M］．北京：中国社会出版社，2009.

[4] 2002 年马德里老龄问题国际行动计划．

[5] 中国老龄事业发展“十五”计划纲要（2001—2005）．

[6] 上海、北京、天津、江苏、浙江、山东、吉林、辽宁、广东等省市老龄事业“十一五”发展规划．

[7] 肖春艳．“两型”社会改革实验背景下的社会事业发展战略研究［J］．科技进步与对策，2008，25（9）．

[8] 张军果，张均良．构建社会主义和谐社会必须更加注重发展社会事业［J］．长江论坛．2008（3）．

[9] 郭忠华．积极促进中国社会事业的发展［J］．党政论坛，2006（8）．

[10] 梁鸿，徐进．社会事业、公共财政投入与经济增长：一个内生框架［J］．东南学术，2008（3）．

[11] 郭忠华．中国社会事业发展的战略性思考［J］．东方论坛，2006（4）．

[12] 杨凌，元方，李国平．可持续发展指标体系总述[J]．统计与决策，2007(5)．

[13] 阮平南，张彤军．城市可持续发展指标体系的构建［J］．新视野，2008（3）．

[14] 楚江亭．和谐社会教育发展指标体系构建及思考［J］．北京科技大学学报（社会科学版），2006，22（3）．

[15] 李彬，田皓．社会事业评价指标体系的建立及应用［J］．统计与决策，2005（8）．

[16] 国务院新闻办．中国老龄事业的发展白皮书，2006.

[17] 全国老龄办常务副主任陈传书同志在 2010 年全国老龄委办公室主任会议上的讲话．

[18] 民政部、财政部、卫生部、人力资源和社会保障部．关于进一步完善城乡医疗救助制度的意见(民发〔2009〕81 号)，2009-6-15.

[20] 中共中央国务院关于深化医药卫生体制改革的意见，2009-3-17.

[21] 全国老龄工作委员会办公室．2009 年度中国老龄事业发展统计公报．

第二篇

[1] Population Reference Bureau. 2009. World Population Data-Sheet [DB/OL]. http//: www. prb. org.

[2] The World Bank. World Development Indicators. 2009. USA.

[3] 白天亮．职工退休平均年龄 53 岁，调整退休年龄时机不成熟［EB/OL］．http://politics.people.com.cn/GB/1027/3947006.html.

[4] 常红．中国城市老年家庭空巢率增至 49.7%，农村已达 38%［EB/OL］．http://www.people.com.cn/.2.

[5] 杜鹏．中国人口老龄化过程研究［M］．北京：中国人民大学出版社，1994.

[6] 高海珊，崔清新．劳动与社会保障部：中国暂不调整离退休年龄［EB/OL］．http://politics.people.com.cn/GB/1027/3946452.html.

[7] 国际视野．欧元区的未来：财政调整与老龄化困境［J］．资本市场，2010(5)．

[8] 胡伟略．关于金融危机与人口老龄化问题［C］//现代化的机遇与挑战——第八期中国现代化研究论坛论文集，2010.

[9] 刘铮．人口学辞典［M］．北京：人民出版社，1986.

[10] 克里斯·库克．老龄化风险超过金融危机［N］．证券时报，2009-04-18.

[11] 李永胜．老年人生活质量指标体系的构建设想［J］．四川行政学院学报，2003（1）．

[12] 莽九晨，卢昊，樊夏，等．养儿成本加剧全球“丁克潮”［N］．环球时报，2010-07-14.

[13] 潘纪一，朱国宏．世界人口通论［M］．北京：中国人口出版社，1992.

[14] 全国老龄工作委员会办公室．中国老龄工作年鉴［M］．北京：华龄出版社，2004.

[15] 田雪原．人口学［M］．杭州：浙江人民出版社，2003.

[16] 田雪原．“只生一个”生育政策出台始末［N］．京华时报，2009-12-08.

[17] 温勇，尹勤．人口统计学［M］．南京：东南大学出版社，2006.

[18] 肖周燕．理论老年抚养比与实际老年抚养比偏离分析［J］．人口研究，2004（3）．

[19] 杨菊华．生育政策与人口老龄化的国际比较［J］．探索与争鸣，2009（7）．

[20] 尹中立．欧洲债务危机可以成为我国的发展机遇[J]．中国市场，2010（29）．

[21] 赵英，曲成毅，李琳．老年人生活质量指标体系及研究现状［J］．中国老年学杂志，2005，25.

[22] 中国老龄问题全国委员会．老龄问题研究——老龄问题世界大会资料辑［M］．北京：中国对外翻译出版社，1983.

[23] 中华人民共和国老年人权益保障法［EB/OL］．http://www.gov.cn/banshi/2005-08/04/content20203.htm.

[24] 中华人民共和国国务院新闻办公室．中国老龄事业的发展［R］．2009.

[25] 张士斌，黎源．欧洲债务危机与中国社会养老保险制度改革［J］．浙江社会科学，2011（11）．

第三篇

[1] 朱庆芳，吴寒光．社会指标体系［M］．北京：中国社会科学出版社，2003.

[2] 全国老龄工作委员会办公室．国外涉老政策概览［M］．北京：华龄出版社，2010.

[3] 国家发展改革委宏观经济研究院课题组．全面建设小康社会指标体系的主要观点［J］．理论信息，2006(6).

[4] 宋林飞．中国小康社会指标体系及其评估［J］．南京社会科学，2010（1）．
[5] 彭福清，李超显．和谐社会构建中我国社会事业投入机制探析［J］．湖湘论坛，2007（6）．
[6] 中央文明办．全国文明城市测评体系．
[7] 全国老龄工作委员会办公室关于在全国开展创建老龄工作先进县（市、区）活动的通知.（全国老工委发〔2003〕3号）．
[8] 朱庆芳．建立残疾人小康指标体系的构想[C]//残疾人小康指标研讨会论文集. 2003.
[9] 杜邢晔．社会养老保险覆盖率研究文献综述［J］．生产力研究，2008（3）．
[10] 上海市民政局．上海市社区居家养老服务规范，2010.
[11] 宁波市民政局．宁波市城市社区居家养老服务工作体系评估指标表，2008.
[12] 姚宏．支持上海老龄事业发展的财政定位［J］．上海财税，2001（8）．
[13] 王章华，黄丽群．我国老龄产业现状、问题与建议［J］．宏观经济管理，2010（1）．
[14] 李勇．我国西部各省（区）可持续发展指标体系设计及评价［J］．经济论坛，2007（8）．
[15] 上海市、北京市、浙江省2009年老年人口和老龄事业发展统计公报．

第四篇

[1] Carroll L. Estes，Associates. Social Policy and Aging［M］. Sage Publications，2001.
[3] Susan Hiller，Georgia M. Barrow. Aging，The Individual，And Societ［M］. 7th Ed. San Francisco：Wadsworth Publishing Company，1999.
[3] A·米克劳斯．生活质量的国际研究［J］．国外社会科学，1990（4）．
[4] 阿玛蒂亚·森，玛莎·努斯鲍姆．生活质量［M］．北京：社会科学文献出版社，2008.
[5] 冯立天．中国人口生活质量再研究［M］．北京：高等教育出版社，1996.
[6] 郭永松．老年人生活质量构成与保健模式探讨［J］．医学与社会，1995（4）．
[7] 蒋志学，刘丽，赵艳霞，等．老年人生活质量指标体系探析［J］．市场与人口分析，2003（3）．
[8] K. 苏斯耐，G. A. 费舍．生活质量的社会学研究［J］．国外社会科学，1987（10）．
[9] 李永胜．老年人生活质量指标体系的构建设想［J］．四川行政学院学报，2003（1）．
[10] 厉以宁．社会主义政治经济学［M］．北京：商务印书馆，1986.
[11] 林南．生活质量的结构与指标——1985年天津千户问卷调查资料分析［J］．社会学研究，1987（6）．
[12] 刘渝琳．养老质量测评——中国老年人口生活质量评价和保障制度［M］．北京：商务印书馆，2007.
[13] 罗萍等．国内生活质量指标体系研究现状评析[J].武汉大学学报，2000（5）．
[14] 马克思．哥达纲领批判．马克思恩格斯选集（第3卷）[M]．北京：人民出版社，1995.
[15] 上海老龄科学研究中心课题组．上海老年人生活质量指标体系研究（未公开发表）．
[16] 孙鹃娟．中国老年人生活质量研究［M］．北京：知识产权出版社，2007.
[17] 杨中新．构建有中国特色的老年人生活质量体系［J］．深圳大学学报，2002（1）．
[18] 赵宝华主编．提高老年生活质量对策研究报告［M］．北京：华龄出版社，2002.

[19] 曾毅等．老年人生活质量研究的国际动态［J］．中国人口科学，2002（5）．
[20] 周长城．社会发展与生活质量［M］．北京：社会科学文献出版社，2001.
[21] 周丽苹．老年人口健康评价与指标体系研究［M］．北京：红旗出版社，2003.

第五篇

[1] 国家统计局．中国统计年鉴．
[2] 全国老龄工作委员会办公室．2009年度中国老龄事业发展统计公报［R］．
[3] 中国老龄科学研究中心．中国城乡老年人口状况一次性抽样调查数据分析，2001.
[4] 郭平，陈刚．2006年中国城乡老年人口状况追踪调查数据分析［M］．北京：中国社会出版社，2007.
[5] 刘莉．建立健全老龄工作体系，推动老龄事业新发展［J］．福建论坛（人文社会科学版），2008.
[6] 刘渝妍，刘渝琳，韩加强．老年人生活质量评介系统的设计与实现［J］．重庆大学学报（自然科学版），2005（11）．
[7] 马丽娟．我区老龄化状况及老龄事业发展趋向［J］．宁夏社会科学，2000（2）．